格
トレーニング

よくわかる**簿記**シリーズ

TRAINING

日商簿記2級
工業簿記

はしがき

日本商工会議所主催の簿記検定試験は，2022年４月より新しい出題区分で実施されていますが，本書は，この出題区分に対応した検定試験の受験対策用問題集です。「合格力をつける」ことを本書の最大の目的とし，ＴＡＣ簿記検定講座で培ってきた長年のノウハウをここに集約しました。

本書は，特に次のような特徴をもっています。

１．合格テキストに準拠

本書は，テキストで学習した論点のアウトプット用トレーニング教材として最適です。本書は，姉妹書『合格テキスト』の各テーマに準拠した問題集ですので，ぜひ『合格テキスト』とあわせてご使用ください。

２．各問題に重要度を明示

各問題には，出題頻度にもとづいて重要度を★マークで表示しました。学習計画に応じて重要度の高い問題を選びながら学習を進めていくことができます。

★★★ … 必ず解いてほしい重要問題
★★☆ … 重要問題を解いた後に可能な限り解いてほしい問題
★☆☆ … 時間に余裕があれば解いてほしい問題

３．詳しい解説つき

計算根拠や間違えやすい問題については，解答だけでなく「解答への道」として解説を付してあります。さらに『合格テキスト』と併用することで，より理解が深まります。

４．複合問題を収載

テーマの枠を超えたもの，資料の読みにくいものなどを複合問題として収載しました。より実践的な問題演習としてご利用ください。

５．解答用紙ダウンロードサービスつき

繰り返し演習し，知識の定着をはかるために，解答用紙のダウンロードサービスをご利用いただけます。TAC出版書籍販売サイト・サイバーブックストア（URL https://bookstore.tac-school.co.jp/）にアクセスしてください。

本書はこうした特徴をもっていますので，読者の皆さんが検定試験に合格できるだけの実力を必ず身につけられるものと確信しています。

現在，日本の企業は国際競争の真っ只中にあり，いずれの企業でも実力のある人材，とりわけ簿記会計の知識を身につけた有用な人材を求めています。読者の皆さんが本書を活用することで，検定試験に合格し，将来の日本をになう人材として成長されることを心から願っています。

2024年１月

ＴＡＣ簿記検定講座

Ver.10.0への改訂について

本書は，『合格トレーニング日商簿記２級工業簿記』Ver.9.1 について，最近の出題傾向に対応するために，改訂を行ったものです。

CONTENTS

問題編

ネット試験用

模擬試験プログラムにチャレンジしよう！

本書購入特典として、模擬試験プログラムが付属しています。

実際にパソコンで解いてみると、下書用紙の使い方や、日本語入力への切り替えなど、ペーパー試験とは違った工夫が必要なことに気づかれると思います。

ネット試験を受験されるかたは、ぜひこの模擬試験プログラムにアクセスして、ネット試験を体験してみてください。

※本サービスの提供期間は、本書の改訂版刊行月末日までです。

（免責事項）

(1) 本アプリの利用にあたり、当社の故意または重大な過失によるもの以外で生じた損害、及び第三者から利用者に対してなされた損害賠償請求に基づく損害については一切の責任を負いません。

(2) 利用者が使用する対応端末は、利用者の費用と責任において準備するものとし、当社は、通信環境の不備等による本アプリの使用障害については、一切サポートを行いません。

(3) 当社は、本アプリの正確性、健全性、適用性、有用性、動作保証、対応端末への適合性、その他一切の事項について保証しません。

(4) 各種本試験の申込、試験申込期間などは、必ず利用者自身で確認するものとし、いかなる損害が発生した場合であっても当社では一切の責任を負いません。

（推奨デバイス）PC・タブレット

（推奨ブラウザ）Microsoft Edge 最新版／Google Chrome 最新版／Safari 最新版

詳細は、下記URLにてご確認ください。

https://program.tac-school.co.jp/login/2

模擬試験プログラムへのアクセス方法

STEP 1 TAC出版　検索

STEP 2 書籍連動ダウンロードサービス　にアクセス

STEP 3 パスワードを入力

240210666

問題編

合格トレーニング

日商簿記2級 工業簿記

Theme 01 工業簿記の基礎

理解度チェック

問題1-1 ★★★

下記の項目について，製造原価となる項目には1を，販売費となる項目には2を，一般管理費となる項目には3を〔　　〕の中に記入しなさい。

▼解答欄

①〔　　〕工場の工員に対する賃金
②〔　　〕工場で使用した電話料金
③〔　　〕本社の電気代，ガス代，水道代
④〔　　〕工場建物の減価償却費
⑤〔　　〕製品の原料消費額
⑥〔　　〕営業所の電気代，ガス代，水道代
⑦〔　　〕本社の従業員の給料
⑧〔　　〕新製品発表会の費用
⑨〔　　〕本社の企画部費
⑩〔　　〕製品の素材消費額
⑪〔　　〕本社建物の減価償却費
⑫〔　　〕営業所の従業員の給料
⑬〔　　〕工場長の給料
⑭〔　　〕工場の電気代，ガス代，水道代
⑮〔　　〕営業所建物の減価償却費

解答〈3〉ページ

Theme

02 工業簿記の勘定連絡

理解度チェック □□□

問題2-1 ★★★

次の取引を与えられた勘定に記入し，必要な仕訳を示しなさい。なお，勘定は締め切らなくてよい。

〈指定勘定科目〉現金，当座預金，売掛金，買掛金，材料，賃金，経費，製造間接費，仕掛品，製品，売上，売上原価，月次損益

(1) 材料57,000円を掛けで購入した。

(2) 材料を次のとおり消費した。
　　直接材料費 40,000円　　間接材料費 17,000円

(3) 当月の賃金70,000円を現金で支払った。

(4) 賃金を次のとおり消費した。
　　直接労務費 50,000円　　間接労務費 20,000円

(5) 当月の経費23,000円を小切手を振り出して支払った。

(6) 経費を次のとおり消費した。
　　直接経費 5,000円　　間接経費 18,000円

(7) 製造間接費をすべて仕掛品勘定に振り替えた。

(8) 当月の製品完成高は126,000円であった。

(9) 上記製品を210,000円で掛け売りした。

(10) 売上高および売上原価を月次損益勘定に振り替えた。

▼解答欄

材　料

(1)買掛金（　　）	(2)諸　口（　　）

賃　金

(3)現　金（　　）	(4)諸　口（　　）

経　費

(5)当座預金（　　）	(6)諸　口（　　）

製　品

(8)仕掛品（　　）	(9)売上原価（　　）

月次損益

(10)売上原価（　　）	(10)売　上（　　）

仕掛品

(2)材　料（　　）	(8)製　品（　　）
(4)賃　金（　　）	
(6)経　費（　　）	
(7)製造間接費（　　）	

製造間接費

(2)材　料（　　）	(7)仕掛品（　　）
(4)賃　金（　　）	
(6)経　費（　　）	

売上原価

(9)製　品（　　）	(10)月次損益（　　）

売　上

(10)月次損益（　　）	(9)売掛金（　　）

	借方科目	金額	貸方科目	金額
(1)				
(2)				
(3)				
(4)				
(5)				
(6)				
(7)				
(8)				
(9)				
(10)				

解答〈4〉ページ

理解度チェック

問題2-2 ★★★

次の取引を与えられた勘定に記入し，必要な仕訳を示しなさい。また，締め切りのできる勘定は締め切りなさい。

〈指定勘定科目〉現金，当座預金，売掛金，買掛金，材料，賃金給料，経費，製造間接費，仕掛品，製品，売上，売上原価，月次損益

(1) 材料の仕入高（現金払い） 120,000円
(2) 材料の消費高：直接材料費 80,000円 間接材料費 30,000円
(3) 賃金給料の支払高（現金払い） 180,000円
(4) 賃金給料の消費高：直接労務費 140,000円 間接労務費 35,000円
(5) 経費の支払高（小切手振出払い） 160,000円
(6) 経費の消費高：直接経費 50,000円 間接経費 100,000円
(7) 製造間接費の配賦高 165,000円
(8) 完成品の製造原価 400,000円
(9) 製品売上高（掛け） 600,000円
売上製品の製造原価 360,000円
(10) 売上高，売上原価を月次損益勘定に振り替えた。

▼解答欄

材　　料

前月繰越	20,000		

賃　金　給　料

		前月繰越	10,000

経　　費

前月繰越	18,000		

仕　掛　品

前月繰越	35,000		

製　造　間　接　費

売　　上

製　品

前月繰越　30,000	

月次損益

売上原価

	借方科目	金額	貸方科目	金額
(1)				
(2)				
(3)				
(4)				
(5)				
(6)				
(7)				
(8)				
(9)				
(10)				

解答〈6〉ページ

理解度チェック

問題2-3 ★★★

下記の勘定連絡図の（　　）内に入る適切な語句を語群より選択し，記号で答えなさい。

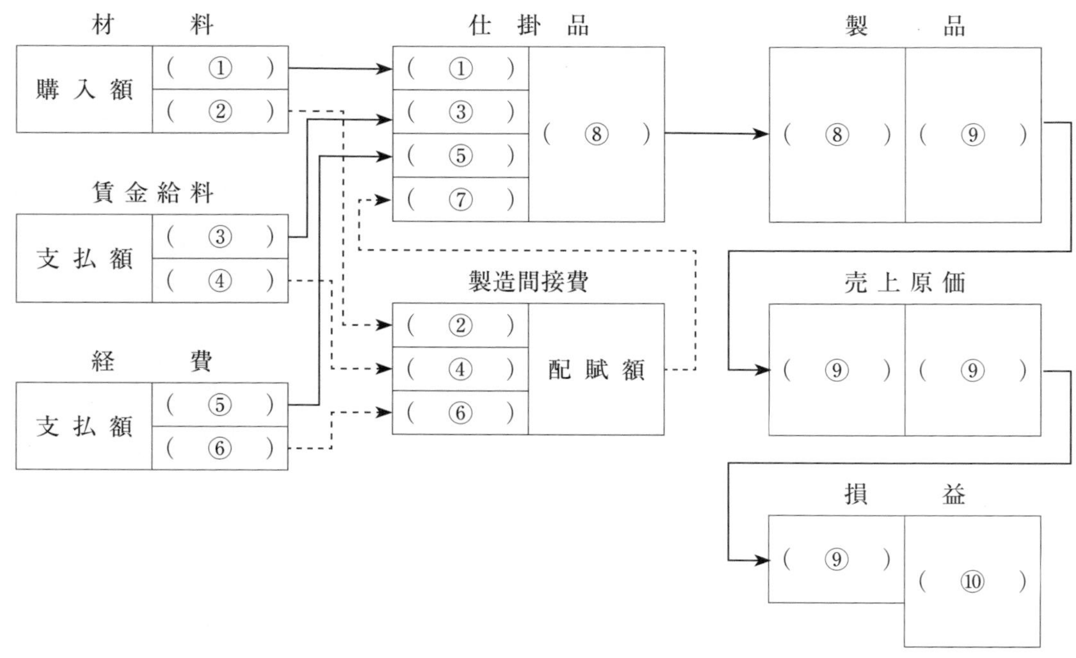

〈語　群〉

a	直接労務費	b	完成品原価	c	売上原価	d	製造間接費
e	間接経費	f	直接材料費	g	間接労務費	h	直接経費
i	間接材料費	j	売上高				

▼解答欄

①		②		③		④		⑤	
⑥		⑦		⑧		⑨		⑩	

解答〈8〉ページ

Theme 03 材料費（Ｉ）

問題3-1　★★★

理解度チェック

次の項目を直接材料費と間接材料費に分類し，その頭につけた番号で答えなさい。

① 工場消耗品費　② 買入部品費　③ 消耗工具器具備品費
④ 素　材　費　⑤ 補助材料費　⑥ 原　料　費

▼解答欄

直接材料費	
間接材料費	

解答〈9〉ページ

問題3-2　★★☆

理解度チェック

下記の材料費について，直接材料費となる項目には１を，間接材料費となる項目には２を〔　　〕の中に記入しなさい。

▼解答欄

①〔　　〕製品にそのまま取り付ける部品の消費額
②〔　　〕工場で使用するドライバーや測定器具などの作業工具・器具
③〔　　〕製造用の切削油，機械油などの消費額
④〔　　〕製品の本体を構成する素材の消費額
⑤〔　　〕工場で利用する黒板，机，椅子
⑥〔　　〕工場で使用する燃料の消費額
⑦〔　　〕工場で使用する電球や蛍光灯
⑧〔　　〕補修用鋼材の消費額
⑨〔　　〕工員が製造用に使用する作業服や軍手
⑩〔　　〕製品を製造するための原料の消費額

解答〈9〉ページ

理解度チェック □□□

問題3-3 ★★☆

次の５月中の取引について材料勘定に記入し，必要な仕訳を示しなさい。なお，勘定を締め切る必要はない。

〈指定勘定科目〉現金，材料，買掛金

5／2　A材料2,500kg（@300円）を掛けで購入した。
5／11　B材料500個（@900円）を掛けで購入した。なお，引取運賃4,000円は現金で支払った。
5／19　C材料1,200kg（@150円）を掛けで購入した。
5／28　C材料のうち200kgは品違いのため返品した。

▼解答欄

材　料

5／1　前月繰越　246,000	

	借方科目	金額	貸方科目	金額
5／2				
5／11				
5／19				
5／28				

解答〈9〉ページ

Theme 04 材料費(Ⅱ)

理解度チェック □□□

問題4-1 ★★☆

次の資料にもとづいて，直接材料費および間接材料費を計算しなさい。

前月繰越高	200個	@350円	70,000円
当月購入高	2,800個	@350円	980,000円
当月消費高	1,200個（甲製品の製造のために消費）		
	900個（乙製品の製造のために消費）		
	500個（各製品の製造のために共通に消費）		

▼解答欄

直接材料費 [　　　　　] 円

間接材料費 [　　　　　] 円

解答〈10〉ページ

理解度チェック □□□

問題4-2 ★★★

次の資料にもとづいて，主要材料Aの月間消費額および帳簿棚卸高を計算し，材料勘定の記入を完成させなさい。なお，主要材料Aは継続記録法によって消費数量を計算している。

月初在庫高	100kg	@200円	20,000円
月間買入高	900kg	@200円	180,000円
月間払出高	850kg（すべて直接材料として消費した。）		

▼解答欄

月間消費額 [　　　　　] 円　　帳簿棚卸高 [　　　　　] 円

材　料

前月繰越	(　　　)	仕掛品	(　　　)
当月購入	(　　　)	次月繰越	(　　　)
	(　　　)		(　　　)

解答〈10〉ページ

理解度チェック

問題4-3 ★★★

次の資料にもとづいて，補助材料Bの月間消費額を計算し，材料勘定の記入を完成させなさい。なお，補助材料Bは，すべて間接材料として消費され，棚卸計算法により計算している。

月初在庫高	50kg	@150円	7,500円
月間買入高	400kg	@150円	60,000円
月末実地棚卸量	70kg		

▼解答欄

月間消費額 [　　　　] 円

材　料

前月繰越	(　　　　)	製造間接費	(　　　　)
当月購入	(　　　　)	次月繰越	(　　　　)
	(　　　　)		(　　　　)

解答〈10〉ページ

理解度チェック

問題4-4 ★★★

次の資料にもとづいて，(1)先入先出法，(2)平均法によって材料の当月消費額を計算しなさい。

材料の月初在庫高は500kg@520円，当月の購入高は1,500kg@560円，当月の払出数量は1,400kgであった。なお，減耗は発生していない。

▼解答欄

(1) 先入先出法 [　　　　] 円

(2) 平均法 [　　　　] 円

解答〈10〉ページ

理解度チェック □□□

問題4-5 ★☆☆

次のA原料に関する取引にもとづいて，先入先出法によって材料元帳を記入し，当月消費高および帳簿棚卸高を答えなさい。

10月1日	前月繰越	200kg	@50円
9日	消費高	150kg	
16日	掛仕入高	800kg	@52円
26日	消費高	700kg	

▼解答欄

材料元帳

先入先出法　　A原料　　(単位：kgまたは円)

日付		摘要	受入			払出			残高		
			数量	単価	金額	数量	単価	金額	数量	単価	金額
10	1	前月繰越	200	50	10,000						
	31	次月繰越									

当月消費高 [　　　　円]　　帳簿棚卸高 [　　　　円]

解答〈11〉ページ

理解度チェック □□□

問題4-6 ★★★

次の資料により，直接材料費，間接材料費および材料消費価格差異を計算し，材料および材料消費価格差異勘定の記入を完成させなさい。ただし，材料の予定消費価格は@450円であり，実際消費額の計算は先入先出法によっている。なお，棚卸減耗は発生していない。

前月繰越高	100個	@440円	44,000円
当月購入高	700個	@480円	336,000円
当月消費高	650個（そのうち，500個は直接材料である）		

▼解答欄

直接材料費	円
間接材料費	円
材料消費価格差異	（　） 円

（注）（　）内には借方差異ならば「借」，貸方差異ならば「貸」を記入すること。

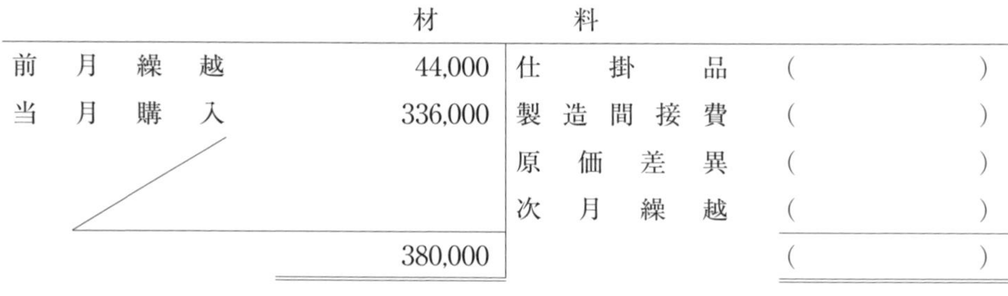

材　　料

前月繰越	44,000	仕掛品	（　　）
当月購入	336,000	製造間接費	（　　）
		原価差異	（　　）
		次月繰越	（　　）
	380,000		（　　）

材料消費価格差異

材料	（　　）	材料	（　　）

（注）不要な（　）には，「－」を記入すること。

解答〈11〉ページ

理解度チェック □□□

問題4-7 ★★★

次の取引を与えられた勘定に記入し，必要な仕訳を示しなさい。仕訳なしのときは「仕訳なし」と借方科目欄に解答すること。なお，勘定は締め切らなくてよい。

〈指定勘定科目〉材料，製造間接費，仕掛品，材料消費価格差異

(1) 材料を次のように消費した。なお，予定消費価格は@65円であった。

直接材料分　2,200kg　間接材料分　400kg

(2) 当月の材料の実際消費額を平均法で計算した。前月からの繰越分は600kg@62円，当月購入分は2,400kg@67円であった。

(3) 予定消費額と実際消費額との差額を材料消費価格差異勘定へ振り替えた。

▼解答欄

材料

借方		貸方
前月繰越	37,200	
買掛金	160,800	

仕掛品

借方	貸方

材料消費価格差異

借方	貸方

製造間接費

借方	貸方

	借方科目	金額	貸方科目	金額
(1)				
(2)				
(3)				

解答〈11〉ページ

理解度チェック

問題4-8 ★★★

次の資料にもとづいて，材料Cの月間消費額および棚卸減耗費を計算しなさい。

月初在庫高	200kg	@400円	80,000円
月間買入高	1,200kg	@400円	480,000円
月間払出数量	1,000kg		
月末実地棚卸量	350kg		

▼解答欄

月間消費額	円
棚卸減耗費	円

解答〈12〉ページ

理解度チェック

問題4-9 ★★★

次の資料にもとづいて、(1)材料払出と(2)減耗処理の仕訳を示しなさい。

〈指定勘定科目〉材料，製造間接費，仕掛品

1．当月の主要材料Zの払出量は140個である。この材料の月初有高は40個@200円，月間の買入高は160個@250円，月末の有高は56個であった。材料費の計算は平均法による。材料の減耗量は正常な数量である。

2．直接材料の月初在庫は80kg@160円，月間の買入高は1,560kg@180円，月間の直接材料の払出高は1,600kg，月末在庫は39kgであった。棚卸減耗量は正常な数量である。払出材料の評価は先入先出法による。

▼解答欄

		借方科目	金額	貸方科目	金額
1	(1)				
	(2)				
2	(1)				
	(2)				

解答〈12〉ページ

理解度チェック

問題4-10 ★★★

次の一連の取引について仕訳しなさい。

〈指定勘定科目〉材料，仕掛品，製造間接費，材料消費価格差異，当座預金，買掛金

(1) 主要材料Aを2,500kg@184円，補助材料Bを1,850kg@65円で掛けにて購入し，買入手数料5,000円を小切手を振り出して支払った。なお，買入手数料はすべて主要材料Aにかかるものである。

(2) 補助材料Bのうち50kgを品質不良のため仕入先に返品した。

(3) 主要材料Aの消費額を予定消費単価を用いて計上した。予定消費単価は@190円，実際消費量は2,600kgであった。

(4) 実際消費額は，主要材料Aが平均法，補助材料Bが先入先出法によって計算している。なお，補助材料Bは棚卸計算法によって実際消費量を計算しており，月末実地棚卸数量は150kgであった。また，各材料の月初棚卸高は次のとおりである。

主要材料A	500kg	@180円	90,000円
補助材料B	200kg	@ 60円	12,000円

(5) 主要材料Aの予定消費額と実際消費額との差額を，材料消費価格差異勘定に振り替えた。

▼解答欄

	借方科目	金額	貸方科目	金額
(1)				
(2)				
(3)				
(4)				
(5)				

解答〈12〉ページ

理解度チェック

問題4-11　★★★

（注）本問は，個別原価計算の学習が終了したあとに解答してください。

当社では，材料購入の際にそのつど，引取費用を実際額で材料の購入代価に加算し，払出時までに発生する内部材料副費については，購入代価の３％を予定配賦することにより，購入原価としている。以下の取引を仕訳しなさい。

〈指定勘定科目〉材料，当座預金，買掛金，内部材料副費，仕掛品，製造間接費，材料副費配賦差異

4／7　材料Ａ1,000kg（@230円）を掛けで購入し，引取費用5,000円については小切手を振り出して支払った。

4／16　材料Ｂ200個（@110円）を購入し，引取費用800円とともに代金は月末払いとした。

4／18　材料Ａ800kgを直接材料として生産現場に払い出した。

4／23　材料Ｂ160個を間接材料として生産現場に払い出した。

4／30　当月分の内部材料副費の実際発生額は8,000円であることが判明したので（内部材料副費勘定に記入済み），予定配賦額との差額を材料副費配賦差異勘定に振り替えた。

▼解答欄

	借　方　科　目	金　　額	貸　方　科　目	金　　額
4／7				
4／16				
4／18				
4／23				
4／30				

解答〈13〉ページ

Theme 05 労務費（Ⅰ）

理解度チェック

問題5-1 ★★★

次の項目を直接労務費と間接労務費に分類し，その頭につけた番号で答えなさい。

① 間接工賃金	② 給　料	③ 退職給付費用
④ 法定福利費	⑤ 直接工の間接作業賃金	⑥ 雑　給
⑦ 直接工の直接作業賃金	⑧ 従業員賞与手当	⑨ 直接工の手待賃金

▼解答欄

直接労務費	
間接労務費	

解答〈14〉ページ

理解度チェック

問題5-2 ★★★

下記の労務費について，直接労務費となる項目には1を，間接労務費となる項目には2を〔　　〕の中に記入しなさい。

▼解答欄

①〔　　〕工員の社会保険料の会社負担分

②〔　　〕製造関係の事務職員給料

③〔　　〕工場の修理工賃金

④〔　　〕直接工が行う直接作業時間分の賃金

⑤〔　　〕工場倉庫係の賃金

⑥〔　　〕直接工が行う間接作業時間分の賃金

⑦〔　　〕工員の退職給付費用

⑧〔　　〕工場従業員の通勤手当などの諸手当

⑨〔　　〕直接工の手待時間分の賃金

⑩〔　　〕工場長の給料

解答〈14〉ページ

理解度チェック □□□

問題5-3　★☆☆

次の取引を仕訳しなさい。
〈指定勘定科目〉現金，賃金給料，預り金

当月の賃金給料1,200,000円を，所得税の源泉徴収分120,000円と社会保険料48,000円を差し引き，現金で支払った。

▼解答欄

借 方 科 目	金 額	貸 方 科 目	金 額

解答〈14〉ページ

Theme

06 労務費（Ⅱ）

理解度チェック □□□

問題6-1 ★★★

次の資料にもとづいて，賃金給料の当月消費額（要支払額）を計算しなさい。

前月賃金給料未払額	280,000円
当月賃金給料支給総額	1,500,000円
控除額：源泉所得税	52,000円
社会保険料	42,000円
当月賃金給料未払額	330,000円

▼解答欄

当月賃金給料消費額（要支払額）　□ 円

解答〈15〉ページ

理解度チェック

問題6-2　★★★

次の取引を与えられた勘定に記入し，必要な仕訳を示しなさい。

〈指定勘定科目〉現金，預り金，未払賃金，賃金，製造間接費，仕掛品

(1)　前月賃金未払額　370,000円

(2)　当月賃金正味支払額　1,202,000円（現金払い）

　控除額（預り金で処理のこと）

　源泉所得税　45,000円

　健康保険料　53,000円

(3)　当月賃金消費額

　直接労務費　1,125,000円

　間接労務費　225,000円

(4)　当月賃金未払額　420,000円

▼解答欄

賃　金

未払賃金

		前月繰越	370,000

	借方科目	金　額	貸方科目	金　額
(1)				
(2)				
(3)				
(4)				

解答〈15〉ページ

理解度チェック

問題6-3 ★★★

次の資料により，直接労務費，間接労務費および賃率差異を計算しなさい。なお，賃金の予定賃率は1時間あたり600円である。

就　業　時　間	2,500時間	
作業時間の内訳	直接作業時間	1,700時間（指図書No.10：900時間，指図書No.20：800時間）
	間接作業時間	600時間
	手　待　時　間	200時間
前月賃金未払額	185,000円	
当月賃金支払額	1,480,000円	
当月賃金未払額	230,000円	

▼解答欄

直接労務費	円	間接労務費	円
賃率差異	（　）　円		

（注）（　）内には借方差異ならば「借」，貸方差異ならば「貸」と記入すること。

解答〈15〉ページ

理解度チェック

問題6-4 ★★★

次の一連の取引について仕訳しなさい。

〈指定勘定科目〉賃金給料，未払賃金，仕掛品，製造間接費，賃率差異

(1) 当月の実際作業時間は2,500時間で，そのうち直接作業時間は2,100時間，間接作業時間は400時間であった。なお，当社は予定賃率を用いて賃金の消費額を計算しており，予定賃率は1時間あたり1,400円である。

(2) 当月の実際賃金支給額は3,423,000円，前月末の未払賃金は72,000円，当月末の未払賃金は109,000円であり，賃率差異を計上した。

▼解答欄

	借方科目	金額	貸方科目	金額
(1)				
(2)				

解答〈16〉ページ

理解度チェック □□□

問題6-5 ★★★

次の取引を与えられた勘定に記入し，必要な仕訳を示しなさい。なお，仕訳が不要な場合には，「仕訳なし」と借方科目欄に解答すること。

〈指定勘定科目〉当座預金，預り金，未払賃金，賃金，賃率差異，製造間接費，仕掛品

(1) 前月賃金未払額　280,000円

(2) 当月賃金支払額（小切手振出払い）　935,000円
ただし，控除額（預り金勘定で処理）が165,000円ある。

(3) 予定賃率による当月の賃金消費額
直接分　820,000円
間接分　190,000円

(4) 当月の実際賃金消費額　1,030,000円

(5) 予定消費賃金と実際消費賃金との差額を賃率差異勘定に計上した。

(6) 当月未払賃金額　?　円

▼解答欄

賃　　金

未　払　賃　金

	前月繰越　280,000

	借方科目	金額	貸方科目	金額
(1)				
(2)				
(3)				
(4)				
(5)				
(6)				

解答〈16〉ページ

理解度チェック □□□

問題6-6 ★★★

当工場では，直接工の労務費の計算に予定賃率を用いている。次の一連の取引について賃金給料および賃率差異勘定の記入を完成し，必要な仕訳を示しなさい。

〈指定勘定科目〉当座預金，賃金給料，仕掛品，製造間接費，製品，賃率差異，預り金，従業員賞与手当，退職給付引当金

(1) 当年度の予定賃率は作業１時間あたり1.2千円で，10月中の直接工の実際直接作業時間は330時間，間接作業時間は20時間であった。

(2) 10月中の直接工への給与は預り金15千円を差し引き400千円で，小切手を振り出して支給した。

(3) 10月分の給与の賃率差異を当該勘定に振り替える。なお，月初の未払賃金は22千円で月末の未払賃金は25千円であった。ともに賃金給料勘定で繰り越すものとする。

▼解答欄

賃金給料 (単位：千円)

当月支払	(　　)	前月繰越	(　　)
原価差異	(　　)	仕掛品	(　　)
次月繰越	(　　)	製造間接費	(　　)
	(　　)		(　　)

賃率差異 (単位：千円)

賃金給料	(　　)	賃金給料	(　　)

(注) 不要な (　　) には，「－」を記入すること。

(単位：千円)

	借方科目	金額	貸方科目	金額
(1)				
(2)				
(3)				

解答〈16〉ページ

Theme

07 経　費

理解度チェック

問題7-1 ★★★

次の項目を直接経費と間接経費に分類し，その頭につけた番号で答えなさい。

① 減価償却費	② 福利施設負担額	③ 保険料
④ 外注加工賃	⑤ 材料の棚卸減耗費	⑥ 租税公課
⑦ 電気代，ガス代，水道代	⑧ 特許権使用料	⑨ 賃借料

▼解答欄

直接経費

間接経費

解答〈17〉ページ

理解度チェック

問題7-2 ★★★

下記の経費について，直接経費となる項目には1を，間接経費となる項目には2を〔　　〕の中に記入しなさい。

▼解答欄

①〔　　〕材料の棚卸減耗費
②〔　　〕製品Ｔの生産に対する特許権使用料
③〔　　〕工場の電気代，ガス代，水道代
④〔　　〕工場設備の減価償却費
⑤〔　　〕工場付設の社員食堂の会社負担額
⑥〔　　〕工場建物の損害保険料
⑦〔　　〕製品Ｙのメッキ加工を外注して支払う外注加工賃
⑧〔　　〕工場の運動会費
⑨〔　　〕工員用社宅，託児所の会社負担額
⑩〔　　〕工場の固定資産税
⑪〔　　〕工場従業員のための茶道，華道講師料
⑫〔　　〕工員募集費
⑬〔　　〕工員が利用する福利厚生施設に対する会社負担額
⑭〔　　〕工場の電話料金などの通信費
⑮〔　　〕工場機械の修繕費

解答〈17〉ページ

理解度チェック □□□

問題7-3 ★★★

次の支払経費に関する資料にもとづいて，各経費の当月消費額を計算しなさい。

(1) 外注加工賃：前月未払額 90,000円　当月支払額 560,000円　当月未払額 60,000円
(2) 旅費交通費：前月前払額 10,600円　当月支払額 100,000円　当月前払額 12,600円
(3) 保　管　料：前月前払額 15,400円　当月支払額 108,000円　当月前払額 12,300円

▼解答欄

(1)	外注加工賃	円
(2)	旅費交通費	円
(3)	保　管　料	円

解答〈17〉ページ

理解度チェック □□□

問題7-4 ★★☆

次の月割経費に関する資料にもとづいて，各経費の当月消費額を計算しなさい。

(1) 減価償却費：年間見積額 1,680,000円
(2) 保　険　料：年額 90,000円

▼解答欄

(1)	減価償却費	円
(2)	保　険　料	円

解答〈17〉ページ

理解度チェック □□□

問題7-5 ★★☆

次の測定経費に関する資料にもとづいて，各経費の当月消費額を計算しなさい。

(1) 電力料：当月支払額 210,000円　当月測定額 198,000円

(2) ガス代：基本料金 20,000円　当月使用量 4,800㎥　単価 15円

(3) 水道料：基本料金 32,000円　前月検針 2,100㎥　当月検針 8,600㎥　単価 12円

▼解答欄

(1) 電　力　料 ［　　　　円］　(2) ガ　ス　代 ［　　　　円］

(3) 水　道　料 ［　　　　円］

解答〈17〉ページ

理解度チェック □□□

問題7-6 ★★★

6月中の経費に関する次の資料にもとづいて，解答欄に示す経費仕訳帳の（　　）内に適当な金額を記入しなさい。

費　目	内　容
修　繕　費	前月未払額 1,000円　当月支払額 5,000円　当月未払額 1,500円
外注加工賃	前月前払額 2,000円　当月支払額 4,000円　当月前払額 500円
保　険　料	年額 60,000円
電　力　料	当月支払額 7,000円　当月測定額 6,800円
減価償却費	年間予定総額 48,000円

▼解答欄

経 費 仕 訳 帳

×2年		摘　要	科　目	消費額	仕掛品	製造間接費
6	30	支払経費	修　繕　費	(　　)		(　　)
	〃	〃	外注加工賃	(　　)	(　　)	
	〃	月割経費	保　険　料	(　　)		(　　)
	〃	〃	減価償却費	(　　)		(　　)
	〃	測定経費	電　力　料	(　　)		(　　)
				(　　)	(　　)	(　　)

解答〈18〉ページ

理解度チェック □□□

問題7-7 ★★☆

月末における次の諸取引の仕訳を行いなさい。なお，当社は経費について，「経費に関する諸勘定を用いない方法」により記帳している。

〈指定勘定科目〉当座預金，仕掛品，減価償却累計額，買掛金，修繕引当金，製造間接費

(1) 工場の建物・機械・器具の減価償却費の年間発生見積額が1,800,000円であるので，その月割額を間接費として計上する。

(2) 製造指図書＃49の製品の外注加工賃は80,000円であった。請求書を受け取り，小切手を振り出して支払った。

(3) 工場が賃借したクレーン車の賃借料は120,000円で，請求書を受け取り，間接費として計上した。

(4) 当年度の機械等修繕費が420,000円と予想されるので，この12分の１を当月分経費として修繕引当金に計上する。

▼解答欄

	借　方　科　目	金　　額	貸　方　科　目	金　　額
(1)				
(2)				
(3)				
(4)				

解答〈18〉ページ

理解度チェック □□□

問題7-8　★★★

次の取引を仕訳しなさい。

〈指定勘定科目〉仕掛品，製造間接費，買掛金，機械減価償却累計額，材料，未払電力料

(1)　製造指図書＃101の製品を製造するため，材料S 20,000円を出庫し，外注先の工場に加工を依頼した。なお，当工場では材料を外注のため無償支給しており，材料を外注先に引き渡すときに通常の出庫票にて出庫の記録を行っている。

(2)　上記(1)の外注先から加工品を受け入れた。請求書によると，外注加工賃は2,000円であった。

(3)　材料倉庫の棚卸しを行い，材料の減耗1,000円が発見されたので，棚卸減耗費を計上した。

(4)　当月の機械減価償却費を計上した。機械減価償却費の年間見積額は60,000円である。

(5)　月末に，当月分の電力消費量の測定結果にもとづいて，電力料3,000円を計上した。

▼解答欄

	借　方　科　目	金　　額	貸　方　科　目	金　　額
(1)				
(2)				
(3)				
(4)				
(5)				

解答〈18〉ページ

Theme 08 個別原価計算（Ⅰ）

理解度チェック

問題8-1 ★★★

次の資料にもとづいて，原価計算表を完成しなさい。なお，製造間接費は各製品の機械運転時間を配賦基準として，各指図書に配賦している。

(1) 材料の当月消費額……………№１：54,200円，№２：66,800円，番号不明：41,000円
(2) 賃金の当月消費額……………№１：74,600円，№２：85,800円，番号不明：75,600円
(3) 経費の当月消費額……………№１：15,600円，番号不明：9,400円
(4) 各製品の機械運転時間………№１：360時間，№２：240時間

▼解答欄

原価計算表　　（単位：円）

	№１	№２	合計
直接材料費			
直接労務費			
直接経費			
製造間接費			
合計			

解答〈19〉ページ

理解度チェック □□□

問題8-2 ★★★

次の資料にもとづいて，⑴直接作業時間基準，⑵直接労務費基準によりそれぞれの製造間接費の実際配賦率を計算し，原価計算表を完成させなさい。

（資　料）

直接材料費：　800,000円（＃101：200,000円，＃102：350,000円，＃103：250,000円）
直接労務費：1,200,000円（＃101：350,000円，＃102：550,000円，＃103：300,000円）
製造間接費：1,500,000円
直接作業時間：1,000時間（＃101：290時間，＃102：460時間，＃103：250時間）

▼解答欄

⑴　直接作業時間基準

実際配賦率　［　　　　　円/時］

原　価　計　算　表　　　（単位：円）

	＃101	＃102	＃103	合　計
直接材料費				
直接労務費				
製造間接費				
合　　計				

⑵　直接労務費基準

実際配賦率　［　　　　　%］

原　価　計　算　表　　　（単位：円）

	＃101	＃102	＃103	合　計
直接材料費				
直接労務費				
製造間接費				
合　　計				

解答〈19〉ページ

理解度チェック □□□

問題8-3 ★★★

次の資料にもとづいて，製造間接費の配賦率および指図書＃101の製造原価を⑴直接材料費基準，⑵直接労務費基準，⑶直接費基準で計算しなさい。

（資　料）

	製造指図書		製造指図書
	＃101	＃102	番号のないもの
材　料　費	680,000円	520,000円	440,000円
労　務　費	920,000円	680,000円	460,000円
経　　　費	270,000円	130,000円	60,000円

▼解答欄

⑴　直接材料費基準

実　際　配　賦　率	%
指図書＃101の製造原価	円

⑵　直接労務費基準

実　際　配　賦　率	%
指図書＃101の製造原価	円

⑶　直接費基準

実　際　配　賦　率	%
指図書＃101の製造原価	円

解答〈19〉ページ

理解度チェック □□□

問題8-4 ★★★

下記の一連の取引について仕訳をしなさい。なお，指図書No.1，No.2は，ともに当月に製造着手したものである。

〈指定勘定科目〉材料，賃金，経費，製造間接費，仕掛品，製品，売上原価，売上，売掛金

(1) 当月における材料，賃金，経費の消費額は次のとおりであった。

材　料　175,000円（No.1：84,000円，No.2：63,000円，間接費：28,000円）
賃　金　221,000円（No.1：90,000円，No.2：70,000円，間接費：61,000円）
経　費　149,500円（No.1：31,500円，No.2：27,000円，間接費：91,000円）

(2) 直接労務費を配賦基準として，製造間接費を各製品に配賦した。

(3) 指図書No.1が完成したので，製造原価を製品勘定に振り替えた。

(4) 完成した製品（No.1）を350,000円で掛売りした。なお，これにともなう製品原価は売上原価勘定に振り替えること。

▼解答欄

	借方科目	金　額	貸方科目	金　額
(1)				
(2)				
(3)				
(4)				

解答〈20〉ページ

理解度チェック

問題8-5 ★★★

当月の資料にもとづいて，(1)原価計算表を完成させ，(2)仕掛品勘定の記入を行いなさい。なお，当月に製造指図書＃１と＃２は完成したが，＃３は月末現在仕掛中である。また，＃１は前月に製造着手したもので，前月末までに消費された原価は112,500円であった。

（資　料）

(1)　直接材料費の当月消費額　＃１：37,500円，＃２：45,000円，＃３：22,500円
(2)　直接労務費の当月消費額　＃１：52,500円，＃２：60,000円，＃３：75,000円
(3)　直接経費の当月消費額　＃１：15,000円，＃２：18,000円，＃３：33,000円
(4)　製造間接費の当月配賦額　＃１：75,000円，＃２：90,000円，＃３：95,000円

▼解答欄

原価計算表　（単位：円）

	＃１	＃２	＃３	合計
前月繰越				
直接材料費				
直接労務費				
直接経費				
製造間接費				
合計				
備考				

仕掛品　（単位：円）

前月繰越	(　　)	当月完成高	(　　)
材料	(　　)	次月繰越	(　　)
賃金	(　　)		
経費	(　　)		
製造間接費	(　　)		
	(　　)		(　　)

解答〈21〉ページ

理解度チェック □□□

問題8-6 ★★★

名古屋工場は実際個別原価計算を行っている。次に示した同社の原価記録にもとづいて，仕掛品勘定と製品勘定の（　　）内に適当な金額を記入しなさい。なお，仕訳と元帳転記は月末にまとめて行っている。

原価計算票　製造指図書　No.101

直接材料費	3/6	150,000円
直接労務費	3/6～3/28	300,000円
製造間接費	3/6～3/28	280,000円
合　計		730,000円

製造着手 3/6　完成・入庫 3/28
注文主引渡 4/4

原価計算票　製造指図書　No.102

直接材料費	3/13	300,000円
直接労務費	3/13～3/31	120,000円
	4/1～4/8	160,000円
製造間接費	3/13～3/31	400,000円
	4/1～4/8	350,000円
合　計		1,330,000円

製造着手 3/13　完成・入庫 4/8
注文主引渡 4/12

原価計算票　製造指図書　No.103

直接材料費	4/8	200,000円
直接労務費	4/8～4/29	240,000円
製造間接費	4/8～4/29	500,000円
合　計		940,000円

製造着手 4/8　完成・入庫 4/29
注文主引渡 ____　（4月末現在未引渡）

原価計算票　製造指図書　No.104

直接材料費	4/25	430,000円
直接労務費	4/25～4/30	100,000円
製造間接費	4/25～4/30	200,000円
合　計		730,000円

製造着手 4/25　完成・入庫 ____
注文主引渡 ____　（4月末現在仕掛中）

▼解答欄

仕　掛　品　（単位：円）

4/1	月初有高	（　　）	4/30	当月完成品	（　　）
4/30	直接材料費	（　　）	〃	月末有高	（　　）
〃	直接労務費	（　　）			
〃	製造間接費	（　　）			
		（　　）			（　　）

製　品　（単位：円）

4/1	月初有高	（　　）	4/30	売上原価	（　　）
4/30	当月完成品	（　　）	〃	月末有高	（　　）
		（　　）			（　　）

解答〈21〉ページ

理解度チェック □□□

問題8-7 ★★★

姫路工業（株）は，個別受注生産を行っている。当月において，製造指図書＃101の製造中に仕損が生じたので補修を行った。その際，補修指図書＃101-1を発行したが，当該指図書に集計された原価は，直接材料費25,000円，直接労務費38,000円，製造間接費42,000円であった。そこで，原価計算表を完成しなさい。なお，仕損費は直接経費として処理している。また，＃101は当月中に完成している。

▼解答欄

	＃101	＃101-1
直接材料費	150,000	
直接労務費	220,000	
製造間接費	240,000	
小　計	610,000	
仕損費		
合　計		
備　考	完　成	＃101へ直課

解答〈23〉ページ

Theme

09 個別原価計算（Ⅱ）

理解度チェック

問題9-1 ★★★

次の資料により，製造間接費の予定配賦率，予定配賦額および製造間接費配賦差異を求めなさい。

（資　料）

(1) 製造間接費年間予算額　9,000,000円　(2) 年間予定直接作業時間　18,000時間

(3) 当月製造間接費実際発生額　720,000円　(4) 当月実際直接作業時間　1,530時間

(5) 製造間接費は直接作業時間を基準に予定配賦している。

▼解答欄

予定配賦率	円/時間
予定配賦額	円
製造間接費配賦差異	(　　)　円

(　　) 内は，貸方差異（有利差異）なら「＋」，借方差異（不利差異）なら「－」を記入すること。

解答〈24〉ページ

理解度チェック

問題9-2 ★★★

次の取引について製造間接費および製造間接費配賦差異勘定の記入を完成し，必要な仕訳を示しなさい。

〈指定勘定科目〉材料，賃金，経費，製造間接費，仕掛品，製造間接費配賦差異

(1) 製造間接費を機械運転時間を基準として各指図書に配賦した。

年間の製造間接費予算：3,600,000円　　年間の予定機械運転時間：40,000時間

当月の実際機械運転時間：3,200時間（No.1：1,800時間，No.2：1,400時間）

(2) 当月の製造間接費実際発生額は次のとおりであった。

材料　122,000円　　賃金　99,000円　　経費　71,000円

(3) 製造間接費の実際発生額と予定配賦額との差額を製造間接費配賦差異勘定に振り替えた。

▼解答欄

製造間接費

材料	(　　)	仕掛品	(　　)
賃金	(　　)	製造間接費配賦差異	(　　)
経費	(　　)		
	(　　)		(　　)

製造間接費配賦差異

製造間接費	(　　)	製造間接費	(　　)

(注) 不要な（　）には，「－」を記入すること。

	借方科目	金額	貸方科目	金額
(1)				
(2)				
(3)				

解答〈24〉ページ

理解度チェック □□□

問題9-3 ★★☆

当工場では，直接作業時間を基準として製造間接費を予定配賦している。年間の予定直接作業時間は36,000時間であり，年間の製造間接費予算は28,440,000円である。よって，次の一連の取引を仕訳しなさい。

〈指定勘定科目〉現金預金，売掛金，材料，賃金・給料，製造間接費，仕掛品，製品，売上原価，原価差異，減価償却累計額

(1) 製造間接費を予定配賦した。当月実際直接作業時間は3,200時間であった。

(2) 補助材料の当月消費額を計上した（補助材料の月初有高 300,000円，当月仕入高 1,050,000円，月末有高 250,000円）。

(3) 間接工賃金の当月消費額を計上した（前月未払額 80,000円，当月支払額 830,000円，当月未払額 110,000円）。

(4) 機械減価償却費当月分600,000円を計上した。

(5) 月末に製造間接費配賦差異を計上した（なお，当月の実際製造間接費合計は上記の取引で明らかになるもののほかに，120,000円の間接経費がすでに計上されているものとする）。

▼解答欄

	借方科目	金額	貸方科目	金額
(1)				
(2)				
(3)				
(4)				
(5)				

解答〈24〉ページ

理解度チェック □□□

問題9-4 ★★★

当製作所では，直接作業時間を基準にして製造間接費を予定配賦している。年間の予定直接作業時間は18,000時間であり，年間の製造間接費予算は27,000,000円である。さて，５月は，製造指図書No.１とNo.２の製造を行った（いずれも当月着手）。そこで，次の一連の取引について仕訳しなさい。

〈指定勘定科目〉現金，材料，仕掛品，製品，賃金・給料，製造間接費，原価差異

(1) ５月１日から31日までの材料および賃金・給料の消費高は，次のとおりであった。

	製造指図書		製造指図書
	No.１	No.２	番号のないもの
材　料　費	560,000円	640,000円	498,000円
労　務　費	800,000円	1,200,000円	875,000円

(2) 製造指図書No.１およびNo.２について，メッキ加工のため，下請企業に無償で支給した部品が，加工後すべて納入されたので，その加工賃285,000円（No.１：135,000円，No.２：150,000円）を現金で支払った。なお，納入品は，検査後，ただちに製造現場へ引き渡された。

(3) 予定配賦率を用いて，製造間接費を各製造指図書に配賦した。なお，５月の直接作業時間は，次のとおりであった。

	製造指図書No.１	製造指図書No.２
直接作業時間	700時間	800時間

(4) 製造指図書No.１が完成した。

(5) 製造間接費差異を計上した。ただし，５月中の実際製造間接費発生額は，上述したものを含めて，総額で2,373,000円であった。

▼解答欄

	借　方　科　目	金　　額	貸　方　科　目	金　　額
(1)				
(2)				
(3)				
(4)				
(5)				

解答〈25〉ページ

理解度チェック

問題9-5 ★★★

仙台工場では，実際原価計算を行っている。下記の当月資料にもとづき，製造間接費勘定と仕掛品勘定の（　　）内に適当な金額を記入しなさい。ただし，素材消費額はすべて直接材料費，直接工賃金消費額はすべて直接労務費である。また，製造間接費は直接作業時間基準を用いて予定配賦している。年間予定直接作業時間は40,000時間，年間製造間接費予算は280,000千円である。

（資　料）

(1) 素　　材：月初有高 650千円，当月仕入高 16,000千円，月末有高 400千円
(2) 仕　掛　品：月初有高 3,200千円，月末有高 2,700千円
(3) 直接工賃金：月初未払高 3,600千円，当月支払高 11,600千円，月末未払高 2,400千円
(4) 実際直接作業時間　　3,500時間
(5) 製造間接費配賦差異　　550千円（借方差異）

▼解答欄

製造間接費　(単位：千円)

借方	金額	貸方	金額
実際発生額	(　　　)	予定配賦額	(　　　)
		配賦差異	(　　　)
	(　　　)		(　　　)

仕掛品　(単位：千円)

借方	金額	貸方	金額
月初有高	(　　　)	当月完成高	(　　　)
直接材料費	(　　　)	月末有高	(　　　)
直接労務費	(　　　)		
製造間接費	(　　　)		
	(　　　)		(　　　)

解答〈25〉ページ

理解度チェック □□□

問題9-6 ★★★

次の資料にもとづき，当月の仕掛品勘定および製造間接費勘定の記入を完成しなさい。なお，月初仕掛品は指図書＃201で，48,000千円であった。指図書＃201，202は当月完成した。

(資　料)

(1) 直接材料……月初棚卸高 2,400千円，買入高 48,000千円，払出高（＃201…8,400千円，＃202…19,200千円，＃203…16,800千円），月末実地棚卸高 4,800千円，減耗 1,200千円（通常発生する程度）

(2) 間接材料……月初棚卸高 3,600千円，買入高 13,800千円，月末在庫 3,000千円

(3) 直接賃金……月初未払高 12,000千円，当月消費高（＃201…18,000千円，＃202…33,000千円，＃203…24,000千円），当月支払高 69,000千円，月末未払高 18,000千円

(4) 間接賃金給料……月初未払高 7,200千円，当月支払高 39,600千円，月末未払高 6,000千円

(5) 外注加工賃……月初未払高 1,800千円，当月支払高 36,000千円，月末未払高 2,400千円，当月消費高（＃201…6,000千円，＃202…16,200千円，＃203…14,400千円）

(6) 修繕引当金……当月繰入額 3,600千円

(7) 製造間接費は各指図書にその直接労務費の150％を負担させる。

▼解答欄

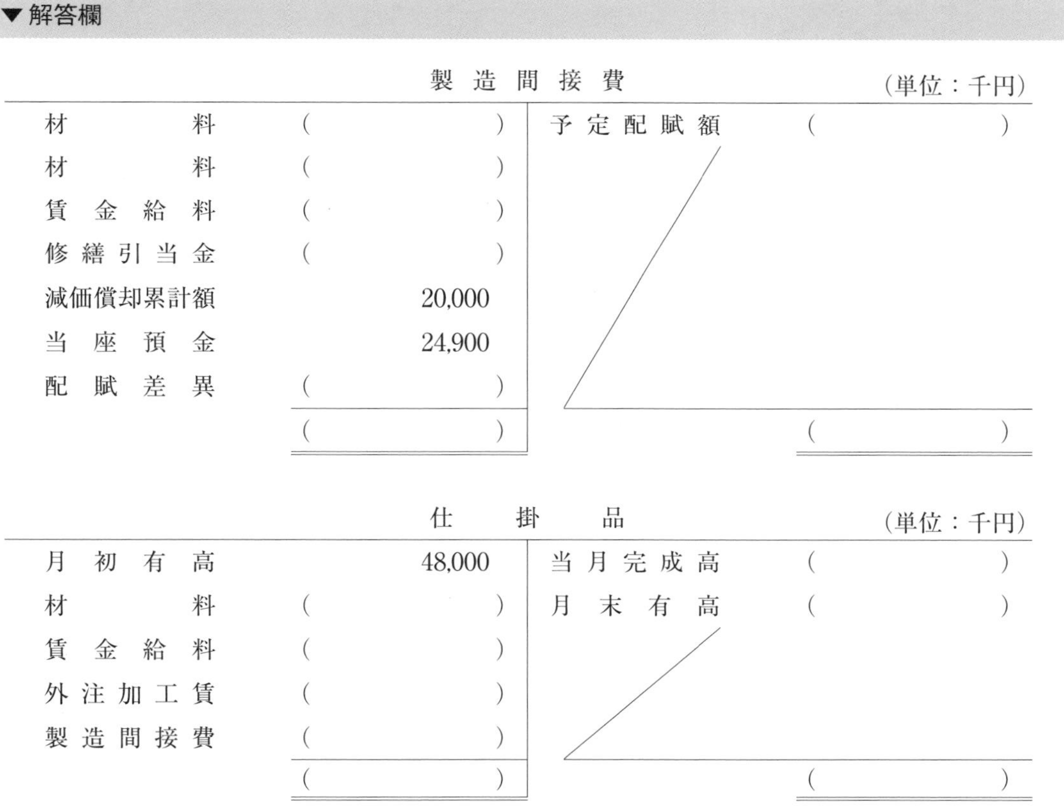

製造間接費　(単位：千円)

借方	金額	貸方	金額
材料	(　)	予定配賦額	(　)
材料	(　)		
賃金給料	(　)		
修繕引当金	(　)		
減価償却累計額	20,000		
当座預金	24,900		
配賦差異	(　)		
	(　)		(　)

仕掛品　(単位：千円)

借方	金額	貸方	金額
月初有高	48,000	当月完成高	(　)
材料	(　)	月末有高	(　)
賃金給料	(　)		
外注加工賃	(　)		
製造間接費	(　)		
	(　)		(　)

解答〈26〉ページ

理解度チェック □□□

問題9-7 ★★★

神戸工場では，実際個別原価計算を行っている。次に示した同工場の資料にもとづき，仕掛品勘定と製品勘定の（　　）内に適当な金額を記入しなさい。なお，当月は10月である。

(資　料)

1．各製造指図書に関するデータは，次のとおりであった。

製造指図書	直接材料費	直接労務費	直接作業時間	備　　考
№101	54,000円	40,000円	80時間	9月着手・完成，10月引渡
№102				9月着手，10月完成・引渡
9月中	48,000円	20,000円	40時間	
10月中	―― 円	10,000円	20時間	
№103	42,000円	25,000円	50時間	10月着手・完成，10月末未引渡
№104	24,000円	15,000円	30時間	10月着手，10月末未完成

2．製造間接費は予定配賦している。予定配賦率は，直接作業時間あたり350円である。

▼解答欄

仕　掛　品　(単位：円)

月初有高	(　　　)	当月完成高	(　　　)
当月製造費用:		月末有高	(　　　)
直接材料費	(　　　)		
直接労務費	(　　　)		
製造間接費	(　　　)		
	(　　　)		(　　　)

製　　品　(単位：円)

月初有高	(　　　)	売上原価	(　　　)
当月完成高	(　　　)	月末有高	(　　　)
	(　　　)		(　　　)

解答〈28〉ページ

理解度チェック

問題9-8 ★★★

福岡製作所では，実際個別原価計算を採用している。次の資料にもとづき，12月の仕掛品勘定および製品勘定の（　　）内に適当な金額を記入しなさい。

（資　料）

1．原価計算表の要約

指図書番号	直接材料費	直接労務費	機械運転時間	備　考
№114	90,000円	105,000円	140時間	11/11 製造着手 11/29 完成 12/ 5 販売
№115	60,000円（11月分） 25,000円（12月分）	75,000円（11月分） 62,500円（12月分）	100時間（11月分） 80時間（12月分）	11/17 製造着手 12/10 完成 12/12 販売
№121	80,000円	75,000円	100時間	12/ 3 製造着手 12/ 9 一部仕損 12/20 完成 12/22 販売
№121-2	30,000円	20,000円	30時間	12/10 補修開始 12/17 補修完了
№122	125,000円	112,500円	150時間	12/11 製造着手 12/28 完成 12/28 未販売
№123	75,000円	90,000円	120時間	12/15 製造着手 12/28 未完成

2．№121-2は仕損が生じた№121を補修して合格品とするために発行した補修指図書である。この仕損は正常なものであるため，正常仕損費の全額を№121に賦課する。

3．製造間接費は，機械運転時間を配賦基準として各製造指図書に予定配賦している。年間の製造間接費予算額は5,400,000円，年間の予定機械運転時間は6,000時間である。

▼解答欄

仕　掛　品　（単位：円）

借方	金額	貸方	金額
前月繰越	（　　）	製品	（　　）
材料	（　　）	次月繰越	（　　）
賃金	（　　）		
製造間接費	（　　）		
	（　　）		（　　）

製　品　（単位：円）

借方	金額	貸方	金額
前月繰越	（　　）	売上原価	（　　）
仕掛品	（　　）	次月繰越	（　　）
	（　　）		（　　）

解答〈28〉ページ

理解度チェック

問題9-9 ★★★

次の資料にもとづいて，製造間接費の予定配賦額および製造間接費配賦差異を計算しなさい。また，製造間接費配賦差異について予算差異と操業度差異に分析しなさい。

（資　料）

(1)　年間予算データ

①　年間基準操業度　　15,000機械運転時間

②　公式法変動予算による年間の製造間接費予算

　　年間固定費　4,500,000円　　変動費率　200円/時間

(2)　当月実際データ

①　実際機械運転時間　　1,160時間

②　製造間接費実際発生額　　619,000円

▼解答欄

製造間接費の予定配賦額	円
製造間接費配賦差異	（　）　円
予算差異	（　）　円
操業度差異	（　）　円

（　）内は，貸方差異（有利差異）ならば「＋」，借方差異（不利差異）ならば「－」を記入すること。

解答〈30〉ページ

理解度チェック

問題9-10 ★★★

次の資料にもとづいて，製造間接費の予定配賦額および製造間接費配賦差異を計算しなさい。また，製造間接費配賦差異について予算差異と操業度差異に分析しなさい。

（資　料）

(1) 年間予算データ

①	年間基準操業度	15,000機械運転時間
②	年間製造間接費予算	7,500,000円

(2) 当月実際データ

①	実際機械運転時間	1,160時間
②	製造間接費実際発生額	619,000円

▼解答欄

製造間接費の予定配賦額	円
製造間接費配賦差異	（　　）　円
予　算　差　異	（　　）　円
操　業　度　差　異	（　　）　円

（　　）内は，貸方差異（有利差異）ならば「＋」，借方差異（不利差異）ならば「－」を記入すること。

解答〈30〉ページ

理解度チェック

問題9-11　★★★

当工場は，直接作業時間を配賦基準として，製造間接費を予定配賦している。次の資料により，製造間接費の予定配賦率を求め，当月の各製造指図書への予定配賦額および製造間接費配賦差異を計算し，さらに予算差異と操業度差異とに分析しなさい。

（資　料）

(1)　製造間接費予算（年間）

変動費　300円/時間　　固定費　1,200,000円

(2)　基準操業度（年間）　6,000時間

(3)　当月の実際直接作業時間

製造指図書	No.1	No.2	合計
	240時間	160時間	400時間

(4)　当月の製造間接費実際発生額　240,000円

▼解答欄

予定配賦率	円/時
予定配賦額	No.1　　円
	No.2　　円
製造間接費配賦差異	(　　)　　円
予 算 差 異	(　　)　　円
操業度差異	(　　)　　円

(　　) 内は，借方差異ならば「－」，貸方差異ならば「＋」を記入すること。

解答〈31〉ページ

MEMO

Theme

10 部門別個別原価計算（Ⅰ）

理解度チェック

問題10-1 ★★★

次の資料にもとづいて，(1)部門費配賦表を完成させ，(2)各原価部門への振替仕訳を行いなさい。

（資　料）

(1) 部門個別費

	甲部門	乙部門	動力部門	修繕部門	工場事務部門
間接材料費	450,000円	800,000円	800,000円	280,000円	——
間接労務費	312,000円	554,000円	70,000円	90,000円	182,000円

(2) 部門共通費

間接労務費　600,300円　　減価償却費　435,600円　　電力料　273,700円

(3) 配賦基準

配賦基準	甲部門	乙部門	動力部門	修繕部門	工場事務部門
従業員数	28人	30人	16人	9人	4人
床面積	55㎡	25㎡	15㎡	15㎡	11㎡
電力消費量	60kwh	45kwh	30kwh	18kwh	8kwh

▼解答欄

(1)

部門費配賦表　（単位：円）

費目	配賦基準	合計	製造部門		補助部門		
			甲部門	乙部門	動力部門	修繕部門	工場事務部門
部門個別費							
間接材料費							——
間接労務費							
部門共通費							
間接労務費	従業員数						
減価償却費	床面積						
電力料	電力消費量						
部門費							

(2)〈指定勘定科目〉製造間接費，甲部門費，乙部門費，動力部門費，修繕部門費，工場事務部門費

借　方　科　目	金　　額	貸　方　科　目	金　　額

解答〈32〉ページ

理解度チェック

問題10-2 ★★★

次の資料にもとづいて，(1)直接配賦法による部門費配賦表を完成させ，(2)製造部門への振替仕訳を行いなさい。

（資　料）

補助部門費の配賦基準

配賦基準	合　　計	切削部門	組立部門	動力部門	修繕部門	事務部門
従業員数	100人	45人	35人	7人	5人	8人
修繕時間	185時間	80時間	60時間	10時間	20時間	15時間
電力消費量	150kwh	60kwh	50kwh	20kwh	15kwh	5kwh

▼解答欄

(1)

部門費配賦表　　　　（単位：円）

費　　目	配賦基準	合　　計	製造部門		補助部門		
			切削部門	組立部門	動力部門	修繕部門	事務部門
部門個別費	——	948,400	327,000	467,000	85,900	42,900	25,600
部門共通費	従業員数	360,000					
部　門　費							
事務部門費	従業員数						
修繕部門費	修繕時間						
動力部門費	電力消費量						
製造部門費							

(2)〈指定勘定科目〉製造間接費，切削部門費，組立部門費，動力部門費，修繕部門費，事務部門費

借　方　科　目	金　　額	貸　方　科　目	金　　額

解答〈33〉ページ

理解度チェック □□□

問題10-3　★★★

次の資料にもとづいて，部門費配賦表を完成させ，各勘定に記入しなさい。ただし，補助部門の製造部門への配賦は，直接配賦法によること。

（資　料）

補助部門費の配賦基準

配賦基準	合　　計	切 削 部	組 立 部	動 力 部	修 繕 部	事 務 部
修繕作業時間	200時間	95時間	65時間	20時間	20時間	——
従 業 員 数	55人	18人	24人	5人	5人	3人
機械運転時間	2,700時間	1,300時間	800時間	400時間	200時間	——

▼解答欄

部門費配賦表

(単位：円)

費目	配賦基準	合計	製造部門		補助部門		
			切削部	組立部	動力部	修繕部	事務部
部門費		2,019,600	847,000	748,000	189,000	160,000	75,600
事務部費	従業員数						
修繕部費	修繕作業時間						
動力部費	機械運転時間						
製造部門費							

切削部費

製造間接費	( )	仕掛品	( )
事務部費	( )		
修繕部費	( )		
動力部費	( )		
	( )		( )

組立部費

製造間接費	( )	仕掛品	( )
事務部費	( )		
修繕部費	( )		
動力部費	( )		
	( )		( )

動力部費

製造間接費	( )	諸口	( )

修繕部費

製造間接費	( )	諸口	( )

事務部費

製造間接費	( )	諸口	( )

解答〈34〉ページ

理解度チェック

問題10-4 ★★★

次の資料にもとづいて，(1)相互配賦法による部門費配賦表を完成させ，(2)補助部門費の製造部門への振替仕訳を行いなさい。ただし，ここに相互配賦法とは，簡便法としての相互配賦法であり，第1次配賦は純粋の相互配賦法によって行うが，第2次配賦は直接配賦法によって行う。

(資　料)

	合　計	機械部門	組立部門	材料部門	保全部門	事務部門
部門費	6,200,000円	2,558,000円	2,234,500円	607,500円	560,000円	240,000円
補助部門配賦基準：						
材料出庫量	5,500kg	2,500kg	1,500kg	1,000kg	300kg	200kg
保全時間	800時間	400時間	200時間	100時間	100時間	——
従業員数	45人	10人	20人	6人	4人	5人

▼解答欄

(1)

部門費配賦表

(単位：円)

費　目	合　計	製造部門		補助部門		
		機械部門	組立部門	材料部門	保全部門	事務部門
部　門　費	6,200,000	2,558,000	2,234,500	607,500	560,000	240,000
第1次配賦						
事務部門費						——
保全部門費					——	——
材料部門費				——		
第2次配賦						
事務部門費						
保全部門費						
材料部門費						
製造部門費						

(2)〈指定勘定科目〉製造間接費，機械部門費，組立部門費，材料部門費，保全部門費，事務部門費

借 方 科 目	金　額	貸 方 科 目	金　額

解答〈35〉ページ

理解度チェック □□□

問題10-5 ★☆☆

受注生産経営を行う前橋工場では，製造間接費の製品別配賦を部門別配賦率を用いて行っている。そこで，次の配賦基準資料にもとづき，製造間接費部門別配賦表を完成させなさい。なお，補助部門費の配賦は相互配賦法による。すなわち，第１次配賦では製造部門のみならず他の補助部門にも配賦を行い，第２次配賦では製造部門のみに配賦を行う。

（配賦基準資料：部門共通費）

	配賦基準	合　計	第１製造部	第２製造部	保　全　部	材料倉庫部	工場事務部
福利施設負担額	従業員数	60人	15人	25人	６人	４人	10人
建物減価償却費	占有面積	5,000㎡	2,000㎡	2,000㎡	250㎡	250㎡	500㎡

（配賦基準資料：補助部門費）

	配賦基準	合　計	第１製造部	第２製造部	保　全　部	材料倉庫部	工場事務部
工場事務部費	従業員数	60人	15人	25人	６人	４人	10人
材料倉庫部費	材料出庫額	900万円	400万円	200万円	200万円	100万円	——
保全部費	保全作業時間	800時間	300時間	300時間	100時間	60時間	40時間

▼解答欄

製造間接費部門別配賦表

（単位：円）

費　目	合　計	製造部門		補助部門		
		第１製造部	第２製造部	保　全　部	材料倉庫部	工場事務部
部門個別費	4,900,000	1,992,000	1,628,000	475,000	655,000	150,000
福利施設負担額	600,000					
建物減価償却費	500,000					
部　門　費	6,000,000					
第１次配賦						
工場事務部費						
材料倉庫部費						
保　全　部　費						
第２次配賦						
工場事務部費						
材料倉庫部費						
保　全　部　費						
製造部門費						

解答〈36〉ページ

Theme

11 部門別個別原価計算（Ⅱ）

理解度チェック

問題11-1 ★★★

名古屋工場では，製造間接費を部門ごとに集計し，製造部門費を製品へ実際配賦している。次の資料により，(1)各製造部門の実際配賦率および各製品に対する製造間接費配賦額を計算しなさい。また，(2)各製造部門から各製品への配賦の仕訳を行いなさい。なお，切削部門では機械稼働時間，組立部門では直接作業時間をそれぞれ配賦基準としている。

（資　料）

(1)　当月の補助部門費配賦後の各製造部門費

切削部門費：792,000円，組立部門費：896,000円

(2)　各製品の製造に要した時間

		製品No.1	製品No.2
切削部門	直接作業時間	100時間	120時間
	機械稼働時間	200時間	250時間
組立部門	直接作業時間	290時間	350時間
	機械稼働時間	140時間	140時間

▼解答欄

(1)　切削部門

実際配賦率　　円/時

No.1への配賦額　　円　　No.2への配賦額　　円

組立部門

実際配賦率　　円/時

No.1への配賦額　　円　　No.2への配賦額　　円

(2)　各製造部門から各製品への配賦の仕訳

〈指定勘定科目〉仕掛品，切削部門費，組立部門費

借方科目	金額	貸方科目	金額

解答〈38〉ページ

MEMO

理解度チェック

問題11-2 ★★★

個別原価計算を採用している当社の次の取引について，与えられた勘定の記入をし，必要な仕訳を示しなさい。なお，当社は製造間接費については部門別計算を行い，各製造指図書には予定配賦を行っている。

〈指定勘定科目〉製造間接費，甲製造部門費，乙製造部門費，動力部門費，修繕部門費，仕掛品，製造部門費配賦差異

(1) 甲・乙製造部門費を，直接作業時間を基準として各製造指図書に予定配賦した。

	予定配賦率	直接作業時間
甲製造部門費	@130円	5,200時間
乙製造部門費	@110円	4,300時間

(2) 製造間接費の実際発生額は1,150,000円であり，次のとおり各部門に配賦した。

甲製造部門	550,000円	乙製造部門	380,000円
動 力 部 門	130,000円	修 繕 部 門	90,000円

(3) 上記補助部門費を次の配賦率により，甲・乙製造部門へ配賦した。

	甲製造部門	乙製造部門
動 力 部 門 費	60%	40%
修 繕 部 門 費	45%	55%

(4) 甲・乙製造部門で把握された差異を，製造部門費配賦差異勘定へ振り替えた。

▼解答欄

甲製造部門費

製造間接費	(　　　)	仕掛品	(　　　)
動力部門費	(　　　)		
修繕部門費	(　　　)		
製造部門費配賦差異	(　　　)		
	(　　　)		(　　　)

乙製造部門費

製造間接費	(　　　)	仕掛品	(　　　)
動力部門費	(　　　)	製造部門費配賦差異	(　　　)
修繕部門費	(　　　)		
	(　　　)		(　　　)

製造部門費配賦差異

(　　　)	(　　　)	(　　　)	(　　　)

(注) 不要な(　　)には，「－」を記入すること。

	借方科目	金額	貸方科目	金額
(1)				
(2)				
(3)				
(4)				

解答〈38〉ページ

理解度チェック

問題11-3 ★★★

梅田工場では，部門別予定配賦率を用いて，製造間接費の製品別配賦を行っている。配賦基準は機械作業時間である。次の資料にもとづいて，製造部門別の予定配賦率，製造指図書別の予定配賦額および製造部門費配賦差異を求めなさい。

(1) 各製造部門の年間製造部門費予算

第１製造部門　3,000,000円　　第２製造部門　1,600,000円

(2) 各製造部門の年間基準操業度

第１製造部門　2,500時間　　第２製造部門　2,000時間

(3) 各製造部門の製造指図書別実際機械作業時間

	№401	№402	№403	合　計
第１製造部門	750時間	840時間	510時間	2,100時間
第２製造部門	620時間	720時間	460時間	1,800時間

(4) 各製造部門の実際発生額

第１製造部門　2,500,000円　　第２製造部門　1,500,000円

▼解答欄

製造部門別予定配賦率

第１製造部門 [　　　　円/時]　　第２製造部門 [　　　　円/時]

製造指図書別予定配賦額

№401 [　　　　円]　　№402 [　　　　円]

№403 [　　　　円]

製造部門費配賦差異

第１製造部門 [（　　）　　　円]　　第２製造部門 [（　　）　　　円]

（　　）内は，借方差異ならば「－」，貸方差異ならば「＋」を記入すること。

解答〈39〉ページ

理解度チェック □□□

問題11-4 ★★★

なんば工場では，製造間接費について部門別計算を行っており，切削部門は機械稼働時間，組立部門は直接作業時間をそれぞれ配賦基準としている。下記の資料にもとづいて，製造部門費の予定配賦と配賦差異計上の仕訳を行いなさい。

〈指定勘定科目〉製造間接費，切削部門費，組立部門費，製造部門費配賦差異，仕掛品

（資　料）

(1) 年間の予定数値

	切削部門	組立部門
部門費合計	37,800,000円	34,200,000円
機械稼働時間	8,400時間	3,600時間
直接作業時間	4,500時間	9,500時間

(2) 当月の機械稼働時間と直接作業時間

① 機械稼働時間

	No.101	No.102	合　計
切削部門	450時間	270時間	720時間
組立部門	160時間	120時間	280時間

② 直接作業時間

	No.101	No.102	合　計
切削部門	210時間	150時間	360時間
組立部門	420時間	380時間	800時間

(3) 当月の製造部門費実際発生額

切削部門：3,320,000円　　組立部門：2,740,000円

▼解答欄

製造部門費の予定配賦の仕訳

借　方　科　目	金　　額	貸　方　科　目	金　　額

配賦差異計上の仕訳

借　方　科　目	金　　額	貸　方　科　目	金　　額

解答〈40〉ページ

理解度チェック

問題11-5 ★★★

当社の広島工場における５月中の製造間接費等に関する数値は下掲のとおりである。これらの数値を用いて必要な計算を行い，解答欄の部門費配賦表を完成させ，諸勘定の（　　）内に正しい金額または相手勘定科目を記入しなさい。

① 製造部門費を製造部門の勘定から仕掛品勘定に予定配賦する。予定配賦額は切削部門が2,200,000円（予定配賦率2,200円/時間×機械稼働時間1,000時間）で，仕上部門が1,760,000円（予定配賦率2,200円/時間×機械稼働時間800時間）である。

② 第１次集計：部門個別費・共通費は製造間接費勘定から各部門勘定に直課または配賦する（ただし，本問ではすでに処理済み）。

③ 第２次集計：補助部門費を補助部門の各勘定から製造部門の各勘定に直接配賦法により配賦する。

④ 製造部門費配賦差異を計上する。

〈本年５月中の実際数値〉

配賦基準

	合　計	切削部門	仕上部門	動力部門	修繕部門	工場事務部門
従業員数	40人	20人	10人	４人	４人	２人
修繕時間	200時間	90時間	80時間	20時間	10時間	——
電力消費量	1,800kw	800kw	400kw	300kw	200kw	100kw

▼解答欄

部門費配賦表　　　　（単位：円）

費目	配賦基準	合計	製造部門		補助部門		
			切削部門	仕上部門	動力部門	修繕部門	工場事務部門
部門個別費	——	3,460,000	1,356,000	1,202,000	510,000	212,000	180,000
部門共通費	電力消費量	540,000	240,000	120,000	90,000	60,000	30,000
部門費		4,000,000	1,596,000	1,322,000	600,000	272,000	210,000
工場事務部門費	従業員数						
修繕部門費	修繕時間						
動力部門費	電力消費量						
製造部門費							

製造間接費

借方		貸方	
諸口	4,000,000	諸口	4,000,000

切削部門費

借方		貸方	
製造間接費	1,596,000	仕掛品	(　　)
工場事務部門費	(　　)	製造部門費配賦差異	(　　)
修繕部門費	(　　)		
動力部門費	(　　)		
	(　　)		(　　)

工場事務部門費

借方		貸方	
製造間接費	210,000	切削部門費	(　　)
		仕上部門費	(　　)

修繕部門費

借方		貸方	
製造間接費	272,000	切削部門費	(　　)
		仕上部門費	(　　)

仕上部門費

借方		貸方	
製造間接費	1,322,000	仕掛品	(　　)
工場事務部門費	(　　)		
修繕部門費	(　　)		
動力部門費	(　　)		
製造部門費配賦差異	(　　)		
	(　　)		(　　)

動力部門費

借方		貸方	
製造間接費	600,000	切削部門費	(　　)
		仕上部門費	(　　)

仕掛品

借方		貸方	
切削部門費	(　　)		
仕上部門費	(　　)		

製造部門費配賦差異

借方		貸方	
(　　)	(　　)	(　　)	(　　)

解答〈41〉ページ

理解度チェック

問題11-6 ★★☆

受注生産経営を行う富山工業株式会社（決算日は３月31日，年１回）では，従来より切削部門および組立部門の２つの製造部門を設けている。当社では，前期まで工場１本の配賦率（総括配賦率）を用いて製造間接費の製品別配賦を行ってきたが，より合理的な製品原価の計算と原価管理のため，当期より両製造部門それぞれ個別の配賦率（部門別配賦率）を用いて製造間接費の予定配賦を行っている。

下記の資料にもとづいて，次の(1)から(5)の金額を計算し，その金額を解答欄に記入しなさい。

(1) 前期における製造間接費の予定配賦率
(2) 前期３月における製造指図書№10に対する製造間接費予定配賦額
(3) 当期における切削部門の予定配賦率
(4) 当期における組立部門の予定配賦率
(5) 当期４月における製造指図書№20に対する製造間接費予定配賦額

（資　料）

(A) 前期の年間予定数値

	合　計	切削部門	組立部門
製造間接費	13,500万円	6,600万円	6,900万円
直接作業時間	18万時間	６万時間	12万時間
機械運転時間	15万時間	10万時間	５万時間

(B) 当期の年間予定数値

	合　計	切削部門	組立部門
製造間接費	16,320万円	7,920万円	8,400万円
直接作業時間	20万時間	６万時間	14万時間
機械運転時間	16万時間	11万時間	５万時間

(C) 前期における製造間接費の配賦は，直接作業時間を基準に予定配賦している。

(D) 当期の製造間接費の配賦は，切削部門は機械運転時間を，組立部門は直接作業時間を基準に予定配賦している。

(E) 前期３月における製造指図書№10の製造に要した作業時間は，直接作業時間が切削部門で1,040時間，組立部門で2,160時間，機械運転時間が切削部門で1,660時間，組立部門で840時間であった。

(F) 当期４月における製造指図書№20の製造に要した作業時間は，直接作業時間が切削部門で1,030時間，組立部門で2,300時間，機械運転時間が切削部門で1,840時間，組立部門で850時間であった。

▼解答欄

(1) 　　　　円/時間

(2) 　　　　円

(3) 　　　　円/時間

(4) 　　　　円/時間

(5) 　　　　円

解答〈42〉ページ

理解度チェック □□□

問題11-7 ★★★

受注生産を行う当工場の製造間接費に関する資料は以下に示すとおりである。解答欄に示す数値を答えなさい。なお，補助部門費の製造部門への配賦は直接配賦法，製造部門費の製品への配賦基準は直接作業時間による。

（資　料）

(A)　当工場の予算データ（年間）　　（単位：円）

	合　　計	甲製造部門	乙製造部門	修繕部門	管理部門
部門個別費	29,738,000	6,213,000	20,330,000	2,418,000	777,000
部門共通費					
工場減価償却費	5,760,000				
福利施設負担額	1,800,000				
直接作業時間	74,000時間	24,000時間	50,000時間	——	——

(B)　部門共通費および補助部門費の配賦資料（年間）

配賦基準	合　　計	甲製造部門	乙製造部門	修繕部門	管理部門
従業員数	120人	30人	60人	20人	10人
床面積	800㎡	400㎡	300㎡	60㎡	40㎡
修繕時間	1,600時間	1,000時間	500時間	80時間	20時間

（注）共通費および補助部門費の配賦にあたっては，もっとも適当な基準を各自選択すること。

(C)　各指図書の当月実際直接作業時間

	合　　計	甲製造部門	乙製造部門
指図書No.11	2,200時間	1,200時間	1,000時間
指図書No.12	3,800時間	800時間	3,000時間

▼解答欄

(1)　補助部門費配賦前の甲製造部門費予算額 ……　　円

(2)　補助部門費配賦後の乙製造部門費予算額 ……　　円

(3)　甲製造部門の予定製造間接費配賦率 ……　　円/時間

(4)　乙製造部門の予定製造間接費配賦率 ……　　円/時間

(5)　No.12に対する予定製造間接費配賦額 ……　　円

解答〈42〉ページ

Theme

12 総合原価計算（Ⅰ）

理解度チェック

問題12-1 ★★★

次の資料にもとづき，月末仕掛品原価，完成品原価，完成品単位原価を求めなさい。

（資　料）

1．生産データ

月初仕掛品	0 個	
当月投入	2,500	
合　計	2,500 個	
月末仕掛品	500	（0.4）
完成品	2,000 個	

2．原価データ

	直接材料費	加　工　費
月初仕掛品	0円	0円
当月投入	750,000円	836,000円

なお，材料はすべて工程の始点で投入している。また，（　　）内の数値は加工進捗度である。

▼解答欄

月末仕掛品原価　［　　　　円］

完成品原価　［　　　　円］

完成品単位原価　@［　　　　円］

解答〈44〉ページ

Theme

13 総合原価計算（Ⅱ）

理解度チェック

問題13-1 ★★★

次の資料にもとづき，⑴平均法，⑵先入先出法により，それぞれ月末仕掛品原価，完成品原価，完成品単位原価を求めなさい。ただし，完成品単位原価は円位未満第３位を四捨五入すること。

（資　料）

１．生産データ

月初仕掛品	2,500	個	(0.2)
当月投入	8,500		
合　計	11,000	個	
月末仕掛品	2,000		(0.5)
完　成　品	9,000	個	

２．原価データ

	直接材料費	加　工　費
月初仕掛品	885,000円	580,000円
当月投入	2,635,000円	3,420,000円

なお，材料はすべて工程の始点で投入している。また，（　　）内の数値は加工進捗度である。

▼解答欄

⑴ 平　均　法

月末仕掛品原価 [　　　　] 円

完成品原価 [　　　　] 円　　完成品単位原価 @ [　　　　] 円

⑵ 先入先出法

月末仕掛品原価 [　　　　] 円

完成品原価 [　　　　] 円　　完成品単位原価 @ [　　　　] 円

解答〈45〉ページ

理解度チェック

問題13-2 ★★★

次の資料から，先入先出法によって，(1)総合原価計算表を作成し，(2)完成品原価の振替仕訳を行いなさい。

〈製品の生産データ〉

月初仕掛品	200	kg (0.5)
当月投入	6,300	
投入量合計	6,500	kg
完成品	6,000	kg
月末仕掛品	500	(0.2)
産出量合計	6,500	kg

なお，材料はすべて工程の始点で投入している。仕掛品の（　　）内は，加工費の進捗度である。

▼解答欄

(1)

総合原価計算表　　（単位：円）

摘要	直接材料費	加工費	合計
月初仕掛品	19,200	25,200	44,400
当月製造費用	793,800	792,000	1,585,800
合計	813,000	817,200	1,630,200
月末仕掛品			
完成品原価			

(2)〈指定勘定科目〉材料，加工費，仕掛品，製品，売上原価

借方科目	金額	貸方科目	金額

解答〈46〉ページ

理解度チェック □□□

問題13-3 ★★★

次の資料にもとづき，平均法によって仕掛品勘定を完成しなさい。

〈当月の生産データ〉

月初仕掛品	400	台	(25%)
当月投入	9,000		
合計	9,400	台	
月末仕掛品	900		(50%)
完成品	8,500	台	

(注) 仕掛品の（　　）内は加工進捗度を示し，原料は工程の始点ですべて投入されている。

▼解答欄

仕掛品 (単位：円)

月初有高：		当月完成高：	
原料費	135,000	原料費	(　　　)
加工費	31,000	加工費	(　　　)
小計	166,000	小計	(　　　)
当月製造費用：		月末有高：	
原料費	1,980,000	原料費	(　　　)
加工費	2,654,000	加工費	(　　　)
小計	4,634,000	小計	(　　　)
	4,800,000		(　　　)

解答〈46〉ページ

理解度チェック

問題13-4 ★★★

次の資料にもとづき，⑴平均法，⑵先入先出法により，それぞれ月末仕掛品原価，完成品原価，完成品単位原価を計算しなさい。ただし，完成品単位原価は円位未満第３位を四捨五入すること。

（資　料）

１．生産データ

月初仕掛品	2,000	個	(0.6)
当月投入	4,100		
計	6,100	個	
月末仕掛品	1,000		(0.9)
完成品	5,100	個	

（注１）原料は加工に応じて投入される。

（注２）（　　）内の数値は加工進捗度とする。

２．原価データ

	原料費	加工費
月初仕掛品	1,440,000円	2,160,000円
当月投入	3,360,000円	5,040,000円

▼解答欄

⑴ 平均法

月末仕掛品原価 ＿＿＿＿円

完成品原価 ＿＿＿＿円　　完成品単位原価 @ ＿＿＿＿円

⑵ 先入先出法

月末仕掛品原価 ＿＿＿＿円

完成品原価 ＿＿＿＿円　　完成品単位原価 @ ＿＿＿＿円

解答〈47〉ページ

理解度チェック □□□

問題13-5　★★★

次の資料から，①月末仕掛品原価，②完成品原価，③完成品単位原価を求めなさい。

（資　料）

1．生産データ

月初仕掛品	400	kg (0.5)
当月投入	8,600	
投入量合計	9,000	kg
完成品	8,500	kg
月末仕掛品	500	(0.6)
産出量合計	9,000	kg

（注）上記仕掛品の（　　）内は，加工費の進捗度である。

2．原価データ（単位：円）

	A原料費	B原料費	C原料費	加工費
月初仕掛品原価	74,600	18,200	——	18,900
当月製造費用	1,410,400	404,200	263,500	1,001,900
合　計	1,485,000	422,400	263,500	1,020,800

3．その他のデータ

(1)　A原料は工程の始点で，B原料は工程加工中平均的に，C原料は工程の終点で投入される。

(2)　月末仕掛品の評価は平均法による。

▼解答欄

①　月末仕掛品原価　　　　円

②　完成品原価　　　　円

③　完成品単位原価　@　　　　円

解答〈48〉ページ

理解度チェック □□□

問題13-6 ★★★

沖縄工場では，実際原価計算を行っている。次に示す条件にもとづき，以下の問に答えなさい。

〈条　件〉

1．原　　　料：月初有高300千円，当月仕入高1,500千円，月末有高500千円
2．加工費（原料費以外の製造費用）は，直接作業時間を配賦基準として予定配賦している。
3．年間予定直接作業時間　　36,000時間
4．年間加工費予算額　　54,000千円
5．当月実際直接作業時間　　1,100時間
6．賃金・給料：前月未払高200千円，当月支払高800千円，当月未払高250千円
7．当月貯蔵品消費額　　150千円
8．当月電力消費額　　200千円
9．当月減価償却費　　500千円

問1　加工費勘定と仕掛品勘定の記入を完成させなさい。

問2　以下の取引を仕訳しなさい。

〈指定勘定科目〉原料，加工費，仕掛品，製品，加工費配賦差異

(1)　原料の消費
(2)　加工費の予定配賦
(3)　完成品原価の振替え
(4)　加工費配賦差異の振替え

▼解答欄

問1

加　工　費　（単位：千円）

借方	金額	貸方	金額
賃金・給料消費額	(　　)	予定配賦額	(　　)
間接材料費	(　　)	配賦差異	(　　)
間接経費	(　　)		
	(　　)		(　　)

仕　掛　品　（単位：千円）

借方	金額	貸方	金額
月初有高	400	当月完成高	(　　)
原料費	(　　)	月末有高	450
加工費	(　　)		
	(　　)		(　　)

問2

（単位：千円）

	借方科目	金額	貸方科目	金額
(1)				
(2)				
(3)				
(4)				

解答〈49〉ページ

Theme

14 総合原価計算(Ⅲ)

理解度チェック

問題14-1 ★★★

次の資料により，平均法で月末仕掛品原価，完成品原価，完成品単位原価を計算しなさい。なお完成品単位原価は，小数第1位まで算出すること。

(資　料)

1．生産データ

月初仕掛品	300	個	(1/2)
当月投入	1,450		
合　計	1,750	個	
正常仕損	50		(1)
月末仕掛品	200		(3/4)
完成品	1,500	個	

(注1) 材料は始点投入される。

(注2)(　　)の数値は加工進捗度または仕損の発生点を示す。また，仕損品の評価額はゼロである。

2．原価データ

	材料費	加工費
月初仕掛品	84,000円	155,000円
当月投入	353,500円	363,500円

▼解答欄

月末仕掛品原価		円
完成品原価		円
完成品単位原価	@	円

解答〈50〉ページ

理解度チェック

問題14-2 ★★★

当社では，単一製品を単一工程で量産し販売している。よって，以下の資料にもとづいて設問に答えなさい。なお，完成品単位原価については円未満小数第3位を四捨五入する。

(資　料)

1．生産に関する資料

月初仕掛品	600	個(1/2)
当月投入	4,000	
合　計	4,600	個
正常仕損	100	
差　引	4,500	個
月末仕掛品	500	(3/5)
完成品	4,000	個

(注1) 原料は始点投入である。

(注2) (　　) 内の数値は加工進捗度である。

2．原価に関する資料

	原料費	加工費
月初仕掛品	157,800円	94,480円
当月投入	546,000円	738,000円

3．正常仕損は工程の途中で生じているため，正常仕損費は完成品と月末仕掛品の両者に負担させる。また，仕損品の処分価額はゼロである。

〔設　問〕

次に示す各ケースについて，完成品原価，完成品単位原価，月末仕掛品原価を計算しなさい。

(1) **ケース1**（先入先出法によった場合）

(2) **ケース2**（平均法によった場合）

▼解答欄

(1) **ケース1**（先入先出法）

完成品原価　　　　　　円　　　完成品単位原価　@　　　　　　円

月末仕掛品原価　　　　　　円

(2) **ケース2**（平均法）

完成品原価　　　　　　円　　　完成品単位原価　@　　　　　　円

月末仕掛品原価　　　　　　円

解答〈50〉ページ

理解度チェック

問題14-3 ★★★

次の資料にもとづいて設問に答えなさい。

（資　料）

1．生産データ

月初仕掛品	600	個(1/3)
当月投入	2,400	
計	3,000	個
正常仕損	200	
月末仕掛品	800	(1/4)
完成品	2,000	個

（注１）材料は始点投入される。

（注２）（　　）内の数値は加工進捗度を示す。

（注３）月末仕掛品の評価は平均法による。

2．原価データ

	直接材料費	加工費
月初仕掛品	168,000円	72,800円
当月投入	672,000円	433,200円

〔設　問〕

次に示す各ケースについて，完成品原価，完成品単位原価および月末仕掛品原価を計算しなさい。ただし，仕損の負担関係については進捗度により決定すること。また，仕損品の処分価額はゼロである。

ケース１　仕損の発生点が1/2のとき

ケース２　仕損の発生点が1/5のとき

▼解答欄

（ケース１）

完成品原価　　　　円　　　完成品単位原価　@　　　　円

月末仕掛品原価　　　　円

（ケース２）

完成品原価　　　　円　　　完成品単位原価　@　　　　円

月末仕掛品原価　　　　円

解答〈51〉ページ

理解度チェック

問題14-4 ★★★

次の資料にもとづき，(1)平均法，(2)先入先出法によって総合原価計算表を完成しなさい。

(資　料)

月初仕掛品	200	個(1/2)
当月投入	1,800	
合　計	2,000	個
完成品	1,500	個
月末仕掛品	400	(1/2)
仕　損	100	
合　計	2,000	個

(注1) 原料はすべて工程の始点で投入される。

(注2) (　　) 内の数値は，仕掛品の加工進捗度を示している。

(注3) 仕損は，すべて正常なものであり，工程の終点で発生している。仕損の評価額は150円/個であり，原料費から控除する。

▼解答欄

1．平均法

総合原価計算表　(単位：円)

	原料費	加工費	合　計
月初仕掛品原価	84,000	32,400	116,400
当月製造費用	720,000	612,000	1,332,000
合　計	804,000	644,400	1,448,400
月末仕掛品原価			
仕損品評価額			
完成品総合原価			

2．先入先出法

総合原価計算表　(単位：円)

	原料費	加工費	合　計
月初仕掛品原価	84,000	32,400	116,400
当月製造費用	720,000	612,000	1,332,000
合　計	804,000	644,400	1,448,400
月末仕掛品原価			
仕損品評価額			
完成品総合原価			

解答〈52〉ページ

理解度チェック □□□

問題14-5 ★★★

次の資料にもとづいて設問に答えなさい。

〔資　料〕

1．生産データ

月初仕掛品	600	kg(1/3)
当月投入	2,400	
計	3,000	kg
正常減損	200	
月末仕掛品	800	(1/4)
完成品	2,000	kg

（注１）材料は始点投入される。

（注２）（　　）内の数値は加工進捗度を示す。

（注３）月末仕掛品の評価は平均法による。

2．原価データ

	直接材料費	加工費
月初仕掛品	163,000円	73,000円
当月投入	677,000円	433,000円

〔設　問〕

次に示す各ケースについて，完成品原価，完成品単位原価および月末仕掛品原価を計算しなさい。ただし，減損の負担関係については進捗度により決定すること。

ケース１　減損の発生点が1/2のとき

ケース２　減損の発生点が1/5のとき

▼解答欄

（ケース１）

完成品原価 [　　　　] 円　　完成品単位原価 @ [　　　　] 円

月末仕掛品原価 [　　　　] 円

（ケース２）

完成品原価 [　　　　] 円　　完成品単位原価 @ [　　　　] 円

月末仕掛品原価 [　　　　] 円

解答〈54〉ページ

MEMO

Theme

15 総合原価計算(Ⅳ)

理解度チェック □□□

問題15-1 ★★★

第1および第2の工程を経てA品を連続生産している高松工場の次の資料により，工程別の総合原価計算を行ない，解答欄に示された項目の金額を答えなさい。なお，直接材料はすべて第1工程の始点で投入される。また製品原価の計算は累加法により，月末仕掛品の評価は両工程とも先入先出法による。(　　)内は作業の進捗率を示す。

(資　料)

第1工程	数　量	直接材料費	加　工　費
月初仕掛品	30kg (1/3)	1,260千円	560千円
当月投入	90	3,600	5,200
月末仕掛品	20 (1/2)		
完了品	100		

第2工程	数　量	前工程費	加　工　費
月初仕掛品	20kg (4/5)	1,900千円	1,920千円
当月投入	100	?	7,400
月末仕掛品	40 (1/4)		
完成品	80		

▼解答欄

第1工程完了品	直接材料費	千円
	加工費	千円
第2工程完成品	前工程費	千円
	加工費	千円

解答〈56〉ページ

理解度チェック □□□

問題15-2 ★★★

当工場では，累加法による工程別総合原価計算を行っている。×1年10月の生産実績は次のとおりであったとして，(1)下記の工程別総合原価計算表を完成させ，(2)①第１工程完了品原価の振替仕訳，および②第２工程完成品原価の振替仕訳を示しなさい。ただし，第１工程では平均法，第２工程では先入先出法を用いること。

〔10月の生産データ〕

	第１工程		第２工程	
月初仕掛品量	3,000kg	(0.2)	2,000kg	(0.7)
当月投入量	27,000		25,000	
合計	30,000kg		27,000kg	
差引：月末仕掛品量	5,000	(0.6)	7,000	(0.2)
完成品量	25,000kg		20,000kg	

なお，原料はすべて第１工程の始点で投入される。上記（　　）内の数値は，仕掛品の加工費の進捗度を示している。

▼解答欄

(1)

工程別総合原価計算表

×1年10月

(単位：円)

	第１工程			第２工程		
	原料費	加工費	合計	前工程費	加工費	合計
月初仕掛品原価	720,000	510,000	1,230,000	1,425,000	234,200	1,659,200
当月製造費用	7,020,000	4,110,000	11,130,000		5,960,000	
合計						
差引：月末仕掛品原価						
完成品総合原価						
完成品単位原価						

(2)〈指定勘定科目〉原料，加工費，第１工程仕掛品，第２工程仕掛品，製品，売上原価

	借方科目	金額	貸方科目	金額
①				
②				

解答〈57〉ページ

理解度チェック

問題15-3 ★★★

標準製品Yを製造する福山工場では，累加法による工程別総合原価計算を行っている。×2年５月における製品Yの生産実績は次のとおりであったとして，工程別総合原価計算表を完成させなさい。ただし，原価投入額合計を完成品総合原価と月末仕掛品原価とに配分する方法は，第１工程および第２工程ともに平均法を用いること。

なお，完成品単位原価の計算において端数が生じる場合は，小数点以下第２位で四捨五入しなさい。

〔５月の生産データ〕

	第１工程		第２工程	
月初仕掛品	2,000個	(1/2)	2,000個	(1/4)
当月投入	18,000		18,000	
合計	20,000個		20,000個	
仕損	—		1,000	
月末仕掛品	2,000個	(1/2)	4,000個	(3/4)
完成品	18,000		15,000	
合計	20,000個		20,000個	

（注１）原料はすべて第１工程の始点で投入される。

（注２）仕損はすべて第２工程の終点で発生している。それは，通常発生する程度のものであり，正常仕損である。なお，仕損品の処分価格はゼロである。

（注３）(　　) 内の数値は加工進捗度を示している。

▼解答欄

工程別総合原価計算表

×2年５月　　　　(単位：円)

	第１工程			第２工程		
	原料費	加工費	合計	前工程費	加工費	合計
月初仕掛品原価	108,000	78,000	186,000	280,000	49,500	329,500
当月製造費用	1,092,000	1,442,000	2,534,000		1,831,500	
合計	1,200,000	1,520,000	2,720,000		1,881,000	
差引：月末仕掛品原価						
完成品総合原価						
完成品単位原価						

解答〈58〉ページ

理解度チェック □□□

問題15-4 ★★★

松本工場は2つの工程を経て製品Cを連続生産しており，累加法による工程別総合原価計算を行っている。製品Cの当月の生産実績は次のとおりであったとして，工程別の仕掛品勘定の（　　）内に適当な金額を記入しなさい。ただし，原価投入額合計を完成品総合原価と月末仕掛品原価とに配分する方法は，第1工程では平均法，第2工程では先入先出法を用いること。

〔当月の生産データ〕

	第1工程		第2工程	
月初仕掛品	300個	(1/3)	400個	(1/2)
当月投入	900		1,000	
合計	1,200個		1,400個	
仕損	—		100	
月末仕掛品	200個	(1/4)	400個	(1/2)
完成品	1,000		900	
合計	1,200個		1,400個	

（注1）原料はすべて第1工程の始点で投入される。

（注2）第2工程の終点で仕損が発生している。それは通常発生する程度のもの（正常仕損）であるので，仕損費はすべて完成品に負担させる。なお，仕損品に処分価値はない。

（注3）（　　）内の数値は加工費進捗度を示している。

▼解答欄

仕掛品－第1工程 （単位：円）

月初有高：		次工程振替高：	
原料費	295,760	原料費	（　　）
加工費	36,920	加工費	（　　）
小計	332,680	小計	（　　）
当月製造費用：		月末有高：	
原料費	888,880	原料費	（　　）
加工費	222,220	加工費	（　　）
小計	1,111,100	小計	（　　）
	（　　）		（　　）

仕掛品－第2工程 （単位：円）

月初有高：		当月完成高：	
前工程費	496,000	前工程費	（　　）
加工費	244,400	加工費	（　　）
小計	740,400	小計	（　　）
当月製造費用：		月末有高：	
前工程費	（　　）	前工程費	（　　）
加工費	1,110,600	加工費	（　　）
小計	（　　）	小計	（　　）
	（　　）		（　　）

解答〈59〉ページ

理解度チェック □□□

問題15-5 ★★★

盛岡工場では，２つの工程を経て製品Ｔを連続生産しており，累加法による工程別総合原価計算を行っている。下記の資料にもとづいて，工程別総合原価計算表を作成しなさい。ただし，原価投入額を完成品総合原価と月末仕掛品原価とに配分する方法は，第１工程では平均法，第２工程では先入先出法を用いること。

（資　料）

１．当月の生産実績

	第１工程		第２工程	
月初仕掛品	400kg	(1/2)	500kg	(1/5)
当月投入	2,400		2,500	
合　計	2,800kg		3,000kg	
減　損	—		150	
月末仕掛品	300	(1/3)	450	(2/3)
完成品	2,500kg		2,400kg	
合　計	2,800kg		3,000kg	

２．原料はすべて第１工程の始点で投入されている。

３．(　　) 内の数値は，加工進捗度を示している。

４．第２工程の途中で減損が発生している。減損は正常減損であり，いわゆる正常減損度外視法により，減損費はすべて良品に負担させる。

▼解答欄

工程別総合原価計算表　　　　(単位：円)

	第　１　工　程			第　２　工　程		
	原料費	加工費	合　計	前工程費	加工費	合　計
月初仕掛品原価	40,800	18,400	59,200	100,000	11,000	111,000
当月製造費用	194,400	252,000	446,400		208,000	
合　計	235,200	270,400	505,600		219,000	
月末仕掛品原価						
完成品総合原価						

解答〈60〉ページ

理解度チェック □□□

問題15-6 ★★☆

当工場では，２つの工程を経て製品Ｓを連続生産しており，累加法による工程別総合原価計算を行っている。下記の資料にもとづいて，解答欄の工程別総合原価計算表を完成しなさい。なお，当工場では，２つの工程（第１工程および第２工程）とも，平均法を用いて原価投入額を完成品総合原価と月末仕掛品原価とに配分している。

（資　料）

１．当月の生産実績

	第１工程		第２工程	
月初仕掛品	0個		310個	(1/5)
当月投入	1,000		890	
合　計	1,000個		1,200個	
仕　損	10		—	
月末仕掛品	100	(1/2)	200	(3/4)
完成品	890個		1,000個	
合　計	1,000個		1,200個	

２．（　　）内の数値は，加工進捗度を示している。

３．原料Ａは第１工程の始点で投入される。原料Ｂは第２工程の加工進捗度50％の時点で投入される。

４．第１工程の終点で仕損が発生している。それは通常発生する程度のもの（正常仕損）である。なお，仕損品の処分価額はゼロである。

▼解答欄

工程別総合原価計算表　（単位：円）

	第１工程			第２工程			
	原料費	加工費	合計	前工程費	原料費	加工費	合計
月初仕掛品原価	0	0	0	54,000		5,000	
当月製造費用	100,000	76,000	176,000			64,000	
合　計	100,000	76,000	176,000		2,400	69,000	
月末仕掛品原価							
完成品総合原価							

解答〈61〉ページ

理解度チェック □□□

問題15-7 ★★★

岡山工業株式会社の横浜工場では２つの工程を経て製品Yを連続生産している。以下の資料にもとづき，解答欄に適当な金額を記入しなさい。

（資　料）

第１工程

	数量	直接材料費	加工費
月初仕掛品	3,000個	125,000円	100,000円
当月投入	29,500	1,500,000円	2,105,000円
合計	32,500個		
正常減損	500		
月末仕掛品	2,000		
差引：完了品	30,000個		

第２工程

	数量	前工程費	加工費
月初仕掛品	2,000個	340,000円	50,000円
当月投入	30,000	?	1,840,000円
合計	32,000個		
正常仕損	3,000		
月末仕掛品	1,000		
差引：完成品	28,000個		

（注１）材料は第１工程の始点ですべて投入される。

（注２）両工程とも仕掛品の加工進捗度は50%であり，月末仕掛品原価の計算は平均法による。

（注３）正常減損は第１工程の終点で発生したものである。

（注４）正常仕損は第２工程の終点で発生したものであり，仕損品の見積売却価額は１個あたり45円である。

▼解答欄

第１工程月末仕掛品原価	円
第１工程完了品原価	円
第２工程月末仕掛品原価	円
仕損品評価額	円
完成品原価	円

解答〈62〉ページ

理解度チェック □□□

問題15-8 ★★★

徳島工業株式会社は，製品Aを連続大量生産しており，工程別総合原価計算を実施している。よって以下の資料により，解答欄に適当な金額を記入しなさい。

（資　料）

1．生産データ

	第1工程		第2工程	
月初仕掛品	300kg	(1/3)	200kg	(1/2)
当月投入	1,800		1,400	
合　計	2,100kg		1,600kg	
月末仕掛品	500	(2/5)	400	(1/8)
完成品	1,600kg		1,200kg	

（注）（　　）内は加工進捗度を示す。

2．第1工程完成品のうち，一部は半製品として外部に売却されており，ほかはすべて第1工程完成品として第2工程に投入されている。

3．原価のデータ

		第1工程	第2工程
月初仕掛品原価	材料費	180,000円	—
	前工程費	—	90,000円
	加工費	34,000円	25,000円
当月製造費用	材料費	828,000円	—
	前工程費	—	?
	加工費	884,000円	782,000円
		1,926,000円	?

4．原価配分法は，第1工程は平均法，第2工程は先入先出法による。また，材料はすべて第1工程始点で投入される。

▼解答欄

第1工程	完了品原価	円
	月末仕掛品原価	円
第2工程	月末仕掛品前工程費	円
	月末仕掛品加工費	円
	完成品原価	円

解答〈63〉ページ

Theme 16

総合原価計算（V）

理解度チェック

問題16-1 ★★★

次の資料により，A組製品とB組製品についての月末仕掛品原価，完成品原価，完成品単位原価を求めなさい。なお，組間接費の配賦は機械運転時間を基準に行い，月末仕掛品の評価は，A組製品は先入先出法，B組製品は平均法によって行う。

（資　料）

1．生産データ

	A組製品		B組製品	
月初仕掛品	300kg	(2/3)	200kg	(1/2)
当月投入	2,400		1,800	
合計	2,700kg		2,000kg	
月末仕掛品	700	(1/2)	500	(4/5)
完成品	2,000kg		1,500kg	
機械運転時間	2,500時間		1,800時間	

なお，直接材料は始点においてすべて投入されており，（　　）内の数値は加工進捗度を示している。

2．原価データ

	A組製品		B組製品
月初仕掛品			
直接材料費	72,000円		38,500円
加工費	70,000円		32,000円
当月投入			
直接材料費	528,000円		361,500円
加工費	399,000円		154,000円
組間接費		645,000円	

▼解答欄

A組製品

月末仕掛品原価　[　　　　]円

完成品原価　[　　　　]円　　完成品単位原価　@[　　　　]円

B組製品

月末仕掛品原価　[　　　　]円

完成品原価　[　　　　]円　　完成品単位原価　@[　　　　]円

解答〈64〉ページ

理解度チェック □□□

問題16-2 ★★★

次の資料により，製品Xおよび製品Yについて(1)組別総合原価計算表を完成し，(2)完成品原価の振替仕訳を行いなさい。なお，組間接費の配賦は直接労務費を基準として行うこと。また材料は工程の始点ですべて投入されており，生産データにおける（　）内の数値は加工進捗度を示している（月末仕掛品の評価方法は各自推定すること）。

（資　料）

1．生産データ

	製品X		製品Y	
月初仕掛品	420kg	（？）	240kg	（？）
当月投入	2,260		3,710	
合　計	2,680kg		3,950kg	
月末仕掛品	480	(75%)	450	(80%)
差引：完成品	2,200kg		3,500kg	

2．原価データ

	製品X	製品Y	合　計
月初仕掛品			
直接材料費	68,400円	27,600円	96,000円
加工費	100,000円	54,640円	154,640円
当月投入			
直接材料費	414,000円	426,650円	840,650円
直接労務費	450,000円	675,000円	1,125,000円
組間接費	（　?　）	（　?　）	225,000円

▼解答欄

(1)

組別総合原価計算表　（単位：円）

摘　要	製品X	製品Y	合　計
月初仕掛品原価	（　　）	（　　）	（　　）
当月製造費用			
直接材料費	414,000	426,650	840,650
直接労務費	450,000	675,000	1,125,000
組間接費	（　　）	（　　）	225,000
合　計	（　　）	（　　）	（　　）
月末仕掛品原価	（　　）	（　　）	（　　）
完成品原価	（　　）	（　　）	（　　）
完成品単位原価	（　　）	（　　）	—

(2)〈指定勘定科目〉材料，加工費，X組仕掛品，Y組仕掛品，X組製品，Y組製品，売上原価

借方科目	金　額	貸方科目	金　額

解答〈65〉ページ

理解度チェック

問題16-3 ★★★

当社の熊本工場では，単一工程により等級製品を量産している。次の今月の資料を用いて，等級別の総合原価計算を行い，完成品総合原価と各等級品の単位原価を求めなさい。

（資　料）

1．生産データ

月初仕掛品	600個	(2/3)
当月投入	5,000	
計	5,600個	
月末仕掛品	1,600	(1/2)
完成品	4,000個	

2．原価データ

	原料費	加工費
月初仕掛品原価	326,000円	200,000円
当月製造費用	3,050,000円	2,200,000円

3．完成品数量の内訳

A級品　1,500個，B級品　1,000個，C級品　1,500個

4．製品1個あたりの重量

A級品　120kg，B級品　100kg，C級品　80kg

5．その他

(1)　原料は工程の始点ですべて投入される。
(2)　生産データの（　　）内の数値は加工進捗度である。
(3)　月末仕掛品の評価方法は先入先出法による。
(4)　等価係数は各等級品の1個あたりの重量を用いる。

▼解答欄

完成品総合原価	円
A級品の単位原価	@　　　円
B級品の単位原価	@　　　円
C級品の単位原価	@　　　円

解答〈66〉ページ

理解度チェック □□□

問題16-4 ★★★

当社は等級製品である製品Xと製品Yを製造し，等級別総合原価計算を行っている。(1)月末仕掛品原価と等級製品別の完成品総合原価，完成品単位原価を計算し(2)完成品原価の振替仕訳を行いなさい。

（資　料）

1．生産データ

月初仕掛品	1,500個	(0.6)
当月投入	4,500	
合　計	6,000個	
正常仕損品	500	(0.8)
月末仕掛品	1,500	(0.5)
完成品	4,000個	

直接材料はすべて工程の始点で投入している。生産データの（　　）内の数値は加工費進捗度または正常仕損の発生点の進捗度を示す。

正常仕損費は仕損の発生点を通過した良品に対して負担させる。仕損品に処分価値はない。また，原価配分の方法は平均法を採用している。

2．原価データ

	直接材料費	加工費
月初仕掛品原価	56,250円	49,650円
当月製造費用	159,750円	249,050円

3．完成品量の内訳および等価係数のデータ

	製品X	製品Y
完成品量の内訳	2,000個	2,000個
等価係数	1	0.75

▼解答欄

(1)

	製品X	製品Y
完成品総合原価	円	円
完成品単位原価	円/個	円/個
月末仕掛品原価	円	

(2)〈指定勘定科目〉材料，加工費，仕掛品，X製品，Y製品，売上原価

借方科目	金額	貸方科目	金額

解答〈66〉ページ

Theme 17 財務諸表

理解度チェック

問題17-1 ★★★

次の横浜製作所の資料にもとづいて，当期総製造費用を⑴製品との関連における分類によって示す製造原価報告書と⑵形態別分類によって示す製造原価報告書を作成しなさい。

（資　料）

1．棚卸資産

	期首有高	当期仕入高	期末有高
素材	160万円	500万円	120万円
補助材料	40万円	180万円	40万円
仕掛品	520万円	—	540万円

2．賃　　金

	期首未払額	当期支払額	期末未払額
直接工	90万円	340万円	70万円
間接工	20万円	90万円	30万円

3．直接材料費＝素材消費額，直接労務費＝直接工賃金消費額である。

4．製造間接費実際発生額（補助材料費および間接工賃金以外）

1）建物減価償却費	70万円		2）工場消耗品費	20万円
3）光熱費	50万円		4）工場職員給料	164万円
5）固定資産税	30万円		6）消耗工具器具備品費	26万円
7）工場従業員厚生費	40万円		8）機械減価償却費	120万円

5．製造間接費は実際配賦している。

▼解答欄

(1)

製造原価報告書

(単位：万円)

Ⅰ 直接材料費			( )
Ⅱ 直接労務費			( )
Ⅲ 製造間接費			
	間接材料費	( )	
	間接労務費	( )	
	間接経費	( )	( )
	当期総製造費用		( )
	期首仕掛品棚卸高		( )
	合　計		( )
	期末仕掛品棚卸高		( )
	当期製品製造原価		( )

(2)

製造原価報告書

(単位：万円)

Ⅰ 材料費		( )
Ⅱ 労務費		( )
Ⅲ 経費		( )
	当期総製造費用	( )
	期首仕掛品棚卸高	( )
	合　計	( )
	期末仕掛品棚卸高	( )
	当期製品製造原価	( )

解答〈68〉ページ

理解度チェック □□□

問題17-2　★★★

山形製作所の当月の資料にもとづき，解答欄の製造原価報告書および損益計算書を完成しなさい。なお，製造間接費は実際配賦している。

（資　料）

1．棚卸資産

	月初有高	当月仕入高	月末有高
素　材（消費額はすべて直接材料費）	420万円	3,020万円	500万円
補助材料	55万円	580万円	35万円
仕掛品	450万円	—	380万円
製　品	820万円	—	745万円

2．賃　　金

	月初未払額	当月支払高	月末未払高
直接工（消費額はすべて直接労務費）	255万円	1,940万円	180万円
間接工	30万円	560万円	40万円

3．工場建物の減価償却費	870万円	4．工場の運動会費	22万円
5．工場消耗品費	350万円	6．工場建物の損害保険料	60万円
7．工場職員給料	490万円	8．本社企画部費	75万円
9．重役室費	46万円	10．工員用社宅など福利施設負担額	215万円
11．広告費	165万円	12．消耗工具器具備品費	314万円
13．工場従業員厚生費	300万円	14．本社役員給料	102万円
15．掛売集金費	24万円	16．販売員手数料	72万円
17．営業所職員給料	176万円	18．営業所建物の減価償却費	260万円
19．本社職員給料	190万円	20．工場機械の減価償却費	470万円
21．工場の光熱費	229万円	22．工場の固定資産税	42万円
23．工場の通信交通費	88万円	24．本社建物の減価償却費	210万円
25．その他の販売費	36万円	26．その他の一般管理費	44万円

▼解答欄

製造原価報告書 (単位：万円)

Ⅰ 直接材料費		
月初材料棚卸高	(　　)	
当月材料仕入高	(　　)	
合　計	(　　)	
月末材料棚卸高	(　　)	(　　)
Ⅱ 直接労務費		(　　)
Ⅲ 製造間接費		
間接材料費	(　　)	
間接労務費	(　　)	
間接経費	(　　)	(　　)
当月総製造費用		(　　)
月初仕掛品原価		(　　)
合　計		(　　)
月末仕掛品原価		(　　)
当月製品製造原価		(　　)

損益計算書 (単位：万円)

Ⅰ 売上高		12,000
Ⅱ 売上原価		
1．月初製品棚卸高	(　　)	
2．当月製品製造原価	(　　)	
合　計	(　　)	
3．月末製品棚卸高	(　　)	(　　)
売上総利益		(　　)
Ⅲ 販売費及び一般管理費		
1．販売費	733	
2．一般管理費	(　　)	(　　)
営業利益		(　　)

解答〈70〉ページ

理解度チェック

問題17-3　★★★

宇都宮工場の次の資料にもとづいて，以下の問に答えなさい。なお，宇都宮工場では，実際原価計算を採用し，製造間接費については直接労務費基準により配賦率125％で各指図書に予定配賦している。配賦差異は売上原価に賦課している。

（資　料）

1．棚卸資産有高

	期首有高	期末有高
主要材料	240,000円	200,000円
補助材料	90,000円	80,000円
仕掛品	450,000円	350,000円

2．賃金・給料未払額

	期首未払額	期末未払額
直接工賃金	160,000円	180,000円
間接工賃金	60,000円	85,000円
給料	100,000円	120,000円

3．材料当期仕入高

主要材料…………1,200,000円
補助材料…………340,000円

4．賃金・給料当期支払額

直接工賃金…………940,000円
間接工賃金…………235,000円
給　　料…………460,000円

5．当期経費

電力料…………36,000円
保険料…………52,000円
減価償却費…………92,000円

6．その他

(1)　主要材料の消費額はすべて直接材料費，補助材料の消費額はすべて間接材料費とする。
(2)　直接工賃金はすべて直接労務費，それ以外はすべて間接労務費とする。

問1　製造原価報告書を完成させなさい。

問2　以下の取引を仕訳しなさい。

〈指定勘定科目〉主要材料，補助材料，直接工賃金，間接工賃金，給料，仕掛品，製造間接費，製造間接費配賦差異，製品

(1)　材料の消費
(2)　賃金・給料の消費
(3)　製造間接費の予定配賦
(4)　完成品原価の振替え
(5)　製造間接費配賦差異の振替え

▼解答欄

問1

製造原価報告書　　(単位：円)

材　料　費			
主要材料費	(　　　)		
補助材料費	(　　　)		(　　　)
労　務　費			
直接工賃金	(　　　)		
間接工賃金	(　　　)		
給　　料	(　　　)		(　　　)
経　　費			
電　力　料	(　　　)		
保　険　料	(　　　)		
減価償却費	(　　　)		(　　　)
合　　計			(　　　)
製造間接費配賦差異		〔　〕	(　　　)
当期総製造費用			(　　　)
期首仕掛品原価			(　　　)
合　　計			(　　　)
期末仕掛品原価			(　　　)
当期製品製造原価			(　　　)

(注) 製造間接費配賦差異は，加算するなら「＋」，控除するなら「－」の符号を金額の前の〔　　〕内に記入すること。

問2

	借方科目	金　額	貸方科目	金　額
(1)				
(2)				
(3)				
(4)				
(5)				

解答〈71〉ページ

理解度チェック □□□

問題17-4 ★★★

次の資料にもとづき，京都工業㈱の製造原価報告書および損益計算書を作成しなさい。なお，製造間接費は予定配賦しており，その配賦差異は月末に売上原価に賦課している。

（資　料）

1．棚卸資産有高

	原　料	補助材料	仕掛品	製　品
月初有高	400万円	400万円	2,000万円	1,000万円
月末有高	600万円	500万円	4,000万円	2,000万円

2．賃金給料未払額

	直接工賃金	間接工賃金	給　料
月初未払額	400万円	500万円	300万円
月末未払額	500万円	600万円	200万円

3．経費前払・未払額

	外注加工賃
月初前払額	100万円
月末未払額	100万円

4．原料当月仕入高 ……………………………… 2,000万円

5．補助材料当月仕入高 ………………………… 1,500万円

6．直接工賃金当月支給総額 …………………… 1,500万円

7．間接工賃金当月支給総額 …………………… 3,000万円

8．給料当月支給総額 …………………………… 1,000万円

9．当月経費

(1) 外注加工賃（支払額）………………………… 400万円

(2) 電力料（測定額）……………………………… 100万円

(3) 減価償却費（月割額）………………………… 1,000万円

10．製造間接費配賦差異 ………………………… 500万円（借方差異）

11．その他

(1) 原料の消費額はすべて直接材料費，補助材料の消費額はすべて間接材料費とする。

(2) 直接工労働力の消費額はすべて直接労務費，それ以外の労働力の消費額はすべて間接労務費とする。

▼解答欄

月次製造原価報告書（単位：万円）

Ⅰ 直接材料費		
1．月初原料棚卸高	（　　）	
2．当月原料仕入高	（　　）	
合計	（　　）	
3．月末原料棚卸高	（　　）	（　　）
Ⅱ 直接労務費		
1．直接工賃金		（　　）
Ⅲ 直接経費		
1．外注加工賃		（　　）
Ⅳ 製造間接費		
1．補助材料費	（　　）	
2．間接工賃金	（　　）	
3．給料	（　　）	
4．電力料	（　　）	
5．減価償却費	（　　）	
合計	（　　）	
製造間接費配賦差異	（　　）	（　　）
当月総製造費用		（　　）
月初仕掛品棚卸高		（　　）
合計		（　　）
月末仕掛品棚卸高		（　　）
（　　）		（　　）

月次損益計算書（単位：万円）

Ⅰ 売上高		10,000
Ⅱ 売上原価		
1．月初製品棚卸高	（　　）	
2．当月製品製造原価	（　　）	
合計	（　　）	
3．月末製品棚卸高	（　　）	
差引	（　　）	
4．原価差異	（　　）	（　　）
売上総利益		（　　）
Ⅲ 販売費及び一般管理費		1,500
営業利益		（　　）

解答〈73〉ページ

理解度チェック

問題17-5 ★★★

製品Ｑを量産するＫ工業株式会社における福岡工場では実際単純総合原価計算制度を採用している。当月の資料にもとづき，解答欄の総合原価計算表と月次損益計算書を完成しなさい。

（資　料）

1．生産データ

月初仕掛品	500kg	（50%）
当月投入	12,000	
合　計	12,500kg	
月末仕掛品	1,500	（75%）
完成品	11,000kg	

（注１）原料はすべて工程の始点で投入される。

（注２）（　　）内は加工進捗度を示す。

2．原価データ

	直接材料費	加工費
月初仕掛品	7,500千円	39,125千円
当月投入	255,000	555,000
合　計	262,500千円	594,125千円

3．完成品と月末仕掛品への原価配分は，平均法による。

4．月初の製品棚卸高は2,000kg，120,000千円で，月末の製品棚卸高は3,000kgであった。

5．当月の製品販売量は10,000kgであり，１kgあたり売価は90千円である。売上原価の計算は，先入先出法による。

▼解答欄

総合原価計算表　(単位：千円)

	数量		直接材料費	換算量	加工費	合計
月初仕掛品	500 kg	(50%)	7,500	(　　)kg	39,125	46,625
当月投入	12,000		255,000	(　　)	555,000	810,000
計	12,500 kg		262,500	(　　)kg	594,125	856,625
月末仕掛品	1,500	(75%)	(　　)	(　　)	(　　)	(　　)
差引完成品	11,000 kg		(　　)	(　　)kg	(　　)	(　　)
完成品単位原価			@(　　)		@(　　)	@(　　)

月次損益計算書　(単位：千円)

Ⅰ　売上高		(　　)
Ⅱ　売上原価		
月初製品棚卸高	(　　)	
当月製品製造原価	(　　)	
計	(　　)	
月末製品棚卸高	(　　)	(　　)
売上総利益		(　　)
Ⅲ　販売費及び一般管理費		85,000
営業利益		(　　)

解答〈75〉ページ

理解度チェック

問題17-6 ★★★

次に示すA社の期末における総勘定元帳の記入にもとづき，損益計算書および製造原価報告書を完成しなさい。

材　料

4/1	繰　越	1,100		諸　口	22,000
	買掛金	23,200	3/31	繰　越	2,300
		24,300			24,300

賃　金　給　料

	諸　口	20,000	4/1	繰　越	4,500
3/31	繰　越	2,500		諸　口	17,500
			3/31	賃率差異	500
		22,500			22,500

外　注　加　工　賃

	当　座	1,000		仕掛品	1,000

製　造　間　接　費

	?	3,000		?	9,000
	?	2,500		?	400
	動力費	1,200			
	減価償却費	1,500			
	修繕費	400			
	諸　口	800			
		9,400			9,400

賃　率　差　異

	賃金給料	500	3/31	売上原価	500

製造間接費配賦差異

	製造間接費	400	3/31	売上原価	400

仕　掛　品

4/1	繰　越	5,000		?	45,000
	?	19,000	3/31	繰　越	4,000
	?	15,000			
	?	1,000			
	?	9,000			
		49,000			49,000

製　品

4/1	繰　越	5,000		売上原価	47,000
	仕掛品	45,000	3/31	繰　越	3,000
		50,000			50,000

売　上　原　価

	?	47,000	3/31	損　益	47,900
3/31	?	500			
3/31	?	400			
		47,900			47,900

売　上

3/31	損　益	70,000		売掛金	70,000

▼解答欄

損益計算書　（単位：円）
自×3年4月1日　至×4年3月31日

Ⅰ	売上高		(　　)
Ⅱ	売上原価		
	1. 期首製品棚卸高	(　　)	
	2. (　　)	(　　)	
	合計	(　　)	
	3. 期末製品棚卸高	(　　)	
	差引	(　　)	
	4. 原価差異	((　)　　)	(　　)
	売上総利益		(　　)

(注) 原価差異については，差引欄で算出した売上原価に対して加算するなら＋，売上原価から控除するなら－の符号を（　　）内に記入すること。

製造原価報告書　（単位：円）
自×3年4月1日　至×4年3月31日

Ⅰ	直接材料費		
	期首材料棚卸高	700	
	当期材料仕入高	20,300	
	合計	21,000	
	期末材料棚卸高	2,000	(　　)
Ⅱ	直接労務費		(　　)
Ⅲ	直接経費		(　　)
Ⅳ	製造間接費		
	間接材料費	(　　)	
	間接労務費	(　　)	
	動力費	(　　)	
	減価償却費	(　　)	
	修繕費	(　　)	
	その他	(　　)	
	合計	(　　)	
	(　　)	(　　)	
	製造間接費配賦額		(　　)
	当期総製造費用		(　　)
	(　　)		(　　)
	合計		(　　)
	(　　)		(　　)
	(　　)		(　　)

解答〈76〉ページ

理解度チェック

問題17-7 ★★★

次に示す当社の製造原価報告書にもとづいて，解答欄の総勘定元帳の（　）内に適切な金額を記入しなさい。なお，当社は実際原価計算を採用しているが，直接材料費および直接労務費に関しては予定価格および予定賃率を用い，製造間接費に関しては予定配賦をしているため，原価差異が発生している。

製造原価報告書

（単位：円）

Ⅰ	直接材料費	2,100,000
Ⅱ	直接労務費	800,000
Ⅲ	直接経費	240,000
Ⅳ	製造間接費	1,260,000
	当期製造費用	4,400,000
	期首仕掛品棚卸高	400,000
	合計	4,800,000
	期末仕掛品棚卸高	600,000
	当期製品製造原価	4,200,000

▼解答欄

材料

期首有高	600,000	消費高	（　　）
仕入高	1,820,000	期末有高	200,000
原価差異	（　　）		
	（　　）		（　　）

賃金給料

支払高	1,180,000	期首未払高	260,000
期末未払高	300,000	消費高	（　　）
		原価差異	（　　）
	1,480,000		1,480,000

経費

各種支払高	320,000	消費高	（　　）
減価償却費	（　　）		
	（　　）		（　　）

製造間接費

間接材料費	220,000	予定配賦額	（　　）
間接労務費	400,000	原価差異	（　　）
間接経費	680,000		
	1,300,000		1,300,000

仕掛品

期首有高	（　　）	完成高	（　　）
直接材料費	（　　）	期末有高	（　　）
直接労務費	（　　）		
直接経費	（　　）		
製造間接費	（　　）		
	（　　）		（　　）

製品

期首有高	800,000	売上原価	（　　）
完成品原価	（　　）	期末有高	1,000,000
	（　　）		（　　）

解答〈78〉ページ

18 標準原価計算(Ⅰ)

理解度チェック

問題18-1 ★★★

標準原価計算を採用している町田工場の，当月のデータにもとづいて，以下の問に答えなさい。

① A製品1個あたり原価標準

直接材料費	@100円	2 kg	200円
直接労務費	@100円	3時間	300円
製造間接費	@150円	3時間	450円
			950円

直接材料はすべて工程の始点で投入する。

② 製造に関するデータ：(　　) 内は加工の進捗度を示す。

月初仕掛品	150個 (50%)
月間完成	750個
月末仕掛品	200個 (50%)

③ 実際原価に関するデータ

直接材料投入額	162,500円
直接賃金消費額	241,500円
製造間接費実際発生額	360,550円

問1 パーシャル・プランによる仕掛品勘定の記入を完成しなさい。

問2 完成品原価の振替仕訳を示しなさい。

〈指定勘定科目〉材料，賃金，製造間接費，仕掛品，原価差異，製品，売上原価

▼解答欄

問1

仕　　掛　　品　　　　(単位：円)

前月繰越	(　　　　)	製品	(　　　　)
材料	(　　　　)	次月繰越	(　　　　)
賃金	(　　　　)	原価差異	(　　　　)
製造間接費	(　　　　)		
	(　　　　)		(　　　　)

問2

借方科目	金額	貸方科目	金額

解答〈81〉ページ

理解度チェック

問題18-2 ★★★

標準原価計算制度を採用している立川工業のＹ製品に関する当月のデータにもとづいて，仕掛品勘定および製品勘定の記入を行いなさい。なお，勘定記入方法はパーシャル・プランによること。

〈当月のデータ〉

(1) Ｙ製品１個あたりの標準原価

	(標準単価)	(標準消費量)	
直接材料費	@ 800円	20kg	16,000円
	(標準賃率)	(標準直接作業時間)	
直接労務費	@1,250円	8時間	10,000円
	(標準配賦率)	(標準直接作業時間)	
製造間接費	@3,500円	8時間	28,000円
Ｙ製品１個あたり標準製造原価			54,000円

(2) 製造データ

月初仕掛品　10個（30％）
当月製造着手　150個
月末仕掛品　20個（60％）

直接材料はすべて工程の始点で投入される。（　）内は加工進捗度を示す。

(3) 原価データ

直接材料費実際消費額　2,314,000円
直接労務費実際消費額　1,555,000円
製造間接費実際発生額　4,210,000円

(4) 販売データ

月初製品在庫量　15個
月末製品在庫量　35個

▼解答欄

仕掛品　(単位：円)

前月繰越	(　　)	製品	(　　)
材料	(　　)	次月繰越	(　　)
賃金	(　　)	原価差異	(　　)
製造間接費	(　　)		
	(　　)		(　　)

製品　(単位：円)

前月繰越	(　　)	売上原価	(　　)
仕掛品	(　　)	次月繰越	(　　)
	(　　)		(　　)

解答〈81〉ページ

理解度チェック

問題18-3 ★★☆

標準原価計算制度を採用している中野工業のＹ製品に関する当月のデータにもとづいて，(1)仕掛品勘定および製品勘定の記入を行い，(2)標準原価差異の総額を答えなさい。なお，勘定記入方法はシングル・プランによること。

〈当月のデータ〉

(1)　Ｙ製品１個あたりの標準原価

	（標準単価）	（標準消費量）	
直接材料費	@　800円	20kg	16,000円
	（標準賃率）	（標準直接作業時間）	
直接労務費	@1,250円	８時間	10,000円
	（標準配賦率）	（標準直接作業時間）	
製造間接費	@3,500円	８時間	28,000円
Ｙ製品１個あたり標準製造原価			54,000円

(2)　製造データ

月初仕掛品	10個（30%）	直接材料はすべて工程の始点で投入される。（　）内は加工進捗度を示す。
当月製造着手	150個	
月末仕掛品	20個（60%）	

(3)　原価データ

直接材料費実際消費額：2,314,000円，直接労務費実際消費額：1,555,000円

製造間接費実際発生額：4,210,000円

(4)　販売データ

月初製品在庫量：15個，月末製品在庫量：35個

▼解答欄

(1)

仕　掛　品　（単位：円）

前月繰越	（　　）	製品	（　　）
材料	（　　）	次月繰越	（　　）
賃金	（　　）		
製造間接費	（　　）		
	（　　）		（　　）

製　品　（単位：円）

前月繰越	（　　）	売上原価	（　　）
仕掛品	（　　）	次月繰越	（　　）
	（　　）		（　　）

(2)　標準原価差異の総額　［　　　　円］

解答〈82〉ページ

Theme

19 標準原価計算(Ⅱ)

理解度チェック

問題19-1 ★★★

標準原価計算を採用している津田沼工場の次の資料にもとづいて，各原価要素別の標準原価差異を求めなさい。

(資　料)

1．製品T１個あたりの標準原価

	(標準単価)	(標準消費量)	
直接材料費	@　800円	20kg	16,000円
	(標準賃率)	(標準直接作業時間)	
直接労務費	@1,250円	8時間	10,000円
	(標準配賦率)	(標準直接作業時間)	
製造間接費	@3,500円	8時間	28,000円
製品T１個あたり標準製造原価			54,000円

2．当月の生産実績

月初仕掛品	10個	(30%)
当月投入	150	
合　計	160個	
月末仕掛品	20	(60%)
完成品	140個	

直接材料はすべて工程の始点で投入される。(　　)内は加工進捗度を示す。

3．当月の実際原価

直接材料費実際消費額　2,314,000円

直接労務費実際消費額　1,555,000円

製造間接費実際発生額　4,210,000円

▼解答欄

直接材料費差異	(　　)　　円
直接労務費差異	(　　)　　円
製造間接費差異	(　　)　　円

注(　　)内には借方差異(不利な差異)ならば「借」，貸方差異(有利な差異)ならば「貸」と記入すること。

解答〈84〉ページ

理解度チェック

問題19-2 ★★★

次の資料にもとづいて，直接材料費差異を計算し，さらに差異分析を行いなさい。なお，解答欄の(　　)内には，借方差異ならば「借」，貸方差異ならば「貸」を記入すること。

(資　料)

1．標準原価カード（一部）

　直接材料費：@850円×２kg＝1,700円

2．生産データ

月初仕掛品	400個	(40%)
当月投入	2,600	
合　計	3,000個	
月末仕掛品	500	(60%)
完成品	2,500個	

（注１）材料は始点投入される。

（注２）(　　)内は加工進捗度を示す。

3．実際原価データ

　直接材料費実際消費額：4,446,750円（@847円×5,250kg）

▼解答欄

直接材料費差異	(　　)　　　円
価格差異	(　　)　　　円
数量差異	(　　)　　　円

解答〈85〉ページ

理解度チェック □□□

問題19-3 ★★★

次の資料にもとづいて，直接労務費差異を計算し，さらに差異分析を行いなさい。なお，解答欄の（　　）内には，借方差異ならば「借」，貸方差異ならば「貸」を記入すること。

（資　料）

1．標準原価カード（一部）

　直接労務費：@800円×５時間＝4,000円

2．生産データ

月初仕掛品	400個	（40%）
当月投入	2,600	
合　　計	3,000個	
月末仕掛品	500	（60%）
完成品	2,500個	

（注）（　　）内は加工進捗度を示す。

3．実際原価データ

　直接労務費実際消費額：10,544,400円（@808円×13,050時間）

▼解答欄

直接労務費差異	（　　）　　　　円
賃率差異	（　　）　　　　円
時間差異	（　　）　　　　円

解答〈86〉ページ

理解度チェック □□□

問題19-4 ★★★

川崎製作所の第１製造部では部品Kを製造しているが，先日報告された10月中の原価実績は次のとおりであった。10月の実際生産量は2,700個であったので，部品K１個あたり実際原価は約336千円となる。

直接材料費	327,600千円	（＝6.3千円/kg×52,000kg）
直接労務費	165,200千円	（＝5.6千円/時×29,500時間）
製造間接費	415,200千円	
合計	908,000千円	

また，部品Kの標準原価カードは次のとおりであり，部品K１個あたり標準原価は300千円である。

	（標準単価）	（標準消費量）	
直接材料費	５千円/kg	20kg	100千円
	（標準賃率）	（標準直接作業時間）	
直接労務費	５千円/時	10時間	50千円
	（標準配賦率）	（標準直接作業時間）	
製造間接費	15千円/時	10時間	150千円
部品K１個あたり標準製造原価			300千円

したがって，10月の実際原価は標準原価より約12％高かった。その説明を求められた第１製造部長は，次のように答えた。「10月は単価の高い資源を使ったということです。すなわち，直接材料は標準より26％，直接工の賃率も12％高かったのです。そのような状況で製造原価が標準を12％超過しただけで済んだのは，資源の消費能率が良かったからで，それは第１製造部の努力の結果です。」

さて，第１製造部長の説明は必ずしも適切ではない。それは，標準原価差異を計算し差異分析を行ってみれば明らかとなる。そこで，次の問いに答えなさい。なお，解答欄にある（　　）内には，借方差異（不利な差異）であれば「借」，貸方差異（有利な差異）であれば「貸」と記入すること。

(1) 直接材料費差異を計算し，それを価格差異と数量差異とに分析しなさい。

(2) 直接労務費差異を計算し，それを賃率差異と時間差異とに分析しなさい。

▼解答欄

(1)	総差異＝	千円（　　）
	材料価格差異＝	千円（　　）
	材料数量差異＝	千円（　　）
(2)	総差異＝	千円（　　）
	労働賃率差異＝	千円（　　）
	労働時間差異＝	千円（　　）

解答〈87〉ページ

理解度チェック

問題19-5 ★★★

次の資料にもとづいて，製造間接費差異を計算し，三分法によって差異分析を行いなさい。ただし，能率差異は，実際直接作業時間と標準直接作業時間の差に標準配賦率を乗じて計算すること。なお，解答欄の（　　）内には，借方差異ならば「－」，貸方差異ならば「＋」を記入すること。

（資　料）

1．標準原価カード（一部）

製造間接費　@1,000円×５時間＝5,000円

2．公式法変動予算データ

変　動　費　率：600円/時間
月間固定費予算額：2,800,000円
月間基準操業度：7,000時間（直接作業時間）

3．生産データ

月初仕掛品	500個	(3/5)
当月投入	1,500	
合　計	2,000個	
月末仕掛品	600	(1/3)
完成品	1,400個	

（注）（　　）内は加工進捗度を示す。

4．当月実際原価データ

製造間接費実際発生額：6,720,000円（直接作業時間6,400時間）

▼解答欄

製造間接費差異	（　　）　　　円
予算差異	（　　）　　　円
能率差異	（　　）　　　円
操業度差異	（　　）　　　円

解答〈87〉ページ

理解度チェック □□□

問題19-6 ★★★

製品Cを製造している鹿児島工場は標準原価計算制度を採用し，直接作業時間を配賦基準として製造間接費を標準配賦している。次の資料にもとづいて，下記の設問に答えなさい。

（資　料）

(1) 製品C１個の製造に要する標準直接作業時間は0.5時間である。
(2) 月間の正常直接作業時間は2,000時間である。
(3) 月間の製造間接費変動予算は，固定費が240,000円，変動費率が@80円である。
(4) 当月の製造間接費実際発生額は395,500円であった。
(5) 当月の実際直接作業時間は1,820時間であった。
(6) 当月の生産実績は次のとおりであった。

月初仕掛品	600個	(20%)
当月投入	3,100	
合　計	3,700個	
月末仕掛品	400	(80%)
完成品	3,300個	

(注)（　）内は加工進捗度を示す。

〔設問１〕 製造間接費標準配賦率を求めなさい。
〔設問２〕 製品C１個あたりの製造間接費を求めなさい。
〔設問３〕 当月の製造間接費差異を求めなさい。
〔設問４〕 製造間接費差異を四分法によって分析しなさい。
〔設問５〕 製造間接費差異を三分法により分析しなさい。なお，能率差異は変動費のみで計算すること。

▼解答欄

〔設問１〕 　　　円/時

〔設問２〕 　　　円

〔設問３〕 （　）　　　円

〔設問４〕 予算差異	（　）　　　円	変動費能率差異	（　）　　　円
固定費能率差異	（　）　　　円	操業度差異	（　）　　　円
〔設問５〕 予算差異	（　）　　　円	能率差異	（　）　　　円
操業度差異	（　）　　　円		

(注)（　）内には，借方差異ならば「借」，貸方差異ならば「貸」と記入すること。

解答〈89〉ページ

理解度チェック □□□

問題19-7 ★★☆

名古屋製作所は，標準原価計算制度を採用している。下記資料1から3にもとづいて，次の(1)から(3)の各差異を計算しなさい。ただし，製造間接費は変動予算を用いて三分法で分析し，その際，能率差異は，変動費と固定費からなるものとして計算すること。なお，解答欄にある（　　）内には，借方差異（不利な差異）であれば「借」，貸方差異（有利な差異）であれば「貸」と記入すること。

(1)　直接材料費の総差異と，材料価格差異および材料数量差異
(2)　直接労務費の総差異と，労働賃率差異および労働時間差異
(3)　製造間接費の総差異と，予算差異，能率差異および操業度差異

（資　料）

1．標準原価カード（製品K）

直接材料費	20円/kg	25 kg	500円
直接労務費	250円/時	2時間	500円
製造間接費	300円/時	2時間	600円
製品K1個あたりの標準製造原価			1,600円

2．製造間接費変動予算

製造間接費は直接作業時間を配賦基準として製品に配賦している。

変動費率　140円/時　固定費（月額）35,200円

3．当月の実績値

直接材料費	48,400円（＝22円/kg×2,200kg）
直接労務費	48,300円（＝230円/時×210時間）
製造間接費	68,000円
実際生産量	110個

▼解答欄

(1)	総　差　異＝	円（　　）
	材料価格差異＝	円（　　）
	材料数量差異＝	円（　　）
(2)	総　差　異＝	円（　　）
	労働賃率差異＝	円（　　）
	労働時間差異＝	円（　　）
(3)	総　差　異＝	円（　　）
	予算差異＝	円（　　）
	能率差異＝	円（　　）
	操業度差異＝	円（　　）

解答〈90〉ページ

MEMO

理解度チェック □□□

問題19-8 ★★★

製品Ｙを製造する横浜工場では標準原価計算制度を採用し，パーシャル・プランによって記帳している。そして，原価管理に役立てるべく，原価要素別に標準原価差額の差異分析を行っている。次の資料にもとづき，下掲の設問に答えなさい。なお，解答欄にある（　　）内には，借方差異（不利な差異）であれば「借」，貸方差異（有利な差異）であれば「貸」と記入すること。

（資　料）

1．製品Ｙ標準原価カード

	（標準単価）	（標準消費量）	
直接材料費	120円/kg	30kg	3,600円
	（標準賃率）	（標準作業時間）	
直接労務費	1,200円/時	2時間	2,400円
	（標準配賦率）	（標準作業時間）	
製造間接費	1,500円/時	2時間	3,000円
製品Ｙ１個あたり標準製造原価			9,000円

2．製造間接費変動予算

変動費率　600円/時　固定費（月間）　2,700,000円

3．当月の生産実績

月初仕掛品	100個	（80%）
当月着手	1,500	
合　計	1,600個	
月末仕掛品	150	（60%）
完成品	1,450個	

なお，材料はすべて工程の始点で投入している。また，（　　）内は加工進捗度である。

4．当月直接材料費実際発生額：125円/kg×44,500kg＝5,562,500円

5．当月直接労務費実際発生額：1,250円/時×2,850時間＝3,562,500円

6．当月製造間接費実際発生額：4,520,000円

〔設問１〕 直接材料費の総差異，価格差異および数量差異はいくらですか。

〔設問２〕 直接労務費の総差異，賃率差異および時間差異はいくらですか。

〔設問３〕 製造間接費の総差異はいくらですか。

〔設問４〕 製造間接費の差異分析は変動予算を用いて四分法で行っている。このとき，予算差異，変動費能率差異，固定費能率差異および操業度差異はいくらか。

▼解答欄

〔設問１〕	総　　差　　異＝	円（　　　）
	価　格　差　異＝	円（　　　）
	数　量　差　異＝	円（　　　）
〔設問２〕	総　　差　　異＝	円（　　　）
	賃　率　差　異＝	円（　　　）
	時　間　差　異＝	円（　　　）
〔設問３〕	総　　差　　異＝	円（　　　）
〔設問４〕	予　算　差　異＝	円（　　　）
	変動費能率差異＝	円（　　　）
	固定費能率差異＝	円（　　　）
	操業度差異＝	円（　　　）

解答〈91〉ページ

理解度チェック □□□

問題19-9 ★★☆

当工場では，製品Rを連続生産しているが，前月に引き続き標準原価計算制度を採用している。当月のデータ1.～5.にもとづいて，仕掛品勘定及び損益計算書を作成しなさい。なお，仕掛品勘定の記入方法はパーシャル・プランによること。

1．製品R 1台あたりの標準原価

直接材料費	@10千円	1トン	10千円
直接労務費	@4千円	5時間	20千円
製造間接費配賦額	@6千円	5時間	30千円
			60千円

（注）直接材料は工程の始点ですべて投入される。

2．製造に関するデータ

(1) 月初仕掛品　4台（仕上がり度1/2），月末仕掛品　6台（仕上がり度1/2）

(2) 当月製造開始数量　100台，完成数量　98台

3．製品に関するデータ

(1) 月初在庫　5台，月末在庫　8台

(2) 月間販売数量　？台

4．実際原価に関するデータ

(1) 直接材料費

月初在庫	6トン	@10千円	60千円
当月買入	105トン	@10.4千円	1,092千円
月末在庫	10トン（払出高101トン）		

（注）材料の払い出しは先入先出法による。

(2) 直接労務費

直接労務費実際発生額　1,968千円　実際直接作業時間　500時間

(3) 製造間接費

製造間接費実際発生額　3,112千円

5．原価差異の処理

各月において発生する原価差異は，月次の売上原価に賦課する。

▼解答欄

仕　掛　品　（単位：千円）

繰越	(　　)	製品	(　　)
材料	(　　)	原価差異	(　　)
賃金	(　　)	繰越	(　　)
製造間接費	(　　)		
原価差異	(　　)		
	(　　)		(　　)

（注）原価差異は一括して示すこと。
また，不要な（　　）には，「－」を付すこと。

月次損益計算書（一部）　（単位：千円）

Ⅰ 売上高		19,000
Ⅱ 売上原価		
月初製品棚卸高	(　　)	
当月製品製造原価	(　　)	
合計	(　　)	
月末製品棚卸高	(　　)	
差引	(　　)	
直接材料費差異（有・不）	(　　)	
直接労務費差異（有・不）	(　　)	
製造間接費差異（有・不）	(　　)	(　　)
売上総利益		(　　)

（注）原価差異については，有・不のいずれかに○印を付すこと。

解答〈92〉ページ

理解度チェック

問題19-10 ★★★

製品Tを量産するS工場では，パーシャル・プランによる標準原価計算を採用している。下記の1～3の資料にもとづいて，(1)原価標準（単位あたり標準原価），(2)直接材料費の消費量差異，(3)直接労務費の直接作業時間差異および(4)製造間接費の予算差異を計算しなさい。また，解答欄の仕掛品勘定の（　　）内に適切な数字を記入しなさい（原価差異には，直接材料費，直接労務費および製造間接費の総差異の合計額を記入すること）。

1．当月の生産に関する資料

当月製品完成量：　2,000単位
月末仕掛品量：　100単位（1/2）
（注1）直接材料は工程の始点で投入される。
（注2）（　　）内の数値は加工進捗度を示している。
（注3）月初仕掛品はなかった。

2．当月の実際発生額に関する資料

直接材料費：　3,986,160円（実際消費量19,540kg）
直接労務費：　2,945,000円（実際直接作業時間4,220時間）
製造間接費：　3,429,000円

3．当月の標準と予算に関する資料

直接材料費の標準消費価格：　200円/kg　　直接材料費の標準消費量：　10kg/単位
直接労務費の標準消費賃率：　700円/時間　　直接労務費の標準直接作業時間：　2時間/単位
製造間接費月次予算：　3,440,000円
（注）製造間接費は直接作業時間を基準として製品に標準配賦されている（月間基準操業度＝4,300時間）。

▼解答欄

(1) [　　　　] 円/単位　　(2) [　　　　] 円（　　　）

(3) [　　　　] 円（　　　）　　(4) [　　　　] 円（　　　）

（注）(2)～(4)の（　　）内には，借方差異の場合は借方，貸方差異の場合は貸方と記入すること。

仕　掛　品　（単位：円）

直接材料費	（　　　）	完成高	（　　　）
直接労務費	（　　　）	月末有高	（　　　）
製造間接費	（　　　）	原価差異	（　　　）
	（　　　）		（　　　）

解答〈94〉ページ

Theme 20 直接原価計算（Ⅰ）

問題20-1 ★☆☆

理解度チェック

次の資料によって，直接原価計算方式による月次損益計算書を作成しなさい。なお，仕掛品はない。

直接材料費	522,000円	直接労務費	378,000円	売上高	1,554,000円
変動製造間接費	210,000円	月初製品棚卸高	144,000円	変動販売費	156,000円
固定製造間接費	96,000円	月末製品棚卸高	168,000円		
固定販売費	15,000円	固定一般管理費	63,000円		

▼解答欄

月次損益計算書（直接原価計算方式）　（単位：円）

Ⅰ 売上高		(　　)
Ⅱ 変動売上原価		
1．月初製品棚卸高	(　　)	
2．当月製品製造原価	(　　)	
合計	(　　)	
3．月末製品棚卸高	(　　)	(　　)
変動製造マージン		(　　)
Ⅲ 変動販売費		(　　)
貢献利益		(　　)
Ⅳ 固定費		
1．固定製造間接費	(　　)	
2．固定販売費	(　　)	
3．固定一般管理費	(　　)	(　　)
営業利益		(　　)

解答〈96〉ページ

理解度チェック □□□

問題20-2 ★★★

次の横浜工場の資料にもとづき，解答欄に示した全部原価計算による損益計算書と直接原価計算による損益計算書を作成しなさい。なお，製造間接費は実際配賦している。

（資　料）

1．販 売 単 価 ……………………………………………1,500円
2．製 造 原 価：製品単位あたり変動製造原価……………… 300円
　　　　　　　固定製造間接費（期間総額）………… 2,700,000円
3．販　売　費：製品単位あたり変動販売費………………… 100円
　　　　　　　固定販売費（期間総額）……………… 350,000円
4．一般管理費：すべて固定費（期間総額）…………… 850,000円
5．生産・販売数量等：

	第１期	第２期	第３期
期首製品在庫量	0個	0個	400個
当期製品生産量	5,000個	5,400個	4,500個
当期製品販売量	5,000個	5,000個	4,900個
期末製品在庫量	0個	400個	0個

（注）各期首・期末に仕掛品は存在しない。

▼解答欄

損益計算書（全部原価計算）　（単位：円）

	第１期	第２期	第３期
売上高	（　　）	（　　）	（　　）
売上原価	（　　）	（　　）	（　　）
売上総利益	（　　）	（　　）	（　　）
販売費・一般管理費	（　　）	（　　）	（　　）
営業利益	（　　）	（　　）	（　　）

損益計算書（直接原価計算）　（単位：円）

	第１期	第２期	第３期
売上高	（　　）	（　　）	（　　）
変動売上原価	（　　）	（　　）	（　　）
変動製造マージン	（　　）	（　　）	（　　）
変動販売費	（　　）	（　　）	（　　）
貢献利益	（　　）	（　　）	（　　）
固定費	（　　）	（　　）	（　　）
営業利益	（　　）	（　　）	（　　）

解答〈97〉ページ

MEMO

理解度チェック □□□

問題20-3 ★★★

次に示す条件にもとづき，⑴全部原価計算による損益計算書と⑵直接原価計算による損益計算書を作成しなさい。

（条　件）

1．製造間接費は，製品生産量を配賦基準として予定配賦する。年間の予定生産量は12,500個，年間の製造間接費予算額は，変動費が3,750,000円，固定費が6,000,000円である。

2．製造間接費の配賦差額は，その月の売上原価に賦課する。

3．製品の庫出単価の計算は先入先出法による。

4．製品の販売単価は6,000円である。

5．生産・販売資料

月初仕掛品量	0個	月初製品在庫量	300個
当月投入量	1,200	当月完成量	1,200
計	1,200個	計	1,500個
月末仕掛品量	0	月末製品在庫量	500
当月完成量	1,200個	当月販売量	1,000個

6．当月の原価資料

⑴　月初製品：直接材料費 240,000円，直接労務費 150,000円，
　　変動製造間接費 90,000円，固定製造間接費 144,000円

⑵　直接材料費（変動費）	1,044,000円
⑶　直接労務費（変動費）	624,000円
⑷　製造間接費実際発生額	
変動製造間接費	380,000円
固定製造間接費	500,000円
⑸　販売費及び一般管理費	
変動販売費	330,000円
固定販売費	400,000円
一般管理費（すべて固定費）	1,250,000円

▼解答欄

(1) 全部原価計算による損益計算書

月次損益計算書

(単位：円)

Ⅰ 売上高		(　　)
Ⅱ 売上原価		
1. 月初製品棚卸高	(　　)	
2. 当月製品製造原価	(　　)	
合計	(　　)	
3. 月末製品棚卸高	(　　)	
差引	(　　)	
4. 原価差異	((　) 　　)	(　　)
売上総利益		(　　)
Ⅲ 販売費及び一般管理費		(　　)
営業利益		(　　)

(2) 直接原価計算による損益計算書

月次損益計算書

(単位：円)

Ⅰ 売上高		(　　)
Ⅱ 変動売上原価		
1. 月初製品棚卸高	(　　)	
2. 当月製品製造原価	(　　)	
合計	(　　)	
3. 月末製品棚卸高	(　　)	
差引	(　　)	
4. 原価差異	((　) 　　)	(　　)
変動製造マージン		(　　)
Ⅲ 変動販売費		(　　)
貢献利益		(　　)
Ⅳ 固定費		
1. 固定製造間接費	(　　)	
2. 固定販売費及び一般管理費	(　　)	(　　)
営業利益		(　　)

(注) 原価差異については，差引欄で算出した売上原価に対し加算するならプラス，控除するならマイナスの符号を，(　　) 内に記入すること。

解答〈101〉ページ

Theme

21 直接原価計算（Ⅱ）

理解度チェック □□□

問題21-1 ★★★

当社の資料にもとづいて，下掲の各問に答えなさい。

（資　料）

1．次年度の予想売上高：@1,200円×5,000個……………………………… 6,000,000円

2．次年度の予定総原価

(1) 変　動　費：@600円×5,000個……………………………………… 3,000,000円

(2) 固　定　費：……………………………………………………………… 2,460,000円

3．予想営業利益：…………………………………………………………… 540,000円

〔設問1〕損益分岐点売上高および販売量を求めなさい。

〔設問2〕目標営業利益1,080,000円を達成するための売上高および販売量を求めなさい。

〔設問3〕目標営業利益率25%を達成するための売上高および販売量を求めなさい。

〔設問4〕次期の予想売上高における安全余裕率を求めなさい。

▼解答欄

〔設問1〕	売　上　高	円	販　売　量	個
〔設問2〕	売　上　高	円	販　売　量	個
〔設問3〕	売　上　高	円	販　売　量	個
〔設問4〕	安全余裕率	%		

解答〈103〉ページ

理解度チェック □□□

問題21-2 ★★★

次の資料にもとづき，以下の設問に答えなさい。

（資　料）

1．販売単価　@500円

2．製品1個あたりの実際製造原価

⑴　材　料　費　@150円（全額変動費）

⑵　労　務　費　@120円（全額変動費）

⑶　製造間接費　@ 50円（うち@20円が変動費）

3．販売費及び一般管理費

⑴　変動販売費　@ 10円

⑵　固定販売費及び一般管理費　1,200,000円

4．当月生産量は10,000個であり，製品・仕掛品とも月初・月末の棚卸高はなかった。

5．当月の基準操業度は10,000個であり，固定費は予算どおり発生した。

〔設問1〕損益分岐点売上高および販売量を求めなさい。

〔設問2〕目標営業利益500,000円を達成するための売上高および販売量を求めなさい。

〔設問3〕販売単価を@600円としたとき，損益分岐点売上高および販売量を求めなさい。

〔設問4〕販売単価を@600円としたとき，目標営業利益600,000円を達成するための売上高および販売量を求めなさい。

▼解答欄

〔設問1〕	売　上　高	円	販　売　量	個
〔設問2〕	売　上　高	円	販　売　量	個
〔設問3〕	売　上　高	円	販　売　量	個
〔設問4〕	売　上　高	円	販　売　量	個

解答〈103〉ページ

理解度チェック

問題21-3 ★★☆

次の文章中の（　　）内に適当な数値を入れなさい。

A社は，製品A（販売単価@1,500円）を製造・販売している。製品Aの単位あたり変動費は900円，固定費は月に420,000円である。したがって，A社の損益分岐点における月間の販売数量は（　①　）個，同じく売上高は（　②　）円である。月に120,000円の営業利益をあげるためには，製品Aを月に（　③　）個販売しなければならない。

B社は，製品Bを製造・販売している。B社の変動費率（売上高に占める変動費の割合）は65%，固定費は月に875,000円である。したがって，B社の損益分岐点における月間の売上高は（　④　）円である。製品Bの販売単価が@5,000円であれば，そのとき販売数量は（　⑤　）個である。また，製品Bの月間販売数量が640個であるなら，月間の営業利益は（　⑥　）円となる。

▼解答欄

①		②		③	
④		⑤		⑥	

解答〈104〉ページ

理解度チェック

問題21-4 ★☆☆

当社の過去6か月の製品生産量と製造間接費実際発生額は次のとおりである。このデータにもとづき，高低点法によって原価分解を行いなさい。これらはすべて正常なデータである。また，7月の予想生産量が3,200個であるとき，製造間接費の予想発生額を計算しなさい。

月	製品生産量	製造間接費発生額
1	1,800個	3,300,000円
2	2,400	3,660,000
3	3,500	4,070,000
4	1,900	3,250,000
5	3,900	4,350,000
6	2,800	3,850,000

▼解答欄

変動費率　　　　円/個　　月間固定費　　　　円

製造間接費の予想発生額　　　　円

解答〈105〉ページ

理解度チェック □□□

問題21-5 ★★★

製品Ｓを量産する当社の正常操業圏は，月間生産量が11,200単位から17,200単位である。製品Ｓの販売単価は20円で，過去６か月間の生産・販売量および総原価に関する実績データは，次のとおりであった。

月	生産・販売量	総原価
1	8,000単位	200,000円
2	11,200単位	249,200円
3	15,000単位	296,000円
4	17,000単位	320,000円
5	17,200単位	321,200円
6	16,800単位	316,000円

〔設問１〕 正常操業圏における最大の売上高と最小の売上高を求めなさい。

〔設問２〕 上記の実績データにもとづいて，高低点法による製品Ｓの総原価の原価分解を行い，製品１単位あたりの変動費と，月間固定費を計算しなさい。

〔設問３〕 原価分解の結果を利用し，当社の月間損益分岐点売上高を求めなさい。

〔設問４〕 当社の総資本は6,000,000円であるとして，月間目標総資本営業利益率が１％となる月間目標売上高を求めなさい。

▼解答欄

〔設問１〕 最大の売上高 ＿＿＿＿ 円

最小の売上高 ＿＿＿＿ 円

〔設問２〕 単位あたりの変動費 ＿＿＿＿ 円/単位

月間固定費 ＿＿＿＿ 円

〔設問３〕 ＿＿＿＿ 円

〔設問４〕 ＿＿＿＿ 円

解答〈105〉ページ

理解度チェック □□□

問題21-6 ★★★

当社は，直接原価計算方式の損益計算書を作成している。当月の生産および販売実績は，次のとおりであったとして，各設問に答えなさい。なお，月初および月末に仕掛品はない。

〔資　料〕

生産数量	28,000個
販売数量	20,000個
月初在庫量	0個
販売価格	@5,000円
変動製造原価	@2,100円
固定製造原価	14,000,000円
変動販売費	@400円
固定販売費及び一般管理費	11,000,000円

〔設問１〕

当月の損益計算書を作成しなさい。

〔設問２〕

現在，次月以降の利益計画を策定中である。次月においても，条件は当月と同一であるとして，以下の文章中の（　　）内の数値を解答欄に記入しなさい。

(1)　損益分岐点における月間販売数量は（　①　）個である。

(2)　次月において，当月の売上高が（　②　）％を超えて落ち込むと営業損失が発生する。

(3)　当社の月間目標売上高営業利益率は30％であるが，次月以降これを達成しようとするならば，月間販売数量は（　③　）個でなければならない。

▼解答欄

〔設問1〕

月次損益計算書

（単位：円）

Ⅰ	売上高		（　　）
Ⅱ	変動費		
	月初製品有高	（　　）	
	当月製品変動製造原価	（　　）	
	合計	（　　）	
	月末製品有高	（　　）	
	変動売上原価		（　　）
	変動販売費		（　　）
	貢献利益		（　　）
Ⅲ	固定費		
	固定製造原価		（　　）
	固定販売費及び一般管理費		（　　）
	営業利益		（　　）

〔設問2〕

①	
②	
③	

解答〈106〉ページ

理解度チェック □□□

問題21-7 ★★☆

当社では製品Aを製造販売している。そこで，次の資料にもとづいて，下掲の設問に答えなさい。

（資料１） 当社の製造間接費実際発生額と機械作業時間の月別データは次のとおりである。なお，当社の正常操業度は基準操業度200時間（月間）を100％とすると，その80％から120％である。

月	製造間接費発生額	機械作業時間
8	118,000円	150時間
9	126,000	160
10	143,000	210
11	150,000	220
12	131,000	180
	668,000円	920時間

（資料２） その他の資料

(1) 単位あたり変動製造原価

直接材料費	1,000円
直接労務費	1,200円
変動製造間接費	? 円

(2) 固定製造間接費　? 円

(3) 単位あたり変動販売費　200円

(4) 固定販売費及び一般管理費　37,000円

(5) 製品の販売価格　5,000円

(6) 製品Aの製造には１個あたり１機械作業時間が必要である。

(7) 当月の販売量は50個であり，月間目標営業利益は90,200円である。

〔設問１〕 高低点法によって，変動費率と固定製造間接費（月間）を求めなさい。

〔設問２〕 月間損益分岐点販売量，月間目標営業利益達成のための販売量および当月の安全余裕率を求めなさい。

▼解答欄

〔設問１〕

変動費率	円/時間	固定製造間接費	円

〔設問２〕

損益分岐点販売量	個	目標利益達成販売量	個
安全余裕率	%		

解答〈108〉ページ

理解度チェック □□□

問題21-8 ★★★

当社は，Ａ製品を生産・販売しており，現在，次期の利益計画を策定中である。当期の業績は次のとおりであった。次期においても，販売価格，製品単位あたり変動費額および期間あたり固定費額は当期と同一であるとして，以下の問に答えなさい。なお，仕掛品および製品の在庫はないものとする。

売上高			@400円×1,500個		600,000円
原価	変動費	変動売上原価	@200円×1,500個	300,000円	
		変動販売費	@ 20円×1,500個	30,000	
	固定費	固定製造原価		128,000	
		固定販売費・一般管理費		52,000	510,000
営業利益					90,000円

〔設問１〕次期における損益分岐点の販売数量を計算しなさい。

〔設問２〕次期における損益分岐点の売上高を計算しなさい。

〔設問３〕次期の目標営業利益144,000円を達成する販売数量を計算しなさい。

〔設問４〕次期においては，競争業者の出現に対応するため，販売価格を15%値下げすることになったとして，当期と同額の営業利益を達成する販売数量を計算しなさい。

〔設問５〕販売部門責任者の意見によれば，上記設問４で計算した販売数量は達成が困難であり，販売価格を15%値下げしても販売数量は2,100個が限界である。そこで，この販売価格と販売数量を前提とし，当期と同額の営業利益を達成するために，固定費を削減することとした。削減すべき固定費の金額を計算しなさい。

▼解答欄

〔設問１〕	個
〔設問２〕	円
〔設問３〕	個
〔設問４〕	個
〔設問５〕	円

解答〈109〉ページ

Theme

22 本社工場会計

理解度チェック

問題22-1 ★★★

工場が独立会計をとっているとき，次の勘定科目を用いて，下記の取引の仕訳を本社と工場に分けてそれぞれ行いなさい。なお，仕訳がない場合は「仕訳なし」と借方科目欄に記入すること。

本社の勘定科目……買掛金，未払賃金，製品，工場元帳

工場の勘定科目……材料，製造間接費，仕掛品，本社元帳

(1) 材料800,000を掛けで購入した。
(2) 直接材料400,000円，間接材料200,000円を出庫した。
(3) 直接賃金350,000円，間接賃金120,000円を消費した。これらを未払賃金勘定に計上した。
(4) 製造間接費400,000円を仕掛品に予定配賦した。
(5) 完成品960,000円を本社倉庫に移した。

▼解答欄

本社の仕訳

	借方科目	金額	貸方科目	金額
(1)				
(2)				
(3)				
(4)				
(5)				

工場の仕訳

	借方科目	金額	貸方科目	金額
(1)				
(2)				
(3)				
(4)				
(5)				

解答〈110〉ページ

複合問題編

合格トレーニング

日商簿記2級 工業簿記

複合問題

理解度チェック

第1問	目標時間　25分

以下の［資料］にもとづいて，解答欄の(1)総勘定元帳の（　　）内に適切な金額を記入するとともに，(2)各金額を求めなさい。製造間接費は予定配賦しており，配賦差異は当月の売上原価に賦課する。なお，当月の配賦差異は22,000円（貸方）であった。

［資　料］

1．棚卸資産有高

	月初有高	月末有高
素材	711,000円	842,000円
部品	143,000円	296,000円
補修用材料	12,000円	15,000円
燃料	24,000円	12,000円
仕掛品	738,000円	1,119,000円
製品	541,000円	889,000円

2．当月中の支払高等

素材仕入高	1,726,000円
部品仕入高	926,000円
補修用材料仕入高	67,000円
燃料仕入高	182,000円
直接工賃金当月支払高	1,935,000円
直接工賃金前月未払高	272,000円
直接工賃金当月未払高	312,000円
間接工賃金当月支払高	381,000円
間接工賃金前月未払高	47,000円
間接工賃金当月未払高	89,000円
工場消耗品（購入額）	37,000円
水道光熱費（測定額）	98,000円
保険料（月割額）	153,000円
減価償却費（月割額）	590,000円

▼解答欄

(1)

(単位：円)

材　　料

借方	金額	貸方	金額
月初有高	(　　　)	消費高	(　　　)
仕入高	(　　　)	月末有高	(　　　)
	(　　　)		(　　　)

賃　　金

借方	金額	貸方	金額
支払高	(　　　)	月初未払高	(　　　)
月末未払高	(　　　)	消費高	(　　　)
	(　　　)		(　　　)

製造間接費

借方	金額	貸方	金額
間接材料費	(　　　)	予定配賦額	(　　　)
間接労務費	(　　　)		
間接経費	(　　　)		
配賦差異	(　　　)		
	(　　　)		(　　　)

製　　品

借方	金額	貸方	金額
月初有高	(　　　)	販売高	(　　　)
完成高	(　　　)	月末有高	(　　　)
	(　　　)		(　　　)

仕　掛　品

借方	金額	貸方	金額
月初有高	(　　　)	完成高	(　　　)
直接材料費	(　　　)	月末有高	(　　　)
直接労務費	(　　　)		
製造間接費	(　　　)		
	(　　　)		(　　　)

売上原価

借方	金額	貸方	金額
販売高	(　　　)	配賦差異	(　　　)
		損益	(　　　)
	(　　　)		(　　　)

損　　益

借方	金額	貸方	金額
売上原価	(　　　)	売上高	9,970,000
販売費及び一般管理費	1,204,000		
営業利益	(　　　)		
	(　　　)		(　　　)

(2)

当月総製造費用＝　　　　　円

当月製品製造原価＝　　　　　円

解答・解説〈112〉ページ

理解度チェック

第2問　目標時間　20分

製品Xを量産する当社では，実際単純総合原価計算を行っている。次の資料にもとづいて，解答欄の総合原価計算表を完成させなさい。なお，当社では，原価投入額を完成品原価と月末仕掛品原価に配分するために先入先出法を用いている。また，加工費は直接作業時間を配賦基準として予定配賦（正常配賦）している。

1．当月の生産実績データ

月初仕掛品	100	台	(0.3)
当月投入	950		
合計	1,050	台	
月末仕掛品	200		(0.5)
当月完成品	850	台	
合計	1,050	台	

（注）(　　) 内の数値は加工進捗度を示している。

2．製品Xを製造するのに必要なA材料は工程の始点で投入され，B材料は工程の進捗度0.4の地点で投入され，C材料は工程の終点で投入される。

3．加工費年間予定額は4,560,000円であり，予定直接作業時間（年間）は22,800時間である。

4．当月の実際直接作業時間は1,840時間であり，加工費の実際発生額は372,600円であった。

▼解答欄

総合原価計算表　(単位：円)

	A材料費	B材料費	C材料費	加工費	合計
月初仕掛品原価	55,500	0	0	11,700	67,200
当月製造費用	513,000	252,000	19,000		
合計					
月末仕掛品原価					
完成品総合原価					

解答・解説〈117〉ページ

理解度チェック

第3問　　目標時間　25分

当社は実際個別原価計算を採用している。以下の［資料］にもとづいて，答案用紙に示した当月の⑴～⑽の仕訳を行いなさい。ただし，勘定科目は，次の中から最も適当と思われるものを選ぶこと。

〈指定勘定科目〉材料　賃金　製造間接費　仕掛品　原価差異

［材料および賃金に関する資料］

1．当月の予定消費額

主要材料は，予定消費価格2,500円を用いて予定消費額を計算している。なお，主要材料は直接材料費として800kg，間接材料費として100kgを消費した。

直接工は，予定消費賃率3,000円を用いて予定消費額を計算している。なお，直接工の実際直接作業時間は1,600時間，実際間接作業時間は200時間であった。

2．当月の実際消費額

	主要材料	補助材料
月初棚卸高	@2,450円×400kg	335,000円
当月買入高	@2,600円×800kg	434,000円
当月払出高	900kg	各自算定
月末実地棚卸高	290kg	263,000円
消費数量の算定	継続記録法	棚卸計算法
消費価格の計算	平均法	——

	直接工	間接工
月初未払高	1,732,000円	214,000円
当月支払高	5,480,000円	625,000円
月末未払高	1,752,000円	194,000円

［製造間接費に関する資料］

製造間接費は直接作業時間を配賦基準として予定配賦（正常配賦）している。公式法変動予算にもとづく年間予算は36,000,000円（変動費10,800,000円，固定費25,200,000円），年間正常直接作業時間は18,000時間と予定されている。また，当月の実際発生額は，間接材料費756,000円，間接労務費1,205,000円，間接経費1,539,000円であり，製造間接費の総額は3,500,000円であった。

▼解答欄

⑴　主要材料消費時の仕訳
⑵　材料消費価格差異計上の仕訳
⑶　主要材料の棚卸減耗費計上の仕訳（棚卸減耗は正常なものである）
⑷　補助材料消費時の仕訳
⑸　直接工の賃金消費時の仕訳
⑹　労働賃率差異計上時の仕訳
⑺　間接工の賃金消費時の仕訳
⑻　製造間接費予定配賦の仕訳
⑼　製造間接費予算差異計上の仕訳
⑽　製造間接費操業度差異計上の仕訳

	仕		訳	
	借　方　科　目	金　　額	貸　方　科　目	金　　額
(1)				
(2)				
(3)				
(4)				
(5)				
(6)				
(7)				
(8)				
(9)				
(10)				

解答・解説〈119〉ページ

理解度チェック

第4問　　目標時間　20分

東北工業（本社東京都）は福島工場をもち，本社と工場は独立した会計を行っている。材料の倉庫は工場にあり，製品の倉庫は本社にある。材料の購入や従業員に対する給与支払いは本社で行っている。なお，工場元帳には，次の勘定が設定されている。

材　　料　　賃金・給料　　仕　掛　品　　製造間接費　　本　社　元　帳

１月中の一連の取引について，福島工場で行われる仕訳を示しなさい。

1．掛けで購入した素材10,000kg（購入代価@197円）を検査のうえで倉庫に受け入れた。なお，購入にさいして，本社は30,000円の引取運賃を支払っている。

2．素材費は実際払出価格を用いて計算している。当月の実際消費量は7,890kgであり，そのうち製造指図書№101向けの実際消費量は2,625kg，製造指図書№102向けの実際消費量は3,750kg，製造指図書№103向けの実際消費量は1,125kg，すべての製造指図書に共通の実際消費量は390kgであった。なお，月初における素材の繰越高はなかった。

3．直接工賃金の計算には，作業時間当たり1,000円の予定平均賃率を用いている。当月の実際作業時間は1,210時間であり，そのうち製造指図書№101向けの実際直接作業時間は468時間，製造指図書№102向けの実際直接作業時間は450時間，製造指図書№103向けの実際直接作業時間は270時間，すべての製造指図書に共通の実際間接作業時間は20時間，手待時間は２時間であった。

4．直接作業時間を配賦基準として，製造間接費を各製造指図書に予定配賦した。なお，製造間接費年間予算は，37,440,000円であり，年間予定直接作業時間は14,400時間である。

5．製造指図書№101と製造指図書№102が完成した。ただし，当月の製造費用は上記のみであり，製造指図書№101には前月の製造費用651,000円が繰り越されてきている。

▼解答欄

	仕		訳	
	借方科目	金額	貸方科目	金額
1				
2				
3				
4				
5				

解答・解説〈121〉ページ

理解度チェック □□□

第5問　　目標時間　25分

当工場は2つの工程を経て，同種の等級製品である製品Xおよび製品Yを量産している。原料はすべて第1工程の始点で投入され，第1工程の加工を終えた全量が第2工程に振り替えられる。第2工程が最終工程であり，第2工程の完成品が，さらに製品Xと製品Yとに区別される。次のデータにもとづいて，答案用紙の(1)各金額を計算するとともに，(2)仕掛品勘定の記入を完成させなさい。

[当月の生産データ]

	第1工程	第2工程
月初仕掛品	400個　(80%)	600個　(50%)
当月投入	1,620個	1,500個
計	2,020個	2,100個
正常減損	20個	——
月末仕掛品	500個　(60%)	500個　(50%)
完成品	1,500個	1,600個

[当月の原価データ]

		第1工程	第2工程
月初仕掛品原価	原料費	85,000円	——
	前工程費	——	180,000円
	加工費	68,000円	34,000円
当月製造費用	原料費	315,000円	——
	前工程費	——	各自算定
	加工費	202,000円	186,000円

(注1)（　　）内の数値は加工進捗度である。

(注2) 累加法による工程別原価計算を行っており，月末仕掛品の評価は第1工程が平均法，第2工程が先入先出法による。

(注3) 正常減損は度外視法により計算する。なお，第1工程の正常減損は工程の途中で発生したため，完成品と月末仕掛品の両者に正常減損費を負担させる。

(注4) 第2工程の完成品は製品Xが800個，製品Yが800個であり，製品Xの等価係数は1，製品Yの等価係数は0.5である。なお，第2工程の完成品総合原価を製品Xと製品Yとに区別するさい，等価係数を各等級製品の完成品数量に乗じた積数の比をもって按分すること。

▼解答欄

(1)

第１工程月末仕掛品原価＝ ［　　　　］ 円

第１工程完了品総合原価＝ ［　　　　］ 円

第２工程月末仕掛品原価＝ ［　　　　］ 円

第２工程完成品総合原価＝ ［　　　　］ 円

製品Ｘの完成品単位原価＝ ［　　　　］ 円/個

製品Ｙの完成品単位原価＝ ［　　　　］ 円/個

(2)

仕　掛　品　　　　（単位：円）

月初有高	367,000	Ｘ製品	(　　)
原料費	315,000	Ｙ製品	(　　)
加工費	(　　)	月末有高	(　　)
	(　　)		(　　)

解答・解説〈124〉ページ

理解度チェック

第6問　　目標時間　25分

製品Aを連続大量生産する当工場では，標準原価計算を採用している。次の［資料］にもとづいて，下記の文章の①〜⑪には適切な数値を，⑫には原価差異の名称を，またⓐ〜ⓗには「借方」「貸方」のいずれかを記入しなさい。

［資　料］

1．年間の標準と予算に関する資料

直接材料費の標準価格：600円/kg
直接材料費の標準消費量：10kg/個
直接労務費の標準賃率：1,000円/時間
直接労務費の標準直接作業時間：３時間/個
製造間接費年間予算：122,400,000円

（注）製造間接費は直接作業時間を基準として製品に配賦する。なお，公式法変動予算を設定しており，年間の正常直接作業時間は72,000時間，変動費予算は57,600,000円，固定費予算は64,800,000円である。

2．当月の生産に関する資料

当月製品完成量：1,900個
月末仕掛品量：200個（2/5）
月初仕掛品量：300個（1/2）
（注１）直接材料は工程の始点で投入される。
（注２）（　　）内の数値は加工進捗度を示している。

3．当月の実際発生額に関する資料

直接材料費：10,557,000円（実際消費量：18,200kg）
直接労務費：5,754,000円（実際直接作業時間：5,480時間）
製造間接費：9,519,000円

標準原価計算を採用した場合，あらかじめ科学的・統計的な分析調査によって原価標準を設定し，毎月の製品原価はこれをもとに標準原価で計算される。

当工場の場合の原価標準は（①）円である。当月の原価計算期間における標準原価は（②）円であり，月末において実際原価を集計した場合，（③）円となる。この②と③の差額を標準原価差異といい，（④）円の（ⓐ）差異である。

これを原価管理のために，原価要素ごとに価格面の差異と数量面の差異に分析してみると，直接材料費価格差異は（⑤）円の（ⓑ）差異，消費量差異は（⑥）円の（ⓒ）差異である。直接労務費賃率差異は（⑦）円の（ⓓ）差異，時間差異は（⑧）円の（ⓔ）差異である。また，製造間接費予算差異は（⑨）円の（ⓕ）差異，能率差異は（⑩）円の（ⓖ）差異，操業度差異は（⑪）円の（ⓗ）差異である。ただし，能率差異は変動費と固定費からなるものとして計算している。

この差異分析の結果，判明した原価差異のうち最も絶対値が大きい差異は（⑫）差異である。

▼解答欄

①	②	③	④	ⓐ
⑤	ⓑ	⑥	ⓒ	⑦
ⓓ	⑧	ⓔ	⑨	ⓕ
⑩	ⓖ	⑪	ⓗ	⑫

解答・解説〈125〉ページ

理解度チェック □□□

第7問　　目標時間　20分

当工場では，実際原価計算を採用しており，直接作業時間を配賦基準として製造間接費を予定配賦（正常配賦）している。以下の製造間接費に関する資料にもとづいて，各問いに答えなさい。

[年間の予算に関する資料]

1．年間正常直接作業時間　……　3,600時間（1か月あたり300時間）
2．年間製造間接費予算　……　19,440,000円（1か月あたり1,620,000円）

[当月の実績に関する資料]

1．当月実際直接作業時間　……　280時間
2．製造間接費実際発生額　……　1,530,000円

問1　当月の製造間接費勘定の（　　）内に適当な数字を記入しなさい。

問2　製造間接費予算は，当工場の過去6か月の製造間接費に関する実績データにもとづいて見積られたものである。これを高低点法により，固定費と変動費に分解してみることにした。よって，変動費率と月間固定費はいくらになるかを計算しなさい。なお，過去6か月の月間最高値は直接作業時間330時間（製造間接費は1,674,000円），最低値は直接作業時間270時間（製造間接費は1,566,000円）であった。

問3　**問2**の数値にもとづいて，当月の配賦差異について公式法変動予算を前提として分析した場合，予算差異と操業度差異はいくらになるかを計算しなさい。

▼解答欄

問1

製　造　間　接　費　　　　（単位：円）

借方		貸方	
実際発生額	(　　　)	予定配賦額	(　　　)
予算差異	(　　　)	操業度差異	(　　　)
	(　　　)		(　　　)

問2

変動費率：［　　　　］円/時間

月間固定費：［　　　　］円

問3

予算差異：［　　　　］円（ 借方，貸方 ）

操業度差異：［　　　　］円（ 借方，貸方 ）

（注）借方，貸方のうち不要なものを二重線で消すこと。

解答・解説〈128〉ページ

理解度チェック □□□

第8問　目標時間　25分

当工場は製品Hを連続生産している。次の［資料］にもとづいて各問いに答えなさい。販売単価は@3,000円である。なお，月初に仕掛品および製品の在庫はなかった。また，製造直接費はすべて変動費として計算すること。

［資　料］

1．当月の生産・販売データ

生産データ	
当月完成品量	2,000個
月末仕掛品量	0個

販売データ	
当月製品販売量	1,800個
月末製品在庫量	200個

2．当月の原価データ

製造原価	
直接材料費	640,000円
直接労務費	400,000円
変動製造間接費	？円
固定製造間接費	？円

販売費・一般管理費	
変動販売費	222,000円
固定販売費	399,000円
固定一般管理費	701,000円

（注）製造間接費は製品生産量を基準に予定配賦しており，年間の予定生産量は25,200個，年間の製造間接費変動費予算額は8,568,000円，固定費予算額は10,584,000円であった。また，製造間接費実際発生額のうち，変動費は710,000円，固定費は900,000円であった。ただし，原価差異は当月の売上原価に賦課すること。

問1　全部原価計算による損益計算書を完成させなさい。

問2　直接原価計算による損益計算書を完成させなさい。

問3　全部原価計算と直接原価計算の営業利益の違いについて，答案用紙に適切な用語を記入しなさい。ただし，次の中から選択すること。

直接材料費	直接労務費	変動製造間接費	固定製造間接費

問4　**問3**の金額を答えなさい。

▼解答欄

問1

月次損益計算書　(単位：円)

Ⅰ 売上高		(　　　)
Ⅱ 売上原価		(　　　)
売上総利益		(　　　)
Ⅲ 販売費・一般管理費		(　　　)
営業利益		(　　　)

問2

月次損益計算書　(単位：円)

Ⅰ 売上高		(　　　)
Ⅱ 変動費		
変動売上原価	(　　　)	
変動販売費	(　　　)	(　　　)
貢献利益		(　　　)
Ⅲ 固定費		
固定製造原価	(　　　)	
固定販売費・一般管理費	(　　　)	(　　　)
営業利益		(　　　)

問3

全部原価計算と直接原価計算の営業利益の違いは，期末棚卸資産に含まれる（　　　　　　　　）の分である。

問4

[　　　　　　　　　　] 円

解答・解説〈129〉ページ

よくわかる簿記シリーズ

合格トレーニング　日商簿記２級工業簿記　Ver.10.0

1999年12月10日　初　版　第１刷発行
2024年２月20日　第12版　第１刷発行

編 著 者　ＴＡＣ株式会社
（簿記検定講座）
発 行 者　多田敏男
発 行 所　ＴＡＣ株式会社　出版事業部
（ＴＡＣ出版）
〒101－8383
東京都千代田区神田三崎町3－2－18
電 話 03（5276）9492（営業）
FAX 03（5276）9674
https://shuppan.tac-school.co.jp
組　　版　朝日メディアインターナショナル株式会社
印　　刷　株式会社　ワコー
製　　本　株式会社　常川製本

Printed in Japan

ISBN 978－4－300－10666－2
N.D.C.336

簿記検定講座のご案内

選べる学習メディアでご自身に合うスタイルでご受講ください！

通学講座

3級コース　3・2級コース　2級コース　1級コース　1級上級コース

教室講座

通って学ぶ

定期的な日程で通学する学習スタイル。常に講師と接することができるという教室講座の最大のメリットがありますので、疑問点はその日のうちに解決できます。また、勉強仲間との情報交換も積極的に行えるのが特徴です。

ビデオブース講座

通って学ぶ　予約制

ご自身のスケジュールに合わせて、TACのビデオブースで学習するスタイル。日程を自由に設定できるため、忙しい社会人に人気の講座です。

直前期教室出席制度
直前期以降、教室受講に振り替えることができます。

無料体験入学
ご自身の目で、耳で体験し納得してご入学いただくために、無料体験入学をご用意しました。

無料講座説明会
もっとTACのことを知りたいという方は、無料講座説明会にご参加ください。

無　料

予約不要※

※ビデオブース講座の無料体験入学は要予約。
無料講座説明会は一部校舎では要予約。

通信講座

3級コース　3・2級コース　2級コース　1級コース　1級上級コース

Web通信講座

スマホやタブレットにも対応　見て学ぶ

教室講座の生講義をブロードバンドを利用し動画で配信します。ご自身のペースに合わせて、24時間いつでも何度でも繰り返し受講することができます。また、講義動画はダウンロードして2週間視聴可能です。有効期間内は何度でもダウンロード可能です。

※Web通信講座の配信期間は、お申込コースの目標月の翌月末までです。

TAC WEB SCHOOL ホームページ
URL https://portal.tac-school.co.jp/

※お申込み前に、左記のサイトにて必ず動作環境をご確認ください。

DVD通信講座

見て学ぶ

講義を収録したデジタル映像をご自宅にお届けします。講義の臨場感をクリアな画像でご自宅にて再現することができます。

※DVD-Rメディア対応のDVDプレーヤーでのみ受講が可能です。
パソコンやゲーム機での動作保証はいたしておりません。

資料通信講座（1級のみ）

テキスト・添削問題を中心として学習します。

Webでも無料配信中！　スマホ タブレット　パソコン

「TAC動画チャンネル」

- 講座説明会 ※収録内容の変更のため、配信されない期間が生じる場合がございます。
- 1回目の講義（前半分）が視聴できます

詳しくは、TACホームページ
「TAC動画チャンネル」をクリック！

TAC動画チャンネル　簿記　検索

簿記検定講座

お手持ちの教材がそのまま使用可能!
【テキストなしコース】のご案内

TAC簿記検定講座のカリキュラムは市販の教材を使用しておりますので、こちらのテキストを使ってそのまま受講することができます。独学では分かりにくかった論点や本試験対策も、TAC講師の詳しい解説で理解度も120％UP！ 本試験合格に必要なアウトプット力が身につきます。独学との差を体感してください。

左記の各メディアが【テキストなしコース】でお得に受講可能!

こんな人にオススメ!

- テキストにした書き込みをそのまま活かしたい！
- これ以上テキストを増やしたくない！
- とにかく受講料を安く抑えたい！

※お申込前に必ずお手持ちのバージョンをご確認ください。場合によっては最新のものに買い直していただくことがございます。詳細はお問い合わせください。

お手持ちの教材をフル活用!!

書籍のご購入は

1 全国の書店、大学生協、ネット書店で

2 TAC各校の書籍コーナーで

資格の学校TACの校舎は全国に展開!
校舎のご確認はホームページにて

資格の学校TAC ホームページ
https://www.tac-school.co.jp

3 TAC出版書籍販売サイトで

CYBER BOOK STORE TAC出版書籍販売サイト

24時間ご注文受付中

TAC 出版 で 検索

https://bookstore.tac-school.co.jp/

新刊情報をいち早くチェック!

たっぷり読める立ち読み機能

学習お役立ちの特設ページも充実!

TAC出版書籍販売サイト「サイバーブックストア」では、TAC出版および早稲田経営出版から刊行されている、すべての最新書籍をお取り扱いしています。
また、無料の会員登録をしていただくことで、会員様限定キャンペーンのほか、送料無料サービス、メールマガジン配信サービス、マイページのご利用など、うれしい特典がたくさん受けられます。

サイバーブックストア会員は、特典がいっぱい!(一部抜粋)

通常、1万円(税込)未満のご注文につきましては、送料・手数料として500円(全国一律・税込)頂戴しておりますが、1冊から無料となります。

専用の「マイページ」は、「購入履歴・配送状況の確認」のほか、「ほしいものリスト」や「マイフォルダ」など、便利な機能が満載です。

メールマガジンでは、キャンペーンやおすすめ書籍、新刊情報のほか、「電子ブック版TACNEWS(ダイジェスト版)」をお届けします。

書籍の発売を、販売開始当日にメールにてお知らせします。これなら買い忘れの心配もありません。

日商簿記検定試験対策書籍のご案内

TAC出版の日商簿記検定試験対策書籍は、学習の各段階に対応していますので、あなたのステップに応じて、合格に向けてご活用ください！

3タイプのインプット教材

1

簿記を専門的な知識にしていきたい方向け

●満点合格を目指し 次の級への土台を築く

「合格テキスト」

「合格トレーニング」

- 大判のB5判、3級～1級累計300万部超の、信頼の定番テキスト&トレーニング！TACの教室でも使用している公式テキストです。3級のみオールカラー。
- 出題論点はすべて網羅しているので、簿記をきちんと学んでいきたい方にぴったりです！

◆3級　□2級 商簿、2級 工簿　■1級 商・会 各3点、1級 工・原 各3点

2

スタンダードにメリハリつけて学びたい方向け

●教室講義のような わかりやすさでしっかり学べる

「簿記の教科書」

「簿記の問題集」

滝澤 ななみ 著

- A5判、4色オールカラーのテキスト（2級・3級のみ）&模擬試験つき問題集！
- 豊富な図解と実例つきのわかりやすい説明で、もうモヤモヤしない!!

◆3級　□2級 商簿、2級 工簿　■1級 商・会 各3点、1級 工・原 各3点

3

気軽に始めて、早く全体像をつかみたい方向け

●初学者でも楽しく続けられる！

「スッキリわかる」

テキスト／問題集一体型

滝澤 ななみ 著（1級は商・会のみ）

- 小型のA5判（4色オールカラー）によるテキスト／問題集一体型。これ一冊でOKの、圧倒的に人気の教材です。
- 豊富なイラストとわかりやすいレイアウト！かわいいキャラの「ゴエモン」と一緒に楽しく学べます。

◆3級　□2級 商簿、2級 工簿

■1級 商・会 4点、1級 工・原 4点

「スッキリうかる本試験予想問題集」

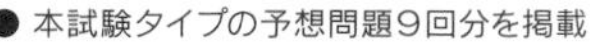

滝澤 ななみ 監修　TAC出版開発グループ 編著

- 本試験タイプの予想問題9回分を掲載

◆3級　□2級

コンセプト問題集

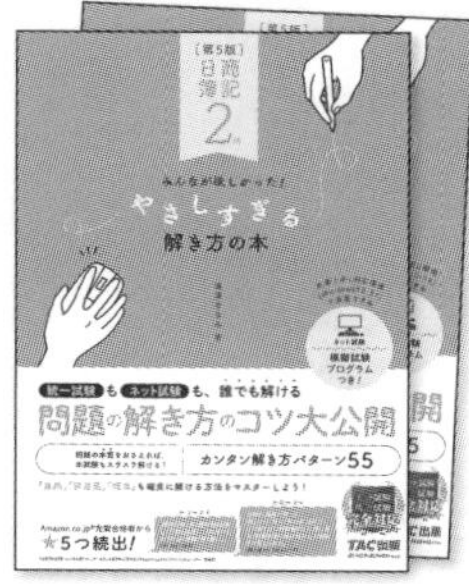

● 得点力をつける!

『みんなが欲しかった! やさしすぎる解き方の本』 

B5判　滝澤 ななみ 著

● 授業で解き方を教わっているような新感覚問題集。再受験にも有効。

◆3級　□2級

本試験対策問題集

● 本試験タイプの問題集

『合格するための本試験問題集』

(1級は過去問題集)

B5判

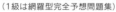

● 12回分 (1級は14回分) の問題を収載。ていねいな「解答への道」、各問対策が充実

● 年2回刊行。

◆3級　□2級　■1級

● 知識のヌケをなくす!

『まるっと完全予想問題集』 

(1級は網羅型完全予想問題集)

A4判

● オリジナル予想問題 (3級10回分、2級12回分、1級8回分) で本試験の重要出題パターンを網羅。

● 実力養成にも直前の本試験対策にも有効。

◆3級　□2級　■1級

直前予想

『○年度試験をあてる TAC予想模試 ＋解き方テキスト ○～○月試験対応』

(1級は第○回試験をあてるTAC直前予想模試)

A4判

● TAC講師陣による4回分の予想問題で最終仕上げ。

● 2級・3級は、第1部解き方テキスト編、第2部予想模試編の2部構成。

● 年3回 (1級は年2回)、各試験に向けて発行します。

◆3級　□2級　■1級

あなたに合った合格メソッドをもう一冊!

『究極の仕訳集』

B6変型判

● 悩む仕訳をスッキリ整理。ハンディサイズ、一問一答式で基本の仕訳を一気に覚える。

◆3級　□2級

『究極の計算と仕訳集』

B6変型判　境 浩一朗 著

● 1級商会で覚えるべき計算と仕訳がすべてつまった1冊!

■1級 商・会

『究極の会計学理論集』

B6変型判

● 会計学の理論問題を論点別に整理、手軽なサイズが便利です。

■1級 商・会、全経上級

『カンタン電卓操作術』

A5変型判　TAC電卓研究会 編

● 実践的な電卓の操作方法について、丁寧に説明します!

:ネット試験の演習ができる模擬試験プログラムつき (2級・3級)

:スマホで使える仕訳Webアプリつき (2級・3級)

・2024年2月現在　・刊行内容、表紙等は変更することがあります　・とくに記述がある商品以外は、TAC簿記検定講座編です

書籍の正誤に関するご確認とお問合せについて

書籍の記載内容に誤りではないかと思われる箇所がございましたら、以下の手順にてご確認とお問合せをしてくださいますよう、お願い申し上げます。
なお、正誤のお問合せ以外の**書籍内容に関する解説および受験指導などは、一切行っておりません。**
そのようなお問合せにつきましては、お答えいたしかねますので、あらかじめご了承ください。

1 「Cyber Book Store」にて正誤表を確認する

TAC出版書籍販売サイト「Cyber Book Store」のトップページ内「正誤表」コーナーにて、正誤表をご確認ください。

CYBER BOOK STORE TAC出版書籍販売サイト

URL:https://bookstore.tac-school.co.jp/

2 1の正誤表がない、あるいは正誤表に該当箇所の記載がない ⇒ 下記①、②のどちらかの方法で文書にて問合せをする

★ご注意ください★

お電話でのお問合せは、お受けいたしません。
①、②のどちらの方法でも、お問合せの際には、「お名前」とともに、
「対象の書籍名(○級・第○回対策も含む)およびその版数(第○版・○○年度版など)」
「お問合せ該当箇所の頁数と行数」
「誤りと思われる記載」
「正しいとお考えになる記載とその根拠」
を明記してください。
なお、回答までに1週間前後を要する場合もございます。あらかじめご了承ください。

① ウェブページ「Cyber Book Store」内の「お問合せフォーム」より問合せをする

【お問合せフォームアドレス】

https://bookstore.tac-school.co.jp/inquiry/

② メールにより問合せをする

【メール宛先 TAC出版】

syuppan-h@tac-school.co.jp

※土日祝日はお問合せ対応をおこなっておりません。
※正誤のお問合せ対応は、該当書籍の改訂版刊行月末日までといたします。

乱丁・落丁による交換は、該当書籍の改訂版刊行月末日までといたします。なお、書籍の在庫状況等により、お受けできない場合もございます。
また、各種本試験の実施の延期、中止を理由とした本書の返品はお受けいたしません。返金もいたしかねますので、あらかじめご了承くださいますようお願い申し上げます。

TACにおける個人情報の取り扱いについて
■お預かりした個人情報は、TAC(株)で管理させていただき、お問合せへの対応、当社の記録保管にのみ利用いたします。お客様の同意なしに業務委託先以外の第三者に開示、提供することはございません(法令等により開示を求められた場合を除く)。その他、個人情報保護管理者、お預かりした個人情報の開示等及びTAC(株)への個人情報の提供の任意性については、当社ホームページ(https://www.tac-school.co.jp)をご覧いただくか、個人情報に関するお問い合わせ窓口(E-mail:privacy@tac-school.co.jp)までお問合せください。

(2022年7月現在)

解答解説

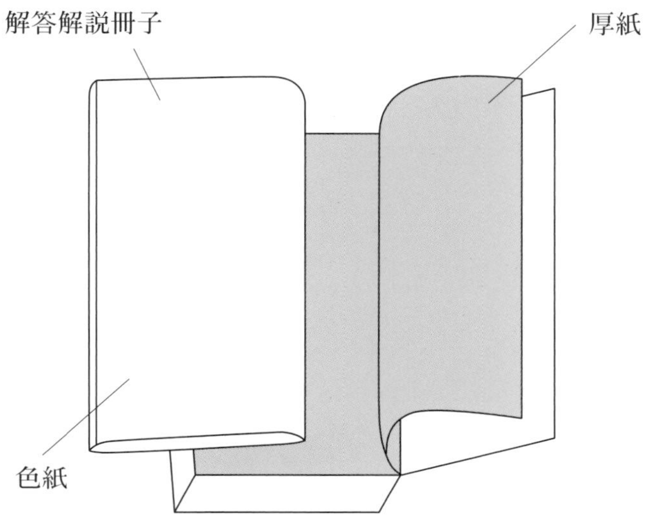

〈解答編ご利用時の注意〉

厚紙から，冊子を取り外します。

※　冊子と厚紙が，のりで接着されています。乱暴に扱いますと，破損する危険性がありますので，丁寧に抜き取るようにしてください。

※　抜き取る際の損傷についてのお取替えはご遠慮願います。

解答編

合格トレーニング

日商簿記 2 級 工業簿記

CONTENTS

解答編

Theme 01 工業簿記の基礎

問題1-1

①〔1〕工場の工員に対する賃金
②〔1〕工場で使用した電話料金
③〔3〕本社の電気代，ガス代，水道代
④〔1〕工場建物の減価償却費
⑤〔1〕製品の原料消費額
⑥〔2〕営業所の電気代，ガス代，水道代
⑦〔3〕本社の従業員の給料
⑧〔2〕新製品発表会の費用
⑨〔3〕本社の企画部費
⑩〔1〕製品の素材消費額
⑪〔3〕本社建物の減価償却費
⑫〔2〕営業所の従業員の給料
⑬〔1〕工場長の給料
⑭〔1〕工場の電気代，ガス代，水道代
⑮〔2〕営業所建物の減価償却費

解答への道

工企業において発生した「費用」は以下のように分類されます。

・製品を製造するためにかかった費用
　→製造原価
・製品を販売するためにかかった費用
　→販売費
・営業活動に関する費用のうち販売費以外のもの
　→一般管理費
・上記以外の費用→非原価項目

なお，原価の分類をするうえで，以下の用語がキーワードとなります。

原価項目の分類（キーワード）

製造原価：製造，工場，工員など
販売費：販売，営業所など
一般管理費：本社，企画，管理など

Theme

02 工業簿記の勘定連絡

問題2-1

材　　料

(1)買掛金　(　57,000)	(2)諸　口　(　57,000)

賃　　金

(3)現　金　(　70,000)	(4)諸　口　(　70,000)

経　　費

(5)当座預金　(　23,000)	(6)諸　口　(　23,000)

製　　品

(8)仕掛品　(　126,000)	(9)売上原価　(　126,000)

月次損益

(10)売上原価　(　126,000)	(10)売　上　(　210,000)

仕　掛　品

(2)材　料　(　40,000)	(8)製　品　(　126,000)
(4)賃　金　(　50,000)	
(6)経　費　(　5,000)	
(7)製造間接費　(　55,000)	

製造間接費

(2)材　料　(　17,000)	(7)仕掛品　(　55,000)
(4)賃　金　(　20,000)	
(6)経　費　(　18,000)	

売上原価

(9)製　品　(　126,000)	(10)月次損益　(　126,000)

売　　上

(10)月次損益　(　210,000)	(9)売掛金　(　210,000)

	借方科目	金　額	貸方科目	金　額
(1)	材　料	57,000	買掛金	57,000
(2)	仕掛品 製造間接費	40,000 17,000	材　料	57,000
(3)	賃　金	70,000	現　金	70,000
(4)	仕掛品 製造間接費	50,000 20,000	賃　金	70,000
(5)	経　費	23,000	当座預金	23,000
(6)	仕掛品 製造間接費	5,000 18,000	経　費	23,000
(7)	仕掛品	55,000	製造間接費	55,000
(8)	製　品	126,000	仕掛品	126,000
(9)	売掛金 売上原価	210,000 126,000	売　上 製　品	210,000 126,000
(10)	売　上 月次損益	210,000 126,000	月次損益 売上原価	210,000 126,000

解答への道

製造原価の記録・計算は「勘定連絡図」を前提に行われます。そのため，工業簿記の学習は，まず，基本的な勘定連絡図の記入をマスターする必要があります。本問は，個別原価計算を前提とした勘定連絡図です。

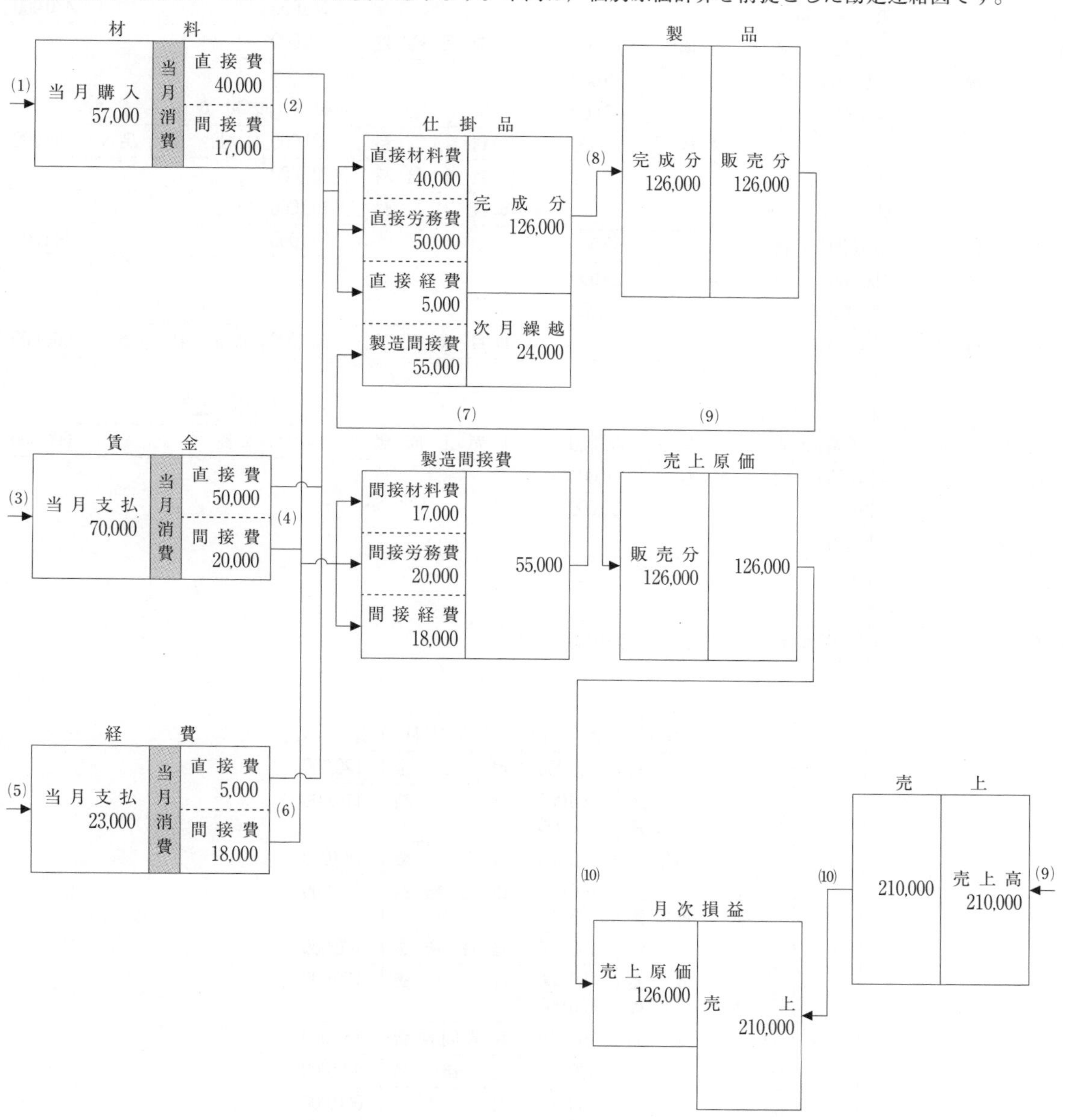

問題2-2

材　料

借方	金額	貸方	金額
前月繰越	20,000	(2)諸口	110,000
(1)現金	120,000	次月繰越	30,000
	140,000		140,000
前月繰越	30,000		

賃金給料

借方	金額	貸方	金額
(3)現金	180,000	前月繰越	10,000
次月繰越	5,000	(4)諸口	175,000
	185,000		185,000
		前月繰越	5,000

経　費

借方	金額	貸方	金額
前月繰越	18,000	(6)諸口	150,000
(5)当座預金	160,000	次月繰越	28,000
	178,000		178,000
前月繰越	28,000		

製　品

借方	金額	貸方	金額
前月繰越	30,000	(9)売上原価	360,000
(8)仕掛品	400,000	次月繰越	70,000
	430,000		430,000
前月繰越	70,000		

売上原価

借方	金額	貸方	金額
(9)製品	360,000	(10)月次損益	360,000

仕掛品

借方	金額	貸方	金額
前月繰越	35,000	(8)製品	400,000
(2)材料	80,000	次月繰越	70,000
(4)賃金給料	140,000		
(6)経費	50,000		
(7)製造間接費	165,000		
	470,000		470,000
前月繰越	70,000		

製造間接費

借方	金額	貸方	金額
(2)材料	30,000	(7)仕掛品	165,000
(4)賃金給料	35,000		
(6)経費	100,000		
	165,000		165,000

売　上

借方	金額	貸方	金額
(10)月次損益	600,000	(9)売掛金	600,000

月次損益

借方	金額	貸方	金額
(10)売上原価	360,000	(10)売上	600,000

	借方科目	金額	貸方科目	金額
(1)	材料	120,000	現金	120,000
(2)	仕掛品 製造間接費	80,000 30,000	材料	110,000
(3)	賃金給料	180,000	現金	180,000
(4)	仕掛品 製造間接費	140,000 35,000	賃金給料	175,000
(5)	経費	160,000	当座預金	160,000
(6)	仕掛品 製造間接費	50,000 100,000	経費	150,000
(7)	仕掛品	165,000	製造間接費	165,000
(8)	製品	400,000	仕掛品	400,000
(9)	売掛金 売上原価	600,000 360,000	売上 製品	600,000 360,000
(10)	売上 月次損益	600,000 360,000	月次損益 売上原価	600,000 360,000

解答への道

前問と同じく個別原価計算を前提とした勘定連絡図です。「次期繰越」の記入，および「勘定の締め切り」の記入を確認してください。

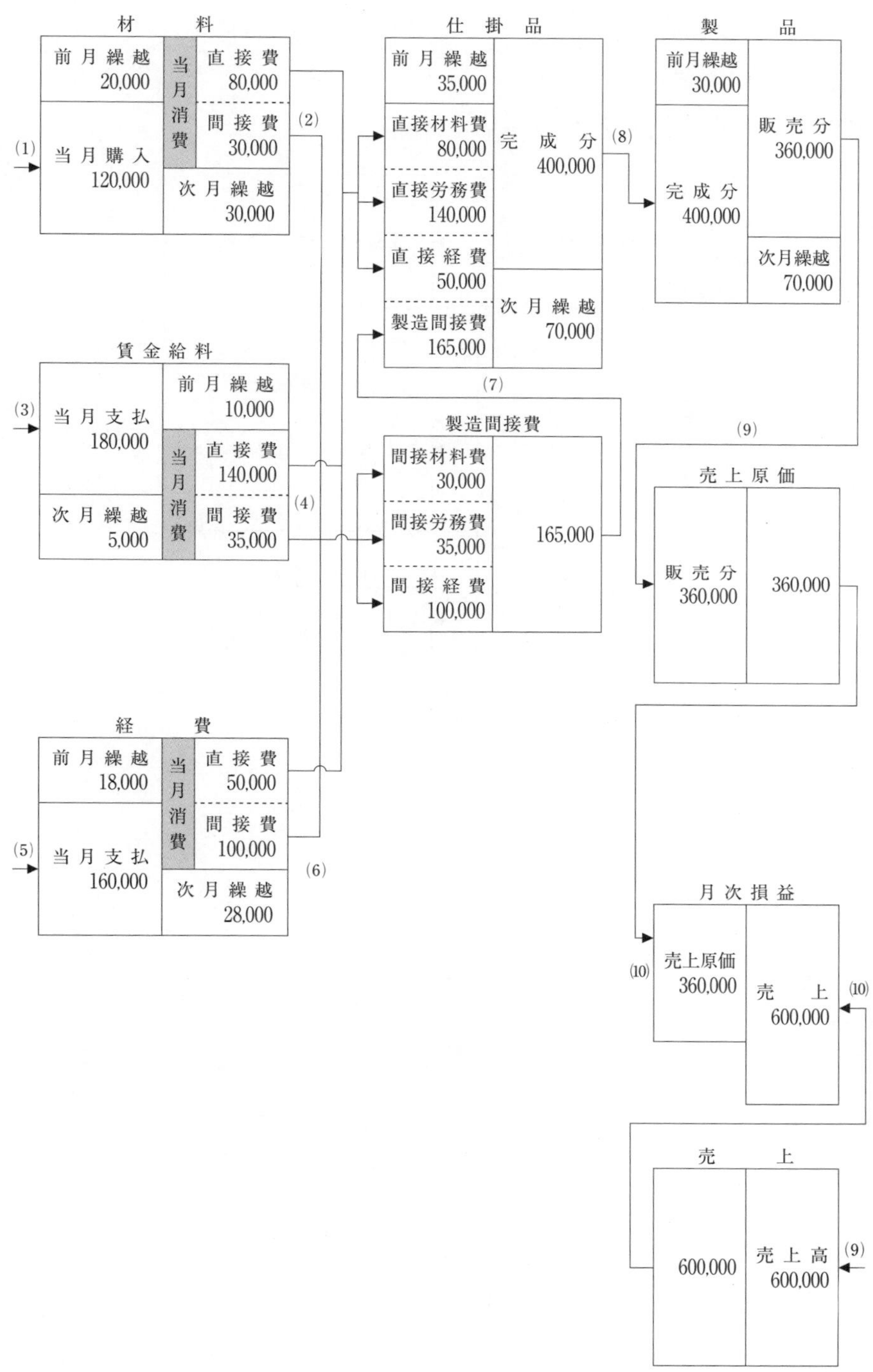

問題2-3

①	f	②	i	③	a	④	g	⑤	h
⑥	e	⑦	d	⑧	b	⑨	c	⑩	j

解答への道

以下に示した，勘定連絡図の内容を確認してください。

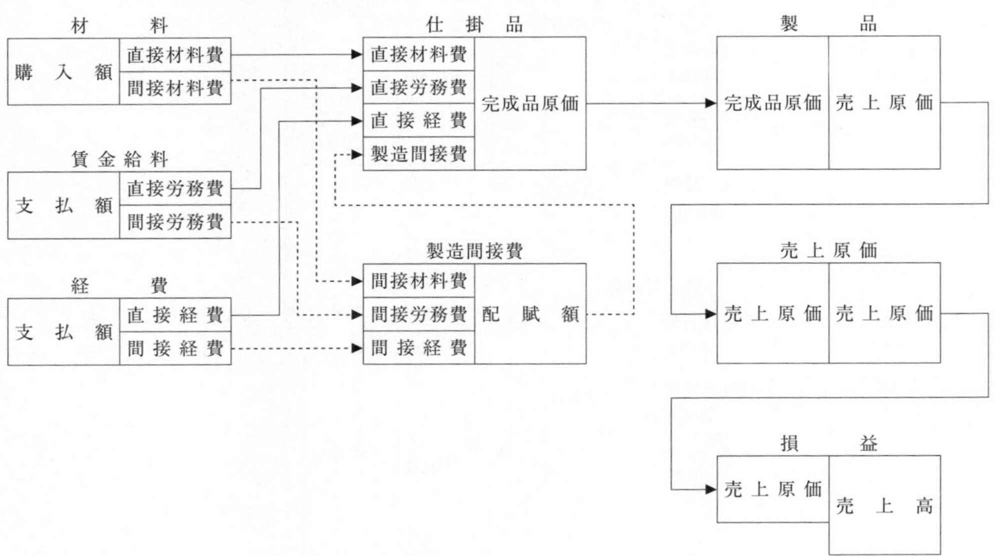

Theme 03 材料費(Ⅰ)

問題3-1

直接材料費 ② ④ ⑥

間接材料費 ① ③ ⑤

解答への道

材料費の分類を確認しましょう。特定の製品に対してどれくらい消費されたかが個別に把握できる材料費が直接材料費，できない材料費が間接材料費となりますが，一般的に以下のように分類されます。

直接材料費：主要材料費，買入部品費

間接材料費：補助材料費，工場消耗品費，消耗工具器具備品費

問題3-2

①〔1〕製品にそのまま取り付ける部品の消費額
②〔2〕工場で使用するドライバーや測定器具などの作業工具・器具
③〔2〕製造用の切削油，機械油などの消費額
④〔1〕製品の本体を構成する素材の消費額
⑤〔2〕工場で利用する黒板，机，椅子
⑥〔2〕工場で使用する燃料の消費額
⑦〔2〕工場で使用する電球や蛍光灯
⑧〔2〕補修用鋼材の消費額
⑨〔2〕工員が製造用に使用する作業服や軍手
⑩〔1〕製品を製造するための原料の消費額

解答への道

①〔1〕買入部品費
②〔2〕消耗工具器具備品費
③〔2〕工場消耗品費
④〔1〕主要材料費
⑤〔2〕消耗工具器具備品費
⑥〔2〕補助材料費
⑦〔2〕工場消耗品費
⑧〔2〕補助材料費
⑨〔2〕工場消耗品費
⑩〔1〕主要材料費

問題3-3

材料

日付	摘要	金額	日付	摘要	金額
5/1	前月繰越	246,000	5/28	買掛金	30,000
2	買掛金	750,000			
11	諸口	454,000			
19	買掛金	180,000			

	借方科目	金額	貸方科目	金額
5/2	材料	750,000	買掛金	750,000
5/11	材料	454,000	買掛金	450,000
			現金	4,000
5/19	材料	180,000	買掛金	180,000
5/28	買掛金	30,000	材料	30,000

解答への道

材料を購入したときは，その「購入原価」をもって記録します。

購入原価＝購入代価＋材料副費

1．購入原価の算定

5/2　A材料：@300円×2,500kg＝750,000円

5/11　B材料：@900円×500kg＋4,000円
＝454,000円

5/19　C材料：@150円×1,200kg＝180,000円

2．材料の返品

材料を返品したときは，購入時の仕訳を取り消すため，貸借逆仕訳を行います。

Theme 04 材料費（Ⅱ）

問題4-1

直接材料費 735,000 円

間接材料費 175,000 円

解答への道

基本的な材料費の計算を確認しましょう。

直接材料費：甲製品・乙製品の製造のために消費した分
　@350円×(1,200個＋900個)＝735,000円

間接材料費：各製品の製造のために共通して消費した分
　@350円×500個＝175,000円

問題4-2

月間消費額 170,000 円　帳簿棚卸高 30,000 円

材　料

前月繰越	(20,000)	仕掛品	(170,000)
当月購入	(180,000)	次月繰越	(30,000)
	(200,000)		(200,000)

解答への道

継続記録法による材料費の計算を確認しましょう。継続記録法は主要材料費および買入部品費の計算に多く用いられます。

消費数量＝帳簿に記入された払出数量

月間消費額：@200円×850kg＝170,000円

帳簿棚卸高：@200円×(100kg＋900kg－850kg)（帳簿棚卸数量）
　＝30,000円

問題4-3

月間消費額 57,000 円

材　料

前月繰越	(7,500)	製造間接費	(57,000)
当月購入	(60,000)	次月繰越	(10,500)
	(67,500)		(67,500)

解答への道

棚卸計算法による材料費の計算を確認しましょう。棚卸計算法は補助材料費の計算に多く用いられます。

当月消費数量＝(月初数量＋当月購入数量)
　－月末実地数量

月間消費額：@150円×(50kg＋400kg－70kg)（当月消費数量）
　＝57,000円

問題4-4

(1) 先入先出法 764,000 円

(2) 平　均　法 770,000 円

解答への道

先入先出法と平均法による実際消費単価の計算を確認しましょう。

(1) 先入先出法

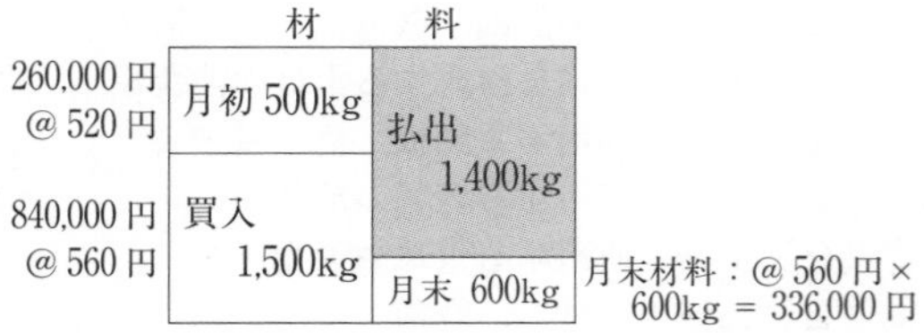

材　料

	借方	貸方
260,000円 @520円	月初 500kg	払出 1,400kg
840,000円 @560円	買入 1,500kg	
		月末 600kg

月末材料：@560円×600kg＝336,000円

当月消費額：(260,000円＋840,000円)－336,000円＝764,000円

(2) 平均法

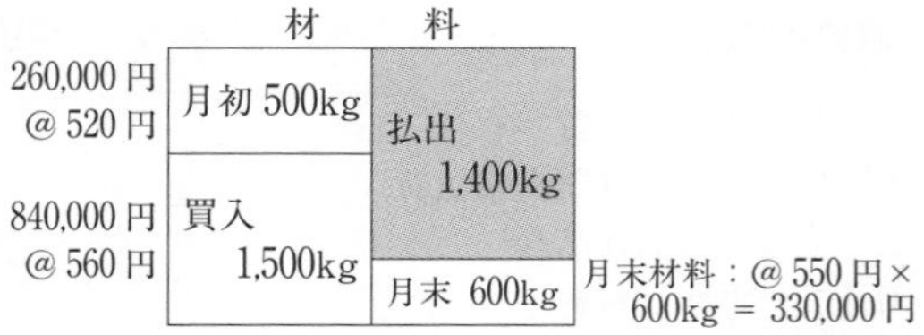

材　料

	借方	貸方
260,000円 @520円	月初 500kg	払出 1,400kg
840,000円 @560円	買入 1,500kg	
		月末 600kg

月末材料：@550円×600kg＝330,000円

当月消費額：(260,000円＋840,000円)－330,000円＝770,000円

※平均単価(260,000円＋840,000円)÷2,000kg＝@550円

問題4-5

材　料　元　帳

先入先出法　　A 原料　　（単位：kg または円）

日付		摘　要	受入 数量	受入 単価	受入 金額	払出 数量	払出 単価	払出 金額	残高 数量	残高 単価	残高 金額
10	1	前月繰越	200	50	10,000				200	50	10,000
	9	消　費				150	50	7,500	50	50	2,500
	16	仕　入	800	52	41,600				｛ 50	50	2,500
									｛ 800	52	41,600
	26	消　費				｛ 50	50	2,500			
						｛ 650	52	33,800	150	52	7,800
	31	次月繰越				150	52	7,800			
			1,000		51,600	1,000		51,600			

当月消費高 [43,800 円]　　帳簿棚卸高 [7,800 円]

解答への道

材料元帳の記入を確認しましょう。3級で学習した商品有高帳と同じ要領で記入します。

1．当月消費高：払出欄に記入された合計額（次月繰越を除く）
　7,500円＋2,500円＋33,800円
　＝43,800円

2．帳簿棚卸高：月末時点（本問の場合26日時点）の残高欄。なお，以下の計算により算出することもできます。
　10,000円＋41,600円－43,800円
　＝7,800円

問題4-6

直接材料費	225,000 円
間接材料費	67,500 円
材料消費価格差異	（借）15,500 円

材　料

前月繰越	44,000	仕掛品	（ 225,000）
当月購入	336,000	製造間接費	（ 67,500）
		原価差異	（ 15,500）
		次月繰越	（ 72,000）
	380,000		（ 380,000）

材料消費価格差異

材料	（ 15,500）	材料	（ — ）

解答への道

予定価格法による材料費の計算を確認しましょう。予定価格法の場合，予定消費単価に実際消費量を乗じて材料費（予定消費額）を算出します。

(1)　直接材料費：@450円×500個＝225,000円

(2)　間接材料費：@450円×150個＝ 67,500円

(3)　材料消費価格差異

①　予定消費額：@450円×650個＝292,500円

②　実際消費額

材　料（先入先出法）

	借方	貸方		
44,000 円	前月繰越 @440 円 100 個	当月消費	直接 500 個	380,000 円－72,000 円 ＝308,000 円
			間接 150 個	
336,000 円	当月購入高 @480 円 700 個	次月繰越 150 個		→@480 円×150 個 ＝72,000 円

③　材料消費価格差異：292,500円（予定）－308,000円（実際）
＝△15,500円（借方差異）

問題4-7

材　料

前月繰越	37,200	諸口	169,000
買掛金	160,800	材料消費価格差異	2,600

材料消費価格差異

材料	2,600		

仕　掛　品

材料	143,000		

製造間接費

材料	26,000		

	借方科目	金　額	貸方科目	金　額
(1)	仕　掛　品	143,000	材　　料	169,000
	製造間接費	26,000		
(2)	仕　訳　な　し			
(3)	材料消費価格差異	2,600	材　　料	2,600

解答への道

予定価格法による材料費の仕訳と勘定記入を確認しましょう。

(1)　材料の消費

直接材料費：@65円×2,200kg＝143,000円

→仕掛品勘定へ

間接材料費：@65円×400kg＝ 26,000円

→製造間接費勘定へ

(2)　実際消費額の計算

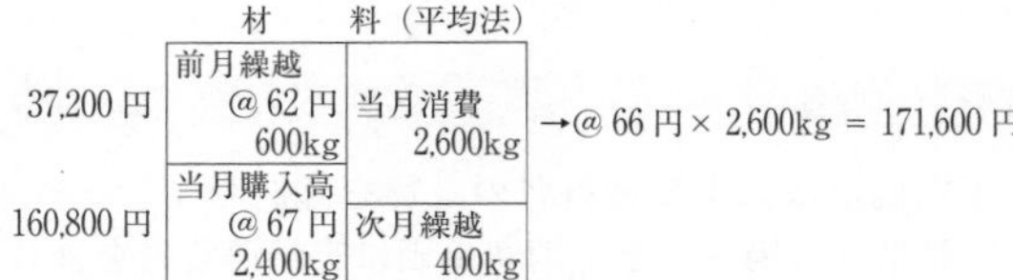

平均単価（37,200円＋160,800円）÷3,000kg＝@66円

(3)　差異の計上

材料消費価格差異：169,000円－171,600円
（予定）（実際）

＝△2,600円（借方差異）

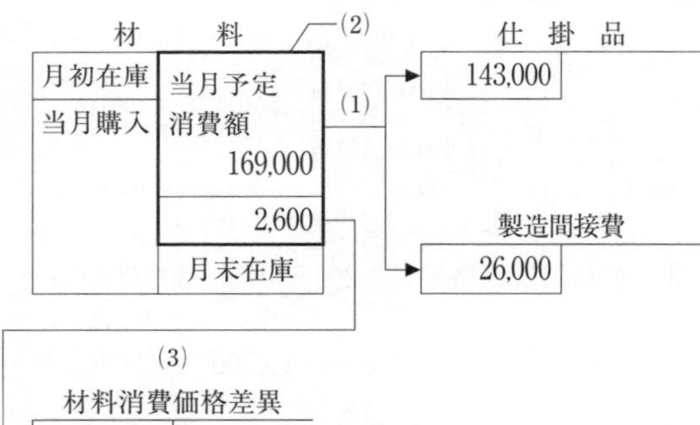

問題4-8

月間消費額　400,000円

棚卸減耗費　20,000円

解答への道

材料費および材料の棚卸減耗費の計算を確認しましょう。

棚卸減耗費：帳簿棚卸高－実地棚卸高

または，

実際単価×（帳簿棚卸数量－実地棚卸数量）

1．当月消費高：@400円×1,000kg＝400,000円

2．月末帳簿数量：200kg＋1,200kg－1,000kg＝400kg

3．棚卸減耗費：@400円×（400kg－350kg）

＝20,000円

材　　料

	借方	貸方	
80,000円 @400円	月初 200kg	月間払出 1,000kg	月間消費額：@400円 ×1,000kg＝400,000円
480,000円 @400円	月間買入 1,200kg	減耗　50kg	棚卸減耗費：@400円 ×50kg＝20,000円
		月末 350kg	

問題4-9

		借方科目	金　額	貸方科目	金　額
1	(1)	仕　掛　品	33,600	材　　料	33,600
	(2)	製造間接費	960	材　　料	960
2	(1)	仕　掛　品	286,400	材　　料	286,400
	(2)	製造間接費	180	材　　料	180

解答への道

材料の払い出しと棚卸減耗の仕訳を確認しましょう。なお，主要材料および直接材料の消費額はともに直接材料費として仕掛品に振り替えます。また，材料の棚卸減耗費は間接経費として製造間接費に振り替えます。

1.

材　料　Z（平均法）

借方	貸方	
月初有高 @200円 40個	月間消費高 140個	(1)材料払出 $\frac{@200円×40個＋@250円×160個}{40個＋160個}$＝@240円 @240円×140個＝33,600円
月間買入高 @250円 160個	帳簿60個 減耗　4個 実地　56個	(2)減耗処理 @240円×4個＝960円

2.

直接材料（先入先出法）

借方	貸方	
月初在庫 @160円 80kg	月間消費高 1,600kg	(1)材料払出 @160円×80kg ＋@180円×1,520kg＝286,400円
月間買入高 @180円 1,560kg	帳簿40kg 減耗　1kg 実地　39kg	(2)減耗処理 @180円×1kg＝180円

問題4-10

	借方科目	金　額	貸方科目	金　額
(1)	材　　料	585,250	買　掛　金	580,250
			当　座　預　金	5,000
(2)	買　掛　金	3,250	材　　料	3,250
(3)	仕　掛　品	494,000	材　　料	494,000
(4)	製造間接費	119,250	材　　料	119,250
(5)	材　　料	13,000	材料消費価格差異	13,000

解答への道

材料費に関する応用問題です。主要材料Aと補助材料Bを区別して材料費の計算および仕訳を考える必要があります。

	主要材料A	補助材料B
払出数量の計算	継続記録法	棚卸計算法
予定価格法	○	×
実際消費額の計算	平均法	先入先出法
消費額の分類	直接材料費	間接材料費

(1) 材料の購入

材料の購入原価をもって，材料勘定の借方に記入します。

主要材料A：@184円×2,500kg＋5,000円
＝465,000円

補助材料B：@65円×1,850kg＝120,250円

材料の購入原価：465,000円＋120,250円
＝585,250円

(2) 材料の返品

返品した材料の金額を材料勘定の貸方に記入します。

補助材料Bの返品額：@65円×50kg＝3,250円

(3) 主要材料Aの消費

予定消費額をもって，材料勘定から仕掛品勘定に振り替えます。なお，主要材料の消費額は，原則として直接材料費として処理します。

主要材料Aの予定消費額：@190円×2,600kg
＝494,000円

(4) 実際消費額の計算と処理

① 主要材料A（平均法）

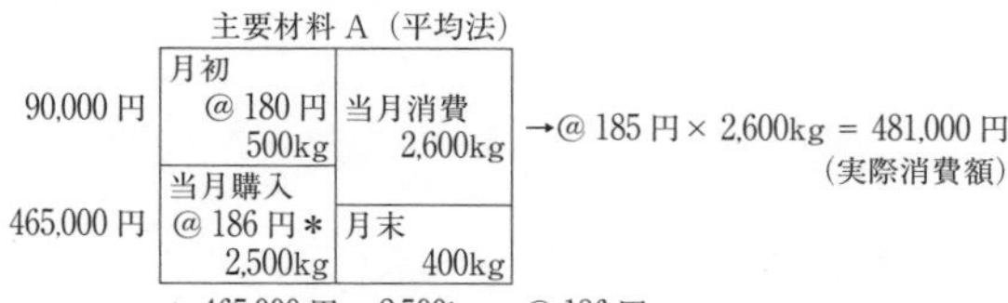

平均単価：(90,000円＋465,000円)÷(500kg＋2,500kg)＝@185円

主要材料Aは(3)で予定消費額をもって材料費を処理しているため，「仕訳なし」となります。

② 補助材料B（先入先出法）

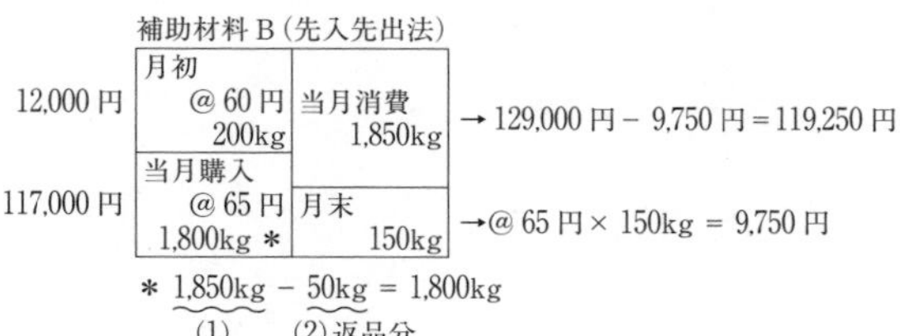

補助材料には予定価格法が適用されないため，その実際消費額をもって材料勘定から製造間接費勘定へ振り替えます。なお，補助材料の消費額は，原則として間接材料費として処理します。

(5) 原価差異（材料消費価格差異）の計上

主要材料Aについて，材料消費価格差異を計算し，材料勘定から材料消費価格差異勘定へ振り替えます。

材料消費価格差異：494,000円（予定）－481,000円（実際）
＝13,000円（貸方差異）

問題4-11

	借方科目	金額	貸方科目	金額
4/7	材料	241,900	買掛金	230,000
			当座預金	5,000
			内部材料副費	6,900
4/16	材料	23,460	買掛金	22,800
			内部材料副費	660
4/18	仕掛品	193,520	材料	193,520
4/23	製造間接費	18,768	材料	18,768
4/30	材料副費配賦差異	440	内部材料副費	440

解答への道

内部材料副費を予定配賦した場合の処理を確認しましょう。

4/7　材料の購入代価の3％が内部材料副費として材料の購入原価に加算（予定配賦）されます。ここで，購入した材料の単価にも副費が含まれることに注意してください。

230,000円×3％＝6,900円

(230,000円＋5,000円＋6,900円)÷1,000kg＝241.9円/kg

4/16　22,000円×3％＝660円

(22,000円＋800円＋660円)÷200個＝117.3円/個

4/18　800kg×241.9円/kg＝193,520円

4/23　160個×117.3円/個＝18,768円

4/30　(6,900円＋660円)－8,000円＝△440円(借方差異)

Theme 05 労務費（Ⅰ）

問題5-1

直接労務費	⑦
間接労務費	①②③④⑤⑥⑧⑨

解答への道

労務費の分類を確認しましょう。特定の製品に対してどれくらい消費されたが個別に把握できる労務費が直接労務費，そうでない労務費が間接労務費となります。

労務費の場合，「直接工」の「直接作業時間賃金」のみが直接労務費となります。その他の賃金，給料，賞与等はすべて間接労務費となります。

問題5-2

①〔 2 〕工員の社会保険料の会社負担分
②〔 2 〕製造関係の事務職員給料
③〔 2 〕工場の修理工賃金
④〔 1 〕直接工が行う直接作業時間分の賃金
⑤〔 2 〕工場倉庫係の賃金
⑥〔 2 〕直接工が行う間接作業時間分の賃金
⑦〔 2 〕工員の退職給付費用
⑧〔 2 〕工場従業員の通勤手当などの諸手当
⑨〔 2 〕直接工の手待時間分の賃金
⑩〔 2 〕工場長の給料

解答への道

①〔 2 〕法定福利費
②〔 2 〕給料
③〔 2 〕間接工賃金
④〔 1 〕直接工の直接作業賃金
⑤〔 2 〕間接工賃金
⑥〔 2 〕直接工の間接作業賃金
⑦〔 2 〕退職給付費用
⑧〔 2 〕従業員賞与手当
⑨〔 2 〕直接工の手待賃金
⑩〔 2 〕給料

問題5-3

借方科目	金　額	貸方科目	金　額
賃金給料	1,200,000	現　　金	1,032,000
		預 り 金	168,000

解答への道

賃金や給料を支払ったときの仕訳を確認しましょう。なお，「賃金給料」には総額1,200,000円をもって計上し，所得税120,000円および社会保険料48,000円の源泉徴収分は「預り金」に計上します。

Theme 06 労務費（Ⅱ）

問題6-1

当月賃金給料消費額（要支払額） 1,550,000 円

解答への道

賃金等の消費額（要支払額）の計算を確認しましょう。

賃金等の消費額（要支払額）
＝当月支払額－前月未払額＋当月未払額

賃金給料

借方	貸方
当月支払額 1,500,000	前月未払 280,000
	当月消費額（要支払額） 1,550,000
当月未払 330,000	

問題6-2

賃　　金

(2)諸　　口	1,300,000	(1)未払賃金	370,000
(4)未払賃金	420,000	(3)諸　　口	1,350,000
	1,720,000		1,720,000

未払賃金

(1)賃　　金	370,000	前月繰越	370,000
次月繰越	420,000	(4)賃　　金	420,000
	790,000		790,000
		前月繰越	420,000

	借方科目	金　額	貸方科目	金　額
(1)	未払賃金	370,000	賃　　金	370,000
(2)	賃　　金	1,300,000	現　　金	1,202,000
			預 り 金	98,000
(3)	仕 掛 品	1,125,000	賃　　金	1,350,000
	製造間接費	225,000		
(4)	賃　　金	420,000	未払賃金	420,000

解答への道

賃金の未払額に関する処理を確認しましょう。賃金の未払額を未払賃金勘定で処理する場合，月初に前月未払額を未払賃金勘定から賃金勘定へ振り替え，月末に当月未払額を賃金勘定から未払賃金勘定へ振り替えます。したがって，賃金の未払額は未払賃金勘定で次月へ繰り越すことになります。

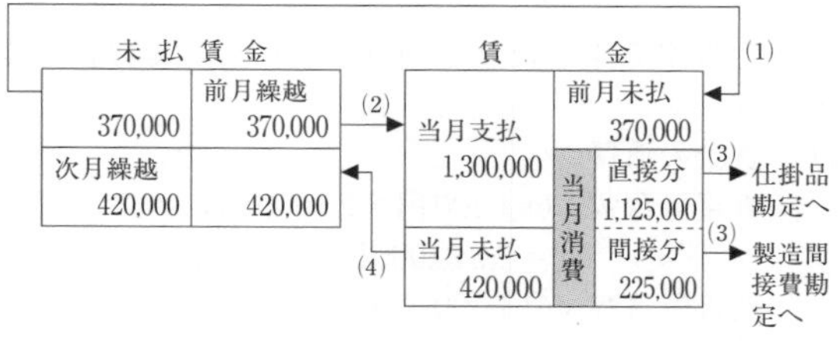

問題6-3

直接労務費 1,020,000 円

間接労務費 480,000 円

賃率差異 （借）25,000 円

解答への道

予定賃率を用いた場合の労務費の計算を確認しましょう。

(1) 直接労務費：@600円×1,700時間＝1,020,000円

(2) 間接労務費：@600円×（600時間＋200時間）
＝480,000円

(3) 賃率差異

① 予定消費額：1,020,000円＋480,000円＝1,500,000円

② 実際消費額

賃　金

借方	貸方
当月支払額 1,480,000	前月未払額 185,000
	当月実際消費額 1,525,000
当月未払額 230,000	

③ 賃率差異：1,500,000円（予定）－1,525,000円（実際）
＝△25,000円（借方差異）

問題6-4

	借方科目	金　額	貸方科目	金　額
(1)	仕　掛　品	2,940,000	賃　金　給　料	3,500,000
	製造間接費	560,000		
(2)	賃　金　給　料	40,000	賃　率　差　異	40,000

解答への道

予定賃率を用いた場合の労務費の計算を確認しましょう。

(1)　賃金の消費

直接労務費：@1,400円×2,100時間
　　= 2,940,000円→仕掛品勘定へ

間接労務費：@1,400円×400時間
　　= 560,000円→製造間接費勘定へ

(2)　差異の計上

実際消費額：3,423,000円－72,000円＋109,000円
　　= 3,460,000円

賃率差異：3,500,000円（予定）－3,460,000円（実際）
　　= 40,000円（貸方差異）

問題6-5

賃　金

(2)諸　　口	1,100,000	(1)未払賃金	280,000
(6)未払賃金	210,000	(3)諸　　口	1,010,000
		(5)賃率差異	20,000
	1,310,000		1,310,000

未払賃金

(1)賃　　金	280,000	前月繰越	280,000
次月繰越	210,000	(6)賃　　金	210,000
	490,000		490,000
		前月繰越	210,000

	借方科目	金　額	貸方科目	金　額
(1)	未払賃金	280,000	賃　　金	280,000
(2)	賃　　金	1,100,000	当座預金	935,000
			預　り　金	165,000
(3)	仕　掛　品	820,000	賃　　金	1,010,000
	製造間接費	190,000		
(4)	仕訳なし			
(5)	賃率差異	20,000	賃　　金	20,000
(6)	賃　　金	210,000	未払賃金	210,000

解答への道

予定賃率を用いた場合の労務費の勘定記入と仕訳を確認しましょう。なお，月末における賃金の未払額は未払賃金勘定に振り替えます。

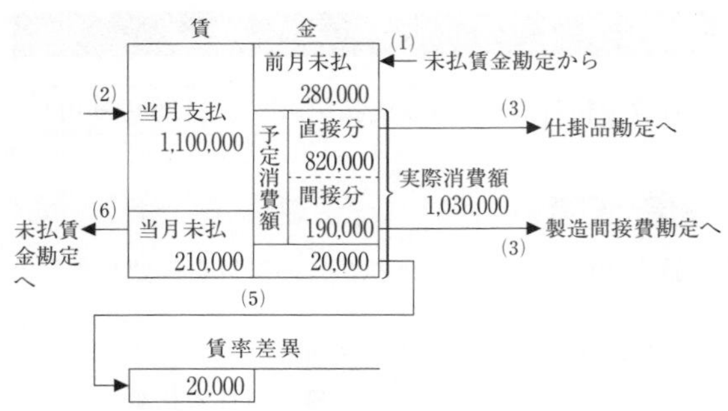

問題6-6

賃金給料　（単位：千円）

当月支払	(415)	前月繰越	(22)
原価差異	(2)	仕　掛　品	(396)
次月繰越	(25)	製造間接費	(24)
	(442)		(442)

賃率差異　（単位：千円）

賃金給料	(－)	賃金給料	(2)

（単位：千円）

	借方科目	金　額	貸方科目	金　額
(1)	仕　掛　品	396	賃　金　給　料	420
	製造間接費	24		
(2)	賃　金　給　料	415	当　座　預　金	400
			預　り　金	15
(3)	賃　金　給　料	2	賃　率　差　異	2

解答への道

予定賃率を用いた場合の労務費の勘定記入と仕訳を確認しましょう。なお，未払賃金の処理に注意してください。賃金の未払額は賃金給料勘定で繰越記入しているため，未払賃金勘定に振り替える必要はありません。

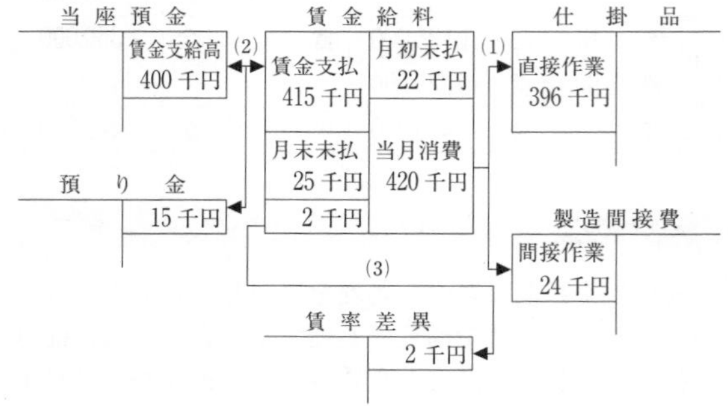

Theme 07 経　費

問題7-1

直接経費　④⑧

間接経費　①②③⑤⑥⑦⑨

解答への道

経費の分類を確認しましょう。特定の製品に対してどれくらい消費されたかが個別に把握できる経費が直接経費，できない経費が間接経費となります。

なお，経費にはさまざまなものが含まれるため，学習上，「外注加工賃」および「特許権使用料」を直接経費として分類し，その他のものを間接経費として分類します。

問題7-2

①〔 2 〕材料の棚卸減耗費
②〔 1 〕製品Ｔの生産に対する特許権使用料
③〔 2 〕工場の電気代，ガス代，水道代
④〔 2 〕工場設備の減価償却費
⑤〔 2 〕工場付設の社員食堂の会社負担額
⑥〔 2 〕工場建物の損害保険料
⑦〔 1 〕製品Ｙのメッキ加工を外注して支払う外注加工賃
⑧〔 2 〕工場の運動会費
⑨〔 2 〕工員用社宅，託児所の会社負担額
⑩〔 2 〕工場の固定資産税
⑪〔 2 〕工場従業員のための茶道，華道講師料
⑫〔 2 〕工員募集費
⑬〔 2 〕工員が利用する福利厚生施設に対する会社負担額
⑭〔 2 〕工場の電話料金などの通信費
⑮〔 2 〕工場機械の修繕費

問題7-3

(1) 外注加工賃　530,000 円
(2) 旅費交通費　98,000 円
(3) 保管料　111,100 円

解答への道

支払経費に関する消費額の計算を確認しましょう。支払経費は当月の「支払額」に対して，「未払額」および「前払額」を調整して消費額を算出します。

・未払額の調整（外注加工賃）
　消費額＝当月支払額－前月未払額＋当月未払額
・前払額の調整（旅費交通費，保管料）
　消費額＝当月支払額＋前月前払額－当月前払額

(1) 外注加工賃
　560,000円（当月支払）－90,000円（前月未払）＋60,000円（当月未払）＝530,000円

(2) 旅費交通費
　100,000円（当月支払）＋10,600円（前月前払）－12,600円（当月前払）＝98,000円

(3) 保管料
　108,000円（当月支払）＋15,400円（前月前払）－12,300円（当月前払）＝111,100円

問題7-4

(1) 減価償却費　140,000 円
(2) 保険料　7,500 円

解答への道

月割経費に関する消費額の計算を確認しましょう。

(1) 減価償却費
　1,680,000円÷12か月＝140,000円

(2) 保険料
　90,000円÷12か月＝7,500円

問題7-5

(1) 電力料　198,000 円
(2) ガス代　92,000 円
(3) 水道料　110,000 円

解答への道

測定経費に関する消費額の計算を確認しましょう。

(1) 電力料
　測定額を当月消費額とします。

(2) ガス代
　20,000円＋@15円×4,800㎥＝92,000円

(3) 水道料
　32,000円＋@12円×(8,600㎥－2,100㎥)＝110,000円

問題7-6

経 費 仕 訳 帳

×2年		摘 要	科 目	消費額	仕掛品	製 造 間接費
6	30	支払経費	修 繕 費	(5,500)		(5,500)
	〃	〃	外注加工賃	(5,500)	(5,500)	
	〃	月割経費	保 険 料	(5,000)		(5,000)
	〃	〃	減価償却費	(4,000)		(4,000)
	〃	測定経費	電 力 料	(6,800)		(6,800)
				(26,800)	(5,500)	(21,300)

解答への道

(1) 支払経費

修 繕 費　5,000円 − 1,000円 + 1,500円 = 5,500円
（当月支払　前月未払　当月未払）

外注加工賃　4,000円 + 2,000円 − 500円 = 5,500円
（当月支払　前月前払　当月前払）

(2) 月割経費

保 険 料　$60{,}000\text{円} \times \dfrac{1\text{か月}}{12\text{か月}} = 5{,}000\text{円}$

減価償却費　$48{,}000\text{円} \times \dfrac{1\text{か月}}{12\text{か月}} = 4{,}000\text{円}$

(3) 測定経費

電 力 料　6,800円〈測定額〉

問題7-7

	借方科目	金 額	貸方科目	金 額
(1)	製造間接費	150,000	減価償却累計額	150,000
(2)	仕 掛 品	80,000	当 座 預 金	80,000
(3)	製造間接費	120,000	買 掛 金	120,000
(4)	製造間接費	35,000	修繕引当金	35,000

解答への道

「経費に関する諸勘定を用いない方法」で記帳する場合，直接経費は「仕掛品」勘定に，間接経費は「製造間接費」にダイレクトに計上します。

(1) 減価償却費当月消費額：
1,800,000円 ÷ 12か月 = 150,000円

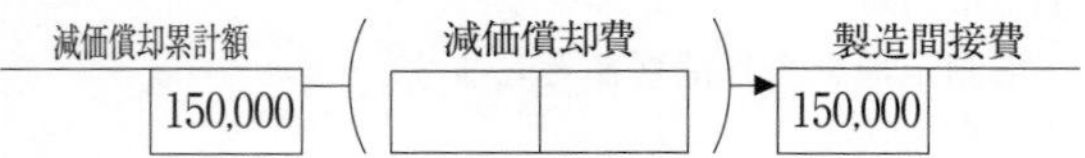

(2) 外注加工賃：直接経費なので仕掛品勘定へ振り替えます。

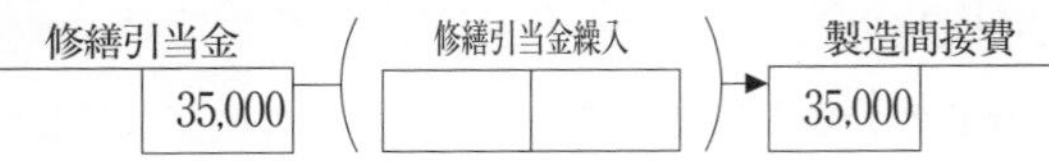

(3) 賃借料

買 掛 金　120,000　（賃 借 料）→ 製造間接費　120,000

(4) 修繕引当金繰入：420,000円 ÷ 12か月 = 35,000円

修繕引当金　35,000　（修繕引当金繰入）→ 製造間接費　35,000

問題7-8

	借方科目	金 額	貸方科目	金 額
(1)	仕 掛 品	20,000	材 料	20,000
(2)	仕 掛 品	2,000	買 掛 金	2,000
(3)	製造間接費	1,000	材 料	1,000
(4)	製造間接費	5,000	機械減価償却累計額	5,000
(5)	製造間接費	3,000	未払電力料	3,000

解答への道

勘定科目の指定より，本問は「経費に関する諸勘定を用いない方法」により記帳していることを読み取り解答します。

なお，外注加工のため，材料を無償支給したときは以下のように処理します。

(1) 材料の加工を下請けなどの外注先に委託するために材料を出庫し，外注先に無償支給する場合には，外注先での加工も一連の製造過程の一部と考え，材料の消費とみなします（そのため通常の出庫票を使用します）。材料はSは＃101に使用されることが明らかですから，直接材料費として扱います。

(2) 外注加工賃が未払いのときは，通常，買掛金勘定を使用します。

Theme 08 個別原価計算（Ⅰ）

問題8-1

原　価　計　算　表　（単位：円）

	No.1	No.2	合　計
直接材料費	54,200	66,800	121,000
直接労務費	74,600	85,800	160,400
直接経費	15,600	——	15,600
製造間接費	75,600	50,400	126,000
合　計	220,000	203,000	423,000

解答への道

製造直接費は原価計算表に直接記入（賦課）し，製造間接費は原価計算表にその配賦額を記入します。本問において「番号不明」と記載された原価が製造間接費となります。

製造間接費実際配賦率：

$$\frac{41{,}000円+75{,}600円+9{,}400円}{360時間+240時間}=210円/時間$$

実際配賦額：No.1；@210円×360時間＝75,600円
　　　　　　No.2；@210円×240時間＝50,400円

問題8-2

(1)　直接作業時間基準

実　際　配　賦　率　［1,500　円/時］

原　価　計　算　表　（単位：円）

	＃101	＃102	＃103	合　計
直接材料費	200,000	350,000	250,000	800,000
直接労務費	350,000	550,000	300,000	1,200,000
製造間接費	435,000	690,000	375,000	1,500,000
合　計	985,000	1,590,000	925,000	3,500,000

(2)　直接労務費基準

実　際　配　賦　率　［125　%］

原　価　計　算　表　（単位：円）

	＃101	＃102	＃103	合　計
直接材料費	200,000	350,000	250,000	800,000
直接労務費	350,000	550,000	300,000	1,200,000
製造間接費	437,500	687,500	375,000	1,500,000
合　計	987,500	1,587,500	925,000	3,500,000

解答への道

製造間接費の配賦（実際配賦）を確認しましょう。

(1)　直接作業時間基準

実際配賦率：$\frac{1{,}500{,}000円}{1{,}000時間}=1{,}500円/時間$

実際配賦額
- ＃101：@1,500円×290時間＝435,000円
- ＃102：@1,500円×460時間＝690,000円
- ＃103：@1,500円×250時間＝375,000円

(2)　直接労務費基準

実際配賦率：$\frac{1{,}500{,}000円}{1{,}200{,}000円}\times100=125\%$

実際配賦額
- ＃101：350,000円×125%＝437,500円
- ＃102：550,000円×125%＝687,500円
- ＃103：300,000円×125%＝375,000円

問題8-3

(1)　直接材料費基準

実　際　配　賦　率　［80　%］

指図書＃101の製造原価　［2,414,000　円］

(2)　直接労務費基準

実　際　配　賦　率　［60　%］

指図書＃101の製造原価　［2,422,000　円］

(3)　直接費基準

実　際　配　賦　率　［30　%］

指図書＃101の製造原価　［2,431,000　円］

解答への道

製造間接費に関する配賦基準の選択が製品原価の計算に大きく影響することを確認しましょう。

(1) 直接材料費基準

実際配賦率：

$$\frac{440{,}000\text{円}+460{,}000\text{円}+60{,}000\text{円}}{680{,}000\text{円}+520{,}000\text{円}}\times 100=80\%$$

＃101への配賦額：680,000円×80％＝544,000円

＃101の製造原価：680,000円＋920,000円＋270,000円＋544,000円＝2,414,000円

(2) 直接労務費基準

実際配賦率：

$$\frac{440{,}000\text{円}+460{,}000\text{円}+60{,}000\text{円}}{920{,}000\text{円}+680{,}000\text{円}}\times 100=60\%$$

＃101への配賦額：920,000円×60％＝552,000円

＃101の製造原価：680,000円＋920,000円＋270,000円＋552,000円＝2,422,000円

(3) 直接費基準

製造直接費：

材料費：680,000円＋520,000円＝1,200,000円
労務費：920,000円＋680,000円＝1,600,000円
経　費：270,000円＋130,000円＝　400,000円
3,200,000円

実際配賦率：

$$\frac{440{,}000\text{円}+460{,}000\text{円}+60{,}000\text{円}}{3{,}200{,}000\text{円}}\times 100=30\%$$

＃101への配賦額：(680,000円＋920,000円＋270,000円)×30％＝561,000円

＃101の製造原価：680,000円＋920,000円＋270,000円＋561,000円＝2,431,000円

問題8-4

	借方科目	金　額	貸方科目	金　額
(1)	仕掛品	365,500	材料	175,000
	製造間接費	180,000	賃金	221,000
			経費	149,500
(2)	仕掛品	180,000	製造間接費	180,000
(3)	製品	306,750	仕掛品	306,750
(4)	売掛金	350,000	売上	350,000
	売上原価	306,750	製品	306,750

解答への道

個別原価計算の全体を確認しましょう。以下の勘定連絡を前提に必要な仕訳を解答します。なお，個別原価計算では製造指図書（原価計算票）に集計された原価をもとに完成品原価（No.1）および仕掛品原価（No.2）を把握します。

勘定連絡

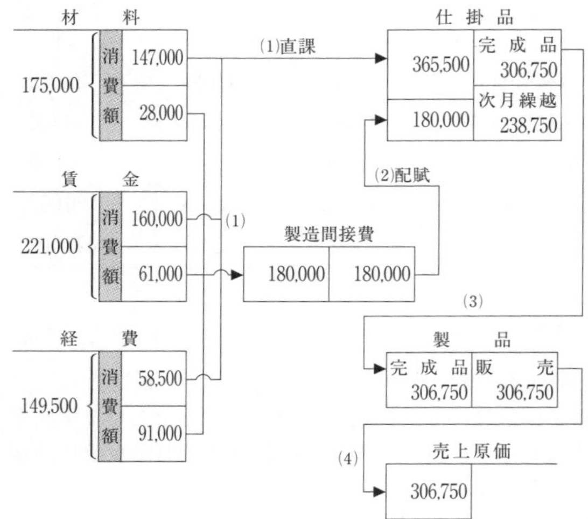

原価計算表　　(単位：円)

	No.1	No.2	合計
直接材料費	84,000	63,000	147,000
直接労務費	90,000	70,000	160,000
直接経費	31,500	27,000	58,500
製造間接費	101,250	78,750	180,000
合計	306,750	238,750	545,500

製造間接費実際配賦率：

$$\frac{28{,}000\text{円}+61{,}000\text{円}+91{,}000\text{円}}{90{,}000\text{円}+70{,}000\text{円}}\times 100=112.5\%$$

製造間接費実際配賦額
- No.1：90,000円×112.5％＝101,250円
- No.2：70,000円×112.5％＝78,750円

問題8-5

原 価 計 算 表 (単位：円)

	＃1	＃2	＃3	合 計
前月繰越	112,500	——	——	112,500
直接材料費	37,500	45,000	22,500	105,000
直接労務費	52,500	60,000	75,000	187,500
直接経費	15,000	18,000	33,000	66,000
製造間接費	75,000	90,000	95,000	260,000
合 計	292,500	213,000	225,500	731,000
備 考	完 成	完 成	仕掛中	——

仕 掛 品 (単位：円)

借方	金額	貸方	金額
前月繰越	(112,500)	当月完成高	(505,500)
材 料	(105,000)	次月繰越	(225,500)
賃 金	(187,500)		
経 費	(66,000)		
製造間接費	(260,000)		
	(731,000)		(731,000)

解答への道

仕掛品勘定と原価計算表の対応関係を確認しましょう。

原 価 計 算 表 (単位：円)

	＃1	＃2	＃3	合 計
前月繰越	112,500	——	——	112,500
直接材料費	37,500	45,000	22,500	105,000
直接労務費	52,500	60,000	75,000	187,500
直接経費	15,000	18,000	33,000	66,000
製造間接費	75,000	90,000	95,000	260,000
合 計	292,500	213,000	225,500	731,000
備 考	完 成	完 成	仕掛中	——

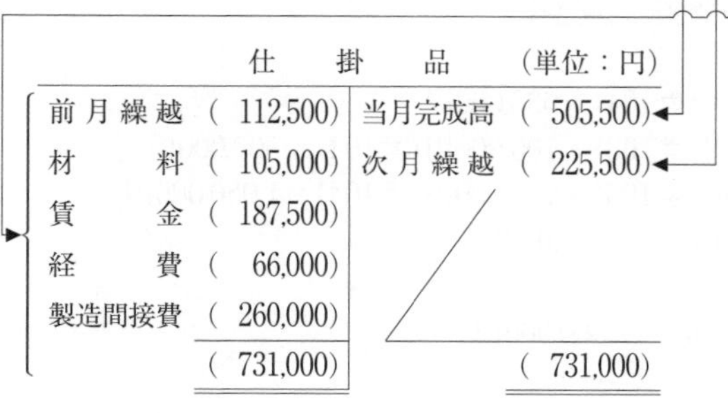

仕 掛 品 (単位：円)

借方	金額	貸方	金額
前月繰越	(112,500)	当月完成高	(505,500)
材 料	(105,000)	次月繰越	(225,500)
賃 金	(187,500)		
経 費	(66,000)		
製造間接費	(260,000)		
	(731,000)		(731,000)

問題8-6

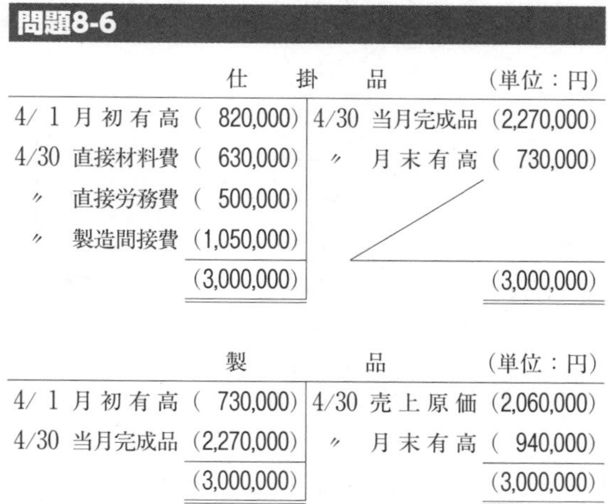

仕 掛 品 (単位：円)

借方	金額	貸方	金額
4/1 月初有高	(820,000)	4/30 当月完成品	(2,270,000)
4/30 直接材料費	(630,000)	〃 月末有高	(730,000)
〃 直接労務費	(500,000)		
〃 製造間接費	(1,050,000)		
	(3,000,000)		(3,000,000)

製 品 (単位：円)

借方	金額	貸方	金額
4/1 月初有高	(730,000)	4/30 売上原価	(2,060,000)
4/30 当月完成品	(2,270,000)	〃 月末有高	(940,000)
	(3,000,000)		(3,000,000)

解答への道

原価計算票と勘定連絡の対応関係を問う問題です。本問は4月の勘定記入が問われているため，3月分の原価の処理に注意する必要があります。

1．3月および4月の作業状況

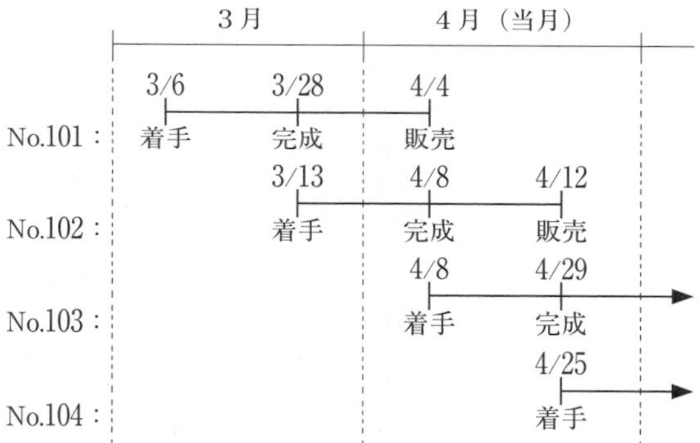

本問は4月における勘定記入が問われています。したがって，3月に製造着手し，3月中に完成した製品No.101の原価は製品勘定の「月初有高（前月繰越）」となり，3月に製造着手し，3月中に完成していない製品No.102の3月分の原価は仕掛品勘定の「月初有高（前月繰越）」となります。

2. 原価計算表の作成

原価計算表 (単位：円)

	#102	#103	#104	合計
前月繰越	820,000	——	——	820,000
直接材料費	——	200,000	430,000	630,000
直接労務費	160,000	240,000	100,000	500,000
製造間接費	350,000	500,000	200,000	1,050,000
合計	1,330,000	940,000	730,000	3,000,000
備考	完成	完成	仕掛中	——

仕掛品 (単位：円)

月初有高	(820,000)	当月完成高	(2,270,000)
直接材料費	(630,000)	月末有高	(730,000)
直接労務費	(500,000)		
製造間接費	(1,050,000)		
	(3,000,000)		(3,000,000)

3. 勘定連絡図

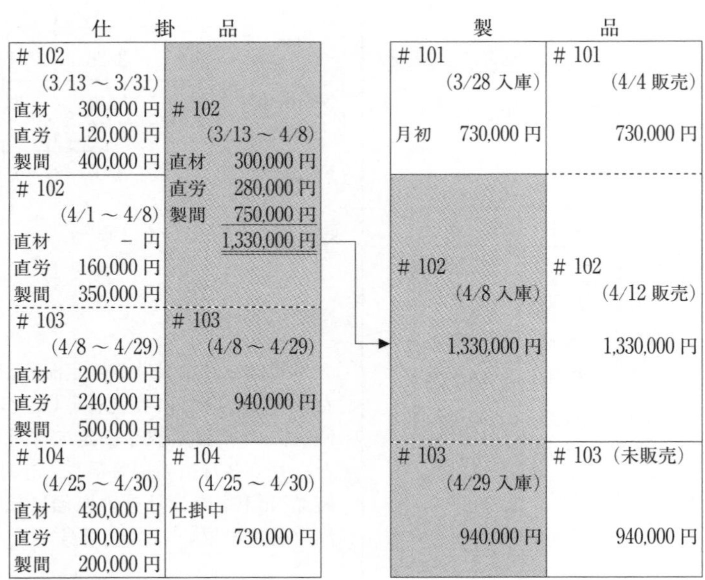

仕掛品

#102 (3/13～3/31) 直材 300,000円 直労 120,000円 製間 400,000円	#102 (3/13～4/8) 直材 300,000円 直労 280,000円 製間 750,000円 1,330,000円
#102 (4/1～4/8) 直材 －円 直労 160,000円 製間 350,000円	
#103 (4/8～4/29) 直材 200,000円 直労 240,000円 製間 500,000円	#103 (4/8～4/29) 940,000円
#104 (4/25～4/30) 直材 430,000円 直労 100,000円 製間 200,000円	#104 (4/25～4/30) 仕掛中 730,000円

製品

#101 (3/28 入庫) 月初 730,000円	#101 (4/4 販売) 730,000円
#102 (4/8 入庫) 1,330,000円	#102 (4/12 販売) 1,330,000円
#103 (4/29 入庫) 940,000円	#103 (未販売) 940,000円

直接材料費(当月投入)…200,000円(#103)＋430,000円(#104)＝630,000円
直接労務費(当月投入)…160,000円(#102)＋240,000円(#103)＋100,000円(#104)＝500,000円
製造間接費(当月投入)…350,000円(#102)＋500,000円(#103)＋200,000円(#104)＝1,050,000円
当月完成品………1,330,000円(#102)＋940,000円(#103)＝2,270,000円
月末仕掛品………730,000円(#104)
売上原価…………730,000円(#101)＋1,330,000円(#102)＝2,060,000円
月末製品…………940,000円(#103)

問題8-7

	# 101	# 101-1
直接材料費	150,000	25,000
直接労務費	220,000	38,000
製造間接費	240,000	42,000
小　　計	610,000	105,000
仕 損 費	105,000	△ 105,000
合　　計	715,000	0
備　　考	完成	#101へ直課

解答への道

個別原価計算における仕損費の処理を確認しましょう。仕損品が発生した場合、新たに製造指図書を発行し、それを補修するための原価を集計します。この製造指図書に集計された原価を仕損費といい、仕損費は直接経費として元の製品の製造指図書に賦課します。

【参考】仕損費に関する仕訳（仕損費勘定を用いる方法）

(1) 補修指図書に集計された原価

（仕 掛 品）	105,000	（材　　料）	25,000
		（賃　　金）	38,000
		（製造間接費）	42,000

(2) 仕損費の計上

（仕 損 費）	105,000	（仕 掛 品）	105,000

(3) 仕損費の直接経費処理

（仕 掛 品）	105,000	（仕 損 費）	105,000

Theme

09 個別原価計算(Ⅱ)

問題9-1

予定配賦率	500 円/時間
予定配賦額	765,000 円
製造間接費配賦差異	(+) 45,000 円

解答への道

製造間接費の予定配賦率と予定配賦額の計算を確認しましょう。

予定配賦率：$\frac{9,000,000円}{18,000時間}$ = 500円/時間

予定配賦額：@500円×1,530時間＝765,000円

製造間接費配賦差異：765,000円（予定）−720,000円（実際）
＝45,000円（貸方差異）

問題9-2

製造間接費

材料	(122,000)	仕掛品	(288,000)
賃金	(99,000)	製造間接費配賦差異	(4,000)
経費	(71,000)		
	(292,000)		(292,000)

製造間接費配賦差異

製造間接費	(4,000)	製造間接費	(—)

	借方科目	金額	貸方科目	金額
(1)	仕掛品	288,000	製造間接費	288,000
(2)	製造間接費	292,000	材料	122,000
			賃金	99,000
			経費	71,000
(3)	製造間接費配賦差異	4,000	製造間接費	4,000

解答への道

製造間接費を予定配賦した場合の勘定連絡と仕訳を確認しましょう。

(1) 予定配賦

予定配賦率：$\frac{3,600,000円}{40,000時間}$ = 90円/時間

予定配賦額：@90円×3,200時間＝288,000円

(2) 実際発生額：122,000円＋99,000円＋71,000円
＝292,000円

(3) 製造間接費配賦差異：288,000円−292,000円
＝△4,000円（借方差異）

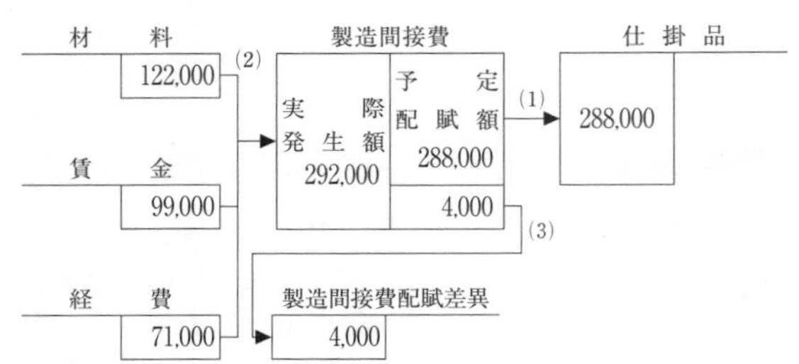

問題9-3

	借方科目	金額	貸方科目	金額
(1)	仕掛品	2,528,000	製造間接費	2,528,000
(2)	製造間接費	1,100,000	材料	1,100,000
(3)	製造間接費	860,000	賃金・給料	860,000
(4)	製造間接費	600,000	減価償却累計額	600,000
(5)	原価差異	152,000	製造間接費	152,000

解答への道

製造間接費の予定配賦額および製造間接費の実際発生額の計算を確認しましょう。

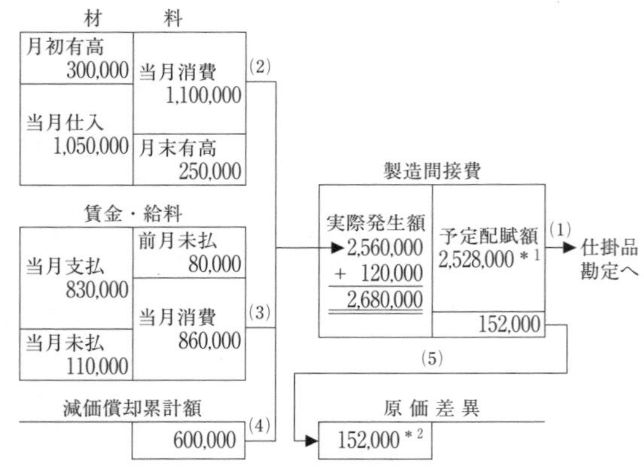

〈予定配賦額の計算〉

＊1 $\frac{28,440,000円}{36,000時間}$×3,200時間＝2,528,000円

〈差異の計算〉

＊2 2,528,000円（予定配賦額）−2,680,000円（実際発生額）＝△152,000円（借方差異）

問題9-4

	借方科目	金　額	貸方科目	金　額
(1)	仕　掛　品	3,200,000	材　　料	1,698,000
	製造間接費	1,373,000	賃金・給料	2,875,000
(2)	仕　掛　品	285,000	現　　金	285,000
(3)	仕　掛　品	2,250,000	製造間接費	2,250,000
(4)	製　　品	2,545,000	仕　掛　品	2,545,000
(5)	原価差異	123,000	製造間接費	123,000

解答への道

製造間接費を予定配賦している場合の個別原価計算の仕訳を確認しましょう。

(1) 特定の製造指図書に対して消費された原価は，直接費として仕掛品勘定へ，特定の製造指図書に直課できない原価は製造間接費勘定へ振り替えます。

仕掛品：

No.1：560,000円＋　800,000円＝1,360,000円
No.2：640,000円＋1,200,000円＝1,840,000円
3,200,000円

製造間接費：498,000円＋875,000円＝1,373,000円

(2) 外注加工賃は直接経費なので，仕掛品勘定に振り替えます。

(3) 製造間接費予定配賦率：

$$\frac{27{,}000{,}000\text{円}}{18{,}000\text{時間}}=1{,}500\text{円/時間}$$

製造間接費予定配賦額：

No.1；@1,500円×700時間＝1,050,000円
No.2；@1,500円×800時間＝1,200,000円

原　価　計　算　表　(単位：円)

	No.1	No.2	合　計
直接材料費	560,000	640,000	1,200,000
直接労務費	800,000	1,200,000	2,000,000
直接経費	135,000	150,000	285,000
製造間接費	1,050,000	1,200,000	2,250,000
合　計	2,545,000	3,190,000	5,735,000

(4) 製造指図書No.1の製造原価：

560,000円（材料）＋800,000円（賃金・給料）＋135,000円（外注加工賃）＋1,050,000円（製造間接費）

＝2,545,000円

(5) 製造間接費配賦差異：

2,250,000円（予定）－2,373,000円（実際）

＝△123,000円（借方差異）

問題9-5

製　造　間　接　費　(単位：千円)

借方		貸方	
実際発生額	(　25,050)	予定配賦額	(　24,500)
		配賦差異	(　550)
	(　25,050)		(　25,050)

仕　掛　品　(単位：千円)

借方		貸方	
月初有高	(　3,200)	当月完成高	(　51,650)
直接材料費	(　16,250)	月末有高	(　2,700)
直接労務費	(　10,400)		
製造間接費	(　24,500)		
	(　54,350)		(　54,350)

解答への道

製造間接費勘定と仕掛品勘定の記入内容を確認しましょう。

(1) 直接材料費（素材費）の計算

直接材料費
月初有高
650千円
当月仕入高
16,000千円
仕掛品
16,250千円
月末有高
400千円

当月直接材料費：
650千円＋16,000千円－400千円
＝16,250千円→仕掛品勘定へ

(2) 直接労務費（直接工賃金）の計算

直接労務費

借方	貸方
当月支払額 11,600千円	月初未払 3,600千円
	仕掛品 10,400千円
月末未払 2,400千円	

当月直接労務費：
11,600千円－3,600千円＋2,400千円
＝10,400千円→仕掛品勘定へ

(3) 製造間接費の計算

製造間接費

借方	貸方
実際発生額 25,050千円	予定配賦額 24,500千円
	配賦差異 550千円

予定配賦率：

$$\frac{280{,}000\text{千円}\langle\text{年間製造間接費予算}\rangle}{40{,}000\text{時間}\langle\text{年間予定直接作業時間}\rangle}=7\text{千円}$$

当月予定配賦額：

7千円×3,500時間＝24,500千円→仕掛品勘定へ

当月実際発生額：

24,500千円＋550千円(借方差異)＝25,050千円

(4) 仕掛品勘定の記入

仕 掛 品

借方	貸方
月初有高 3,200千円	当月完成 51,650千円
直接材料費 16,250千円	
直接労務費 10,400千円	
製造間接費 24,500千円	月末有高 2,700千円

当月完成高：
3,200千円＋16,250千円
＋10,400千円＋24,500千円
－2,700千円＝51,650千円

問題9-6

製 造 間 接 費 (単位：千円)

借方	金額	貸方	金額
材料	(1,200)	予定配賦額	(112,500)
材料	(14,400)		
賃金給料	(38,400)		
修繕引当金	(3,600)		
減価償却累計額	20,000		
当座預金	24,900		
配賦差異	(10,000)		
	(112,500)		(112,500)

仕 掛 品 (単位：千円)

借方	金額	貸方	金額
月初有高	48,000	当月完成高	(225,300)
材料	(44,400)	月末有高	(91,200)
賃金給料	(75,000)		
外注加工賃	(36,600)		
製造間接費	(112,500)		
	(316,500)		(316,500)

解答への道

個別原価計算を前提とした勘定記入の問題です。

1. 材料，賃金，経費の消費額

直接材料：2,400千円＋48,000千円
－(4,800千円＋1,200千円)＝44,400千円
または，
8,400千円＋19,200千円＋16,800千円
＝44,400千円

間接材料：3,600千円＋13,800千円－3,000千円
＝14,400千円

直接賃金：69,000千円－12,000千円＋18,000千円
＝75,000千円
または，
18,000千円＋33,000千円＋24,000千円
＝75,000千円

間接賃金給料：39,600千円－7,200千円
＋6,000千円＝38,400千円

外注加工賃：36,000千円－1,800千円＋2,400千円
＝36,600千円
または，
6,000千円＋16,200千円＋14,400千円
＝36,600千円

修繕引当金：3,600千円（繰入額）

2. 製造間接費予定配賦額

75,000千円×150％＝112,500千円

3. 原価計算表の作成

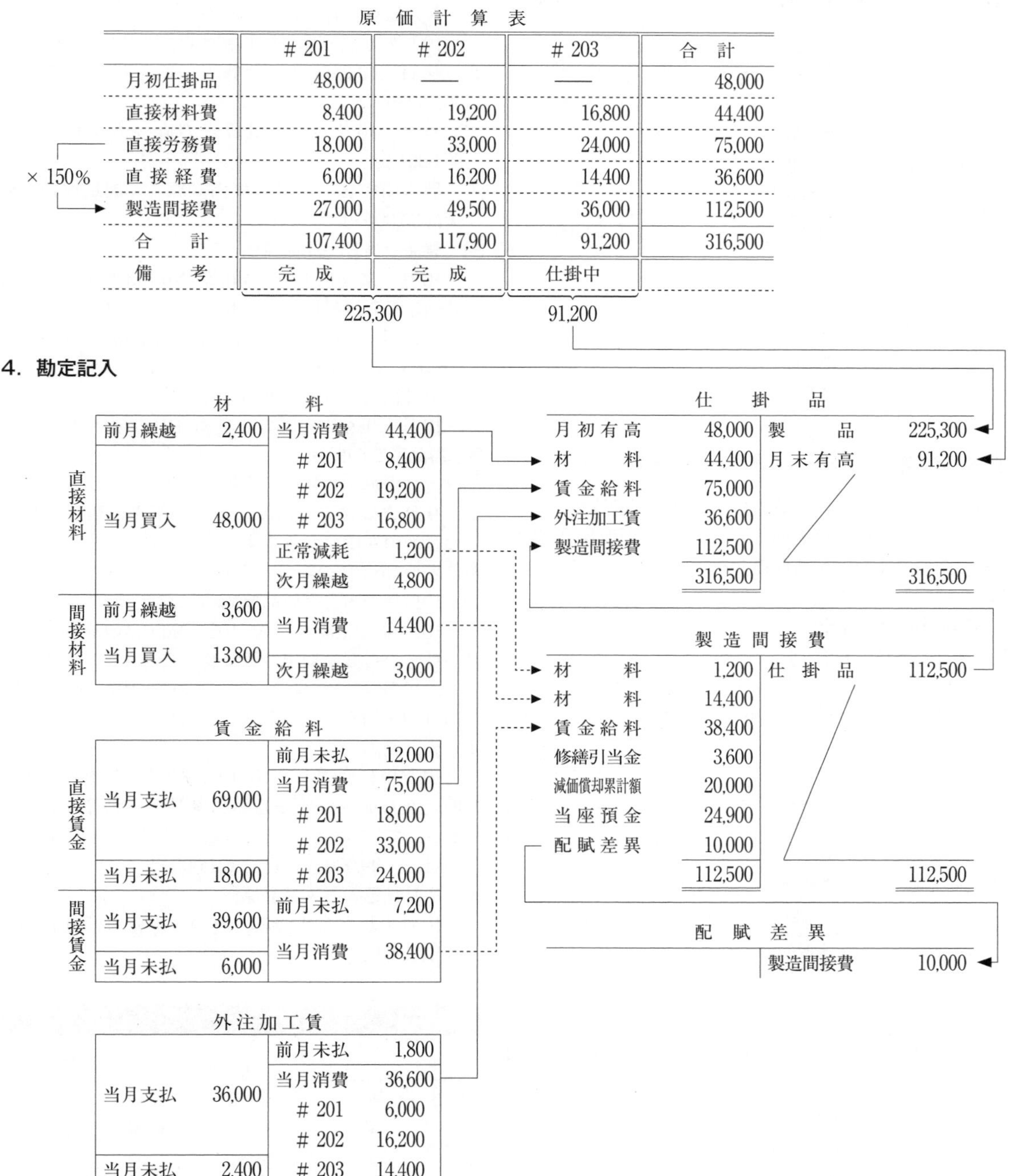

原 価 計 算 表

	# 201	# 202	# 203	合 計
月初仕掛品	48,000	——	——	48,000
直接材料費	8,400	19,200	16,800	44,400
直接労務費	18,000	33,000	24,000	75,000
直接経費	6,000	16,200	14,400	36,600
製造間接費	27,000	49,500	36,000	112,500
合 計	107,400	117,900	91,200	316,500
備 考	完 成	完 成	仕掛中	

4. 勘定記入

材 料

直接材料	前月繰越	2,400	当月消費	44,400
			# 201	8,400
			# 202	19,200
	当月買入	48,000	# 203	16,800
			正常減耗	1,200
			次月繰越	4,800
間接材料	前月繰越	3,600	当月消費	14,400
	当月買入	13,800	次月繰越	3,000

賃 金 給 料

直接賃金	当月支払	69,000	前月未払	12,000
			当月消費	75,000
			# 201	18,000
			# 202	33,000
	当月未払	18,000	# 203	24,000
間接賃金	当月支払	39,600	前月未払	7,200
	当月未払	6,000	当月消費	38,400

外 注 加 工 賃

当月支払	36,000	前月未払	1,800
		当月消費	36,600
		# 201	6,000
		# 202	16,200
当月未払	2,400	# 203	14,400

仕 掛 品

月初有高	48,000	製 品	225,300
材 料	44,400	月末有高	91,200
賃金給料	75,000		
外注加工賃	36,600		
製造間接費	112,500		
	316,500		316,500

製 造 間 接 費

材 料	1,200	仕 掛 品	112,500
材 料	14,400		
賃金給料	38,400		
修繕引当金	3,600		
減価償却累計額	20,000		
当座預金	24,900		
配賦差異	10,000		
	112,500		112,500

配 賦 差 異

		製造間接費	10,000

問題9-7

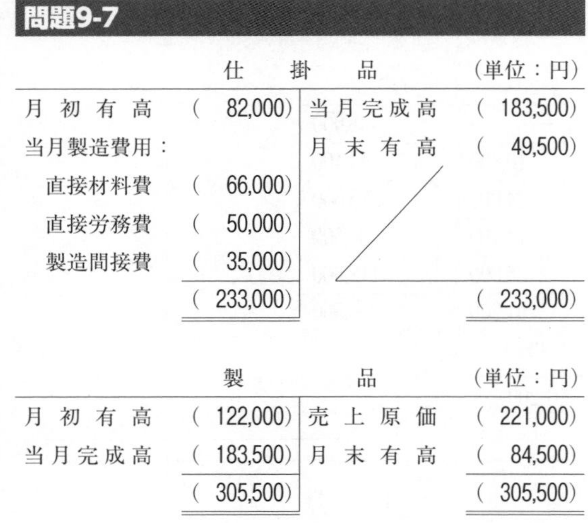

仕掛品			(単位：円)
月初有高	(82,000)	当月完成高	(183,500)
当月製造費用：		月末有高	(49,500)
直接材料費	(66,000)		
直接労務費	(50,000)		
製造間接費	(35,000)		
	(233,000)		(233,000)

製品			(単位：円)
月初有高	(122,000)	売上原価	(221,000)
当月完成高	(183,500)	月末有高	(84,500)
	(305,500)		(305,500)

解答への道

個別原価計算における製造指図書（原価計算票）と勘定連絡との対応関係を問うものです。［問題8-6］と同様の問題ですが，製造間接費を予定配賦した場合の処理を確認しましょう。

1. 原価計算表の作成

(1) 9月の製造間接費

No.101：350円/時間×80時間＝28,000円

No.102：350円/時間×40時間＝14,000円

(2) 9月の原価計算表

9月	No.101	No.102	合計
直接材料費	54,000	48,000	102,000
直接労務費	40,000	20,000	60,000
製造間接費	28,000	14,000	42,000
合計	122,000	82,000	204,000
備考	完成・未販売	未完成	

(3) 10月の製造間接費

No.102：350円/時間×20時間＝7,000円

No.103：350円/時間×50時間＝17,500円

No.104：350円/時間×30時間＝10,500円

(4) 10月の原価計算表

No.102は9月末現在未完成なので10月の月初仕掛品となります。

10月	No.102	No.103	No.104	合計
月初仕掛品	82,000	——	——	82,000
直接材料費	——	42,000	24,000	66,000
直接労務費	10,000	25,000	15,000	50,000
製造間接費	7,000	17,500	10,500	35,000
合計	99,000	84,500	49,500	233,000
備考	完成・販売済	完成・未販売	未完成	

2. 仕掛品勘定の記入

(1) 前月繰越：月初仕掛品原価

10月の原価計算表の月初仕掛品の横計82,000円

(2) 材料：10月の原価計算表の直接材料費の横計66,000円

(3) 賃金：10月の原価計算表の直接労務費の横計50,000円

(4) 製造間接費：10月の原価計算表の製造間接費の横計35,000円

(5) 製品：当月完成品原価

10月中に完成したNo.102，No.103の原価が仕掛品勘定から製品勘定へ振り替えられます。したがって，10月の原価計算表のNo.102；99,000円，No.103；84,500円の合計183,500円

(6) 次月繰越：月末仕掛品原価

10月末現在未完成であるNo.104の縦計49,500円

3. 製品勘定の記入

(1) 前月繰越：月初製品原価

9月末現在完成済み，かつ未販売の製品が10月の月初の在庫になります。したがって9月の原価計算表のNo.101の縦計122,000円

(2) 仕掛品：当月完成品原価

10月中に完成したNo.102，No.103の原価が仕掛品勘定から製品勘定へ振り替えられます。したがって，10月の原価計算表のNo.102・99,000円，No.103・84,500円の合計183,500円

(3) 売上原価

10月中に販売したNo.101，No.102の原価が製品勘定から売上原価勘定へ振り替えられます。したがって，原価計算表のNo.101・122,000円，No.102・99,000円の合計221,000円

(4) 次月繰越：月末製品原価

10月末現在完成済み，かつ未販売のNo.103の縦計84,500円

問題9-8

仕掛品			(単位：円)
前月繰越	(225,000)	製品	(1,079,000)
材料	(335,000)	次月繰越	(273,000)
賃金	(360,000)		
製造間接費	(432,000)		
	(1,352,000)		(1,352,000)

製品			(単位：円)
前月繰越	(321,000)	売上原価	(1,027,500)
仕掛品	(1,079,000)	次月繰越	(372,500)
	(1,400,000)		(1,400,000)

解答への道

個別原価計算における製造指図書（原価計算票）と勘定連絡との対応関係を問うものです。正常仕損の処理を確認してください。

1．原価計算表の作成

(1) 11月の製造間接費予定配賦額の計算

① 予定配賦率の算定

製造間接費年間予算5,400,000円÷年間予定機械運転時間6,000時間＝900円／時間

② 予定配賦額の計算

No.114：900円／時間×140時間＝126,000円

No.115：900円／時間×100時間＝90,000円

(2) 11月の原価計算表の作成

11月	No.114	No.115	合　計
直接材料費	90,000	60,000	150,000
直接労務費	105,000	75,000	180,000
製造間接費	126,000	90,000	216,000
合　計	321,000	225,000	546,000
備　考	完成・未販売	未完成	

(3) 12月の製造間接費予定配賦額の計算

No.115　：900円／時間×　80時間＝72,000円

No.121　：900円／時間×100時間＝90,000円

No.121-2：900円／時間×　30時間＝27,000円

No.122　：900円／時間×150時間＝135,000円

No.123　：900円／時間×120時間＝108,000円

(4) 12月の原価計算表の作成

No.115は11月末現在未完成なので12月の月初仕掛品となります。

12月	No.115	No.121	No.121-2	No.122	No.123	合　計
月初仕掛品	225,000	——	——	——	——	225,000
直接材料費	25,000	80,000	30,000	125,000	75,000	335,000
直接労務費	62,500	75,000	20,000	112,500	90,000	360,000
製造間接費	72,000	90,000	27,000	135,000	108,000	432,000
小　計	384,500	245,000	77,000	372,500	273,000	1,352,000
仕　損　費	——	77,000	△ 77,000	——	——	——
合　計	384,500	322,000	0	372,500	273,000	1,352,000
備　考	完成・販売済	完成・販売済	No.121へ賦課	完成・未販売	未完成	

2．仕掛品勘定の記入

(1) 前月繰越：月初仕掛品原価

12月の原価計算表の月初仕掛品の横計225,000円

(2) 材料：12月の原価計算表の直接材料費の横計335,000円

(3) 賃金：12月の原価計算表の直接労務費の横計360,000円

(4) 製造間接費：12月の原価計算表の製造間接費の横計432,000円

(5) 製品：当月完成品原価

12月中に完成したNo.115，No.121，No.122の原価が仕掛品勘定から製品勘定へ振り替えられます。したがって，12月の原価計算表のNo.115；384,500円，No.121；322,000円，No.122；372,500円の合計1,079,000円

(6) 次月繰越：月末仕掛品原価

12月末現在未完成であるNo.123の縦計273,000円

3．製品勘定の記入

(1) 前月繰越：月初製品原価

11月末現在完成済み，かつ未販売の製品が12月の月初の在庫になります。したがって11月の原価計算表のNo.114の縦計321,000円

(2) 仕掛品：当月完成品原価

12月中に完成したNo.115，No.121，No.122の原価が仕掛品勘定から製品勘定へ振り替えられます。したがって，12月の原価計算表のNo.115；384,500円，No.121；322,000円，No.122；372,500円の合計1,079,000円

(3) 売上原価

12月中に販売したNo.114，No.115，No.121の原価が製品勘定から売上原価勘定へ振り替えられます。したがって，原価計算表のNo.114；321,000円，No.115；384,500円，No.121；322,000円の合計1,027,500円

(4) 次月繰越：月末製品原価

12月末現在完成済み，かつ未販売のNo.122の縦計372,500円

問題9-9

製造間接費の予定配賦額	580,000 円
製造間接費配賦差異	(－) 39,000 円
予算差異	(－) 12,000 円
操業度差異	(－) 27,000 円

解答への道

製造間接費配賦差異について，公式法変動予算にもとづく差異分析を確認しましょう。

製造間接費予定配賦率

$$200円/時間 + \frac{4,500,000円}{15,000時間} = 500円/時間$$

製造間接費予定配賦額

@500円×1,160時間＝580,000円

製造間接費配賦差異

580,000円－619,000円＝△39,000円（借方差異）

差異分析

以下のシュラッター図を用いて分析します。

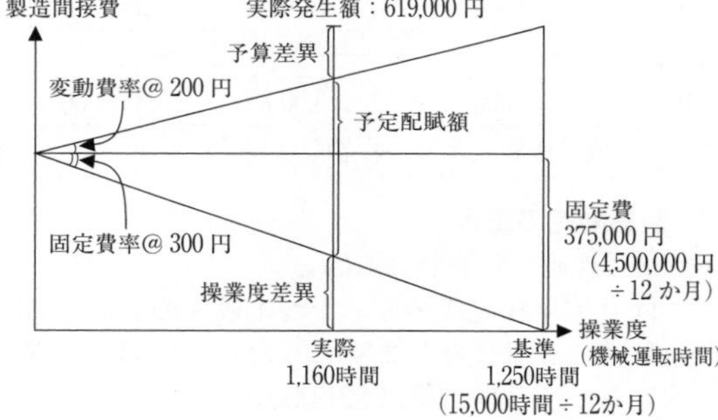

予算差異：@200円×1,160時間＋375,000円－619,000円

607,000円〈予算許容額〉

＝△12,000円（借方差異）

操業度差異：@300円×(1,160時間－1,250時間)

＝△27,000円（借方差異）

問題9-10

製造間接費の予定配賦額	580,000 円
製造間接費配賦差異	(－) 39,000 円
予算差異	(＋) 6,000 円
操業度差異	(－) 45,000 円

解答への道

製造間接費配賦差異について，固定予算にもとづく差異分析を確認しましょう。

製造間接費予定配賦率

$$\frac{7,500,000円}{15,000時間} = 500円/時間$$

製造間接費予定配賦額

@500円×1,160時間＝580,000円

製造間接費配賦差異

580,000円－619,000円＝△39,000円（借方差異）

差異分析

以下のシュラッター図を用いて分析します。

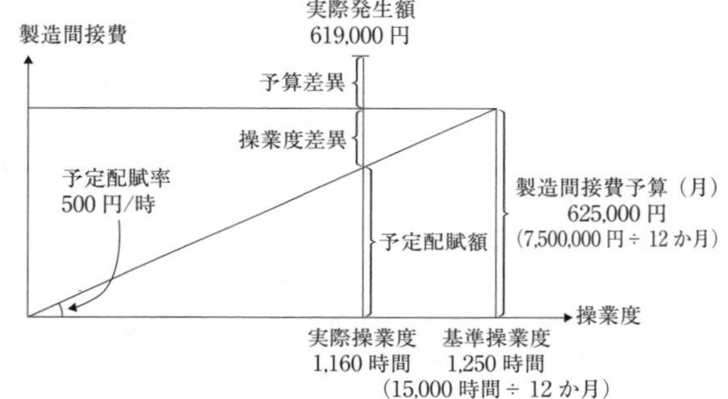

予算差異

625,000円－619,000円＝6,000円（貸方差異）

操業度差異

@500円×(1,160時間－1,250時間)

＝△45,000円（借方差異）

問題9-11

予定配賦率	500　円/時
予定配賦額	No.1　120,000　円
	No.2　80,000　円
製造間接費配賦差異	（－）　40,000　円
予 算 差 異	（－）　20,000　円
操業度差異	（－）　20,000　円

解答への道

製造間接費配賦差異について，公式法変動予算にもとづく差異分析を確認しましょう。

予定配賦率：@300円＋$\frac{1,200,000円}{6,000時間}$＝500円/時間

予定配賦額：No.1；@500円×240時間＝120,000円
　　　　　　No.2；@500円×160時間＝　80,000円

製造間接費配賦差異：@500円×400時間－240,000円
　　　　　　　　　＝△40,000円

差異分析

以下のシュラッター図を用いて分析します。

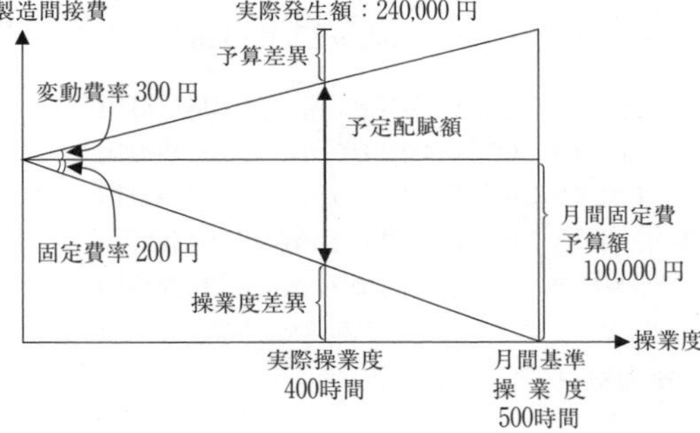

予算差異：@300円×400時間＋100,000円－240,000円
　　　　＝△20,000円

操業度差異：@200円×(400時間－500時間)＝△20,000円

Theme

10 部門別個別原価計算（Ⅰ）

問題10-1

(1)

部門費配賦表　　　　　　（単位：円）

費　　目	配賦基準	合　　計	製造部門		補助部門		
			甲部門	乙部門	動力部門	修繕部門	工場事務部門
部門個別費							
間接材料費		2,330,000	450,000	800,000	800,000	280,000	—
間接労務費		1,208,000	312,000	554,000	70,000	90,000	182,000
部門共通費							
間接労務費	従業員数	600,300	193,200	207,000	110,400	62,100	27,600
減価償却費	床面積	435,600	198,000	90,000	54,000	54,000	39,600
電力料	電力消費量	273,700	102,000	76,500	51,000	30,600	13,600
部門費		4,847,600	1,255,200	1,727,500	1,085,400	516,700	262,800

(2)

借方科目	金　額	貸方科目	金　額
甲部門費	1,255,200	製造間接費	4,847,600
乙部門費	1,727,500		
動力部門費	1,085,400		
修繕部門費	516,700		
工場事務部門費	262,800		

解答への道

部門別計算における第1次集計の計算を確認しましょう。第1次集計では，製造間接費を部門個別費と部門共通費に区別して，部門個別費は原価部門へ賦課（直課）し，部門共通費は原価部門へ配賦します。

(1)　間接労務費

$$配賦率 = \frac{600{,}300円}{28人+30人+16人+9人+4人} = 6{,}900円/人$$

甲　部　門：@6,900円×28人＝193,200円
乙　部　門：@6,900円×30人＝207,000円
動力部門：@6,900円×16人＝110,400円
修繕部門：@6,900円× 9人＝ 62,100円
工場事務部門：@6,900円× 4人＝ 27,600円

(2)　減価償却費

$$配賦率 = \frac{435{,}600円}{55m^2+25m^2+15m^2+15m^2+11m^2} = 3{,}600円/m^2$$

甲　部　門：@3,600円×$55m^2$＝198,000円
乙　部　門：@3,600円×$25m^2$＝ 90,000円
動力部門：@3,600円×$15m^2$＝ 54,000円
修繕部門：@3,600円×$15m^2$＝ 54,000円
工場事務部門：@3,600円×$11m^2$＝ 39,600円

(3)　電力料

$$配賦率 = \frac{273{,}700円}{60kwh+45kwh+30kwh+18kwh+8kwh} = 1{,}700円/kwh$$

甲　部　門：@1,700円×60kwh＝102,000円
乙　部　門：@1,700円×45kwh＝ 76,500円
動力部門：@1,700円×30kwh＝ 51,000円
修繕部門：@1,700円×18kwh＝ 30,600円
工場事務部門：@1,700円× 8kwh＝ 13,600円

問題10-2

(1)

部門費配賦表 (単位：円)

費目	配賦基準	合計	製造部門		補助部門		
			切削部門	組立部門	動力部門	修繕部門	事務部門
部門個別費	――	948,400	327,000	467,000	85,900	42,900	25,600
部門共通費	従業員数	360,000	162,000	126,000	25,200	18,000	28,800
部門費		1,308,400	489,000	593,000	111,100	60,900	54,400
事務部門費	従業員数		30,600	23,800			
修繕部門費	修繕時間		34,800	26,100			
動力部門費	電力消費量		60,600	50,500			
製造部門費		1,308,400	615,000	693,400			

(2)

借方科目	金額	貸方科目	金額
切削部門費	126,000	動力部門費	111,100
組立部門費	100,400	修繕部門費	60,900
		事務部門費	54,400

解答への道

部門別計算における第1次集計および第2次集計の計算を確認しましょう。第2次集計では，補助部門に集計された製造間接費（補助部門費）を製造部門へ配賦します。なお，第2次集計における直接配賦法とは，補助部門間における用役の提供を無視して，補助部門費を製造部門に対してのみ配賦する方法をいいます。

1．部門共通費の配賦（配賦基準：従業員数）

$$\frac{360{,}000\text{円}}{45\text{人}+35\text{人}+7\text{人}+5\text{人}+8\text{人}}\times 45\text{人}=162{,}000\text{円}$$

（切削部門）

〃 × 35人 = 126,000円（組立部門）

〃 × 7人 = 25,200円（動力部門）

〃 × 5人 = 18,000円（修繕部門）

〃 × 8人 = 28,800円（事務部門）

2．補助部門費の各製造部門への配賦（直接配賦法）

(1) 事務部門費（配賦基準：従業員数）

$$\frac{54{,}400\text{円}}{45\text{人}+35\text{人}}\times 45\text{人}=30{,}600\text{円}$$（切削部門）

〃 × 35人 = 23,800円（組立部門）

(2) 修繕部門費（配賦基準：修繕時間）

$$\frac{60{,}900\text{円}}{80\text{時間}+60\text{時間}}\times 80\text{時間}=34{,}800\text{円}$$（切削部門）

〃 × 60時間 = 26,100円（組立部門）

(3) 動力部門費（配賦基準：電力消費量）

$$\frac{111{,}100\text{円}}{60\text{kwh}+50\text{kwh}}\times 60\text{kwh}=60{,}600\text{円}$$（切削部門）

〃 × 50kwh = 50,500円（組立部門）

(4) 補助部門から各製造部門への配賦額合計

① 切削部門へ

30,600円 + 34,800円 + 60,600円 = 126,000円

② 組立部門へ

23,800円 + 26,100円 + 50,500円 = 100,400円

問題10-3

部門費配賦表 (単位：円)

費目	配賦基準	合計	製造部門		補助部門		
			切削部	組立部	動力部	修繕部	事務部
部門費		2,019,600	847,000	748,000	189,000	160,000	75,600
事務部費	従業員数		32,400	43,200			
修繕部費	修繕作業時間		95,000	65,000			
動力部費	機械運転時間		117,000	72,000			
製造部門費		2,019,600	1,091,400	928,200			

切削部費

借方		貸方	
製造間接費	(847,000)	仕掛品	(1,091,400)
事務部費	(32,400)		
修繕部費	(95,000)		
動力部費	(117,000)		
	(1,091,400)		(1,091,400)

組立部費

借方		貸方	
製造間接費	(748,000)	仕掛品	(928,200)
事務部費	(43,200)		
修繕部費	(65,000)		
動力部費	(72,000)		
	(928,200)		(928,200)

動力部費

借方		貸方	
製造間接費	(189,000)	諸口	(189,000)

修繕部費

借方		貸方	
製造間接費	(160,000)	諸口	(160,000)

事務部費

借方		貸方	
製造間接費	(75,600)	諸口	(75,600)

解答への道

部門別計算における第２次集計の計算および勘定記入を確認しましょう。

1．補助部門費の各製造部門への配賦（直接配賦法）

(1) 事務部費（配賦基準：従業員数）

$$\frac{75{,}600\text{円}}{18\text{人}+24\text{人}}\times 18\text{人}=32{,}400\text{円（切削部）}$$

〃 × 24人 = 43,200円（組立部）

(2) 修繕部費（配賦基準：修繕作業時間）

$$\frac{160{,}000\text{円}}{95\text{時間}+65\text{時間}}\times 95\text{時間}=95{,}000\text{円（切削部）}$$

〃 × 65時間 = 65,000円（組立部）

(3) 動力部費（配賦基準：機械運転時間）

$$\frac{189{,}000\text{円}}{1{,}300\text{時間}+800\text{時間}}\times 1{,}300\text{時間}=117{,}000\text{円（切削部）}$$

〃 × 800時間 = 72,000円（組立部）

(4) 各製造部門への補助部門費配賦額合計

① 切削部
32,400円 + 95,000円 + 117,000円 = 244,400円

② 組立部
43,200円 + 65,000円 + 72,000円 = 180,200円

2．勘定連絡と仕訳

(1) 勘定連絡

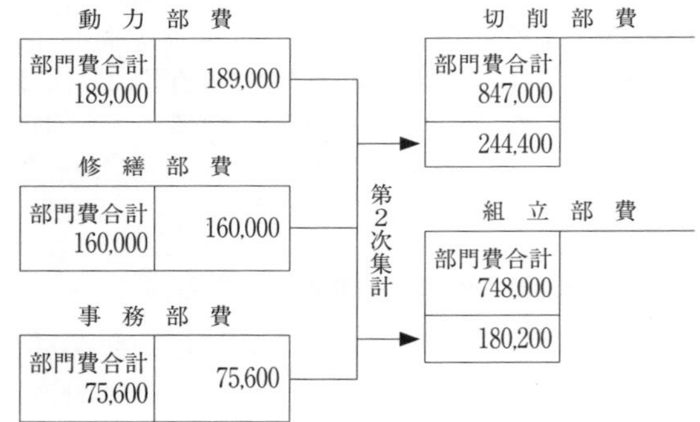

(2) 仕訳

(切削部費)	244,400	(動力部費)	189,000
(組立部費)	180,200	(修繕部費)	160,000
		(事務部費)	75,600

(注) 原価部門に関する勘定科目は「○○部門費」とすることもあれば「○○部費」とすることもあります。

問題10-4

(1)

部門費配賦表　　　　(単位：円)

費目	合計	製造部門		補助部門		
		機械部門	組立部門	材料部門	保全部門	事務部門
部門費	6,200,000	2,558,000	2,234,500	607,500	560,000	240,000
第1次配賦						
事務部門費		60,000	120,000	36,000	24,000	—
保全部門費		320,000	160,000	80,000	—	—
材料部門費		337,500	202,500	—	40,500	27,000
第2次配賦				116,000	64,500	27,000
事務部門費		9,000	18,000			
保全部門費		43,000	21,500			
材料部門費		72,500	43,500			
製造部門費	6,200,000	3,400,000	2,800,000			

(2)

借方科目	金額	貸方科目	金額
機械部門費	842,000	材料部門費	607,500
組立部門費	565,500	保全部門費	560,000
		事務部門費	240,000

解答への道

部門別計算における第2次集計の計算を確認しましょう。本問は，相互配賦法（簡便法）により補助部門費を製造部門へ配賦します。相互配賦法とは補助部門間における用役の提供を考慮して，補助部門費を製造部門および用役を提供した他の補助部門に対して配賦する方法をいいます。

補助部門費の配賦

(1)　第1次配賦（製造部門のみならず他の補助部門にも配賦を行う）

事務部門費

機械部門：$\frac{240,000円}{10人+20人+6人+4人}$ × 10人 = 60,000円

組立部門：　〃　× 20人 = 120,000円

材料部門：　〃　× 6人 = 36,000円

保全部門：　〃　× 4人 = 24,000円

保全部門費

機械部門：$\frac{560,000円}{400時間+200時間+100時間}$ × 400時間 = 320,000円

組立部門：　〃　× 200時間 = 160,000円

材料部門：　〃　× 100時間 = 80,000円

材料部門費

機械部門：$\frac{607,500円}{2,500kg+1,500kg+300kg+200kg}$ × 2,500kg = 337,500円

組立部門：　〃　× 1,500kg = 202,500円

保全部門：$\frac{607,500円}{2,500kg+1,500kg+300kg+200kg}$ × 300kg = 40,500円

事務部門：　〃　× 200kg = 27,000円

(2)　第2次配賦（製造部門のみに配賦を行う）

事務部門費

機械部門：$\frac{27,000円}{10人+20人}$ × 10人 = 9,000円

組立部門：　〃　× 20人 = 18,000円

保全部門費

機械部門：$\frac{64,500円}{400時間+200時間}$ × 400時間 = 43,000円

組立部門：　〃　× 200時間 = 21,500円

材料部門費

機械部門：$\frac{116,000円}{2,500kg+1,500kg}$ × 2,500kg = 72,500円

組立部門：　〃　× 1,500kg = 43,500円

(3)　製造部門への配賦額（仕訳金額）

機械部門費：

第1次配賦60,000円 + 320,000円 + 337,500円 = 717,500円

第2次配賦9,000円 + 43,000円 + 72,500円 = 124,500円

合計：842,000円

組立部門費：

第１次配賦120,000円＋160,000円＋202,500円
＝482,500円

第２次配賦18,000円＋21,500円＋43,500円
＝ 83,000円

合計：565,500円

問題10-5

製造間接費部門別配賦表 （単位：円）

費目	合計	製造部門		補助部門		
		第１製造部	第２製造部	保全部	材料倉庫部	工場事務部
部門個別費	4,900,000	1,992,000	1,628,000	475,000	655,000	150,000
福利施設負担額	600,000	150,000	250,000	60,000	40,000	100,000
建物減価償却費	500,000	200,000	200,000	25,000	25,000	50,000
部門費	6,000,000	2,342,000	2,078,000	560,000	720,000	300,000
第１次配賦						
工場事務部費		90,000	150,000	36,000	24,000	—
材料倉庫部費		360,000	180,000	180,000	—	—
保全部費		240,000	240,000	—	48,000	32,000
第２次配賦				216,000	72,000	32,000
工場事務部費		12,000	20,000			
材料倉庫部費		48,000	24,000			
保全部費		108,000	108,000			
製造部門費	6,000,000	3,200,000	2,800,000			

解答への道

前問と同じく，第２次集計における相互配賦法の計算を確認しましょう。

1．部門共通費の配賦

福利施設負担額

第１製造部：$\frac{600,000円}{60人}$ × 15人＝150,000円

第２製造部： 〃 × 25人＝250,000円

保　全　部： 〃 × 6人＝ 60,000円

材料倉庫部： 〃 × 4人＝ 40,000円

工場事務部： 〃 × 10人＝100,000円

建物減価償却費

第１製造部：$\frac{500,000円}{5,000m^2}$ × 2,000m^2＝200,000円

第２製造部： 〃 × 2,000m^2＝200,000円

保　全　部： 〃 × 250m^2＝ 25,000円

材料倉庫部： 〃 × 250m^2＝ 25,000円

工場事務部： 〃 × 500m^2＝ 50,000円

2．補助部門費の配賦

第１次配賦（製造部門のみならず他の補助部門にも配賦を行う）

工場事務部費

第１製造部：$\frac{300,000円}{15人＋25人＋6人＋4人}$ × 15人
＝ 90,000円

第２製造部： 〃 × 25人＝150,000円

保　全　部： 〃 × 6人＝ 36,000円

材料倉庫部： 〃 × 4人＝ 24,000円

材料倉庫部費

第１製造部：$\frac{720,000円}{400万円＋200万円＋200万円}$ × 400万円
＝360,000円

第２製造部： 〃 × 200万円＝180,000円

保　全　部： 〃 × 200万円＝180,000円

保全部費

第１製造部：$\dfrac{560{,}000円}{300時間+300時間+60時間+40時間}$ × 300時間

＝240,000円

第２製造部：　〃　× 300時間＝240,000円

材料倉庫部：　〃　×　60時間＝ 48,000円

工場事務部：　〃　×　40時間＝ 32,000円

第２次配賦（製造部門のみに配賦を行う）

工場事務部費

第１製造部：$\dfrac{32{,}000円}{15人+25人}$ × 15人＝12,000円

第２製造部：　〃　× 25人＝20,000円

材料倉庫部費

第１製造部：$\dfrac{72{,}000円}{400万円+200万円}$ × 400万円＝48,000円

第２製造部：　〃　× 200万円＝24,000円

保全部費

第１製造部：$\dfrac{216{,}000円}{300時間+300時間}$ × 300時間

＝108,000円

第２製造部：　〃　× 300時間＝108,000円

Theme 11 部門別個別原価計算（Ⅱ）

問題11-1

(1)

切削部門

実際配賦率 1,760円/時

No.1への配賦額 352,000円 No.2への配賦額 440,000円

組立部門

実際配賦率 1,400円/時

No.1への配賦額 406,000円 No.2への配賦額 490,000円

(2) 各製造部門から各製品への配賦の仕訳

借方科目	金額	貸方科目	金額
仕掛品	1,688,000	切削部門費 組立部門費	792,000 896,000

解答への道

部門別計算における「製品への配賦」の計算および仕訳を確認しましょう。この場面では，製造部門に集計された製造間接費（製造部門費）の実際発生額を配賦する「実際配賦」と，製造部門費の予算を配賦する「予定配賦」との違いに注意が必要です。本問は，実際配賦の問題です。

(1) 切削部門

$$実際配賦率：\frac{792{,}000円}{200時間+250時間}=1{,}760円/時間$$

実際配賦額 { No.1：@1,760円×200時間＝352,000円
No.2：@1,760円×250時間＝440,000円

(2) 組立部門

$$実際配賦率：\frac{896{,}000円}{290時間+350時間}=1{,}400円/時間$$

実際配賦額 { No.1：@1,400円×290時間＝406,000円
No.2：@1,400円×350時間＝490,000円

問題11-2

甲製造部門費

借方		貸方	
製造間接費	(550,000)	仕掛品	(676,000)
動力部門費	(78,000)		
修繕部門費	(40,500)		
製造部門費配賦差異	(7,500)		
	(676,000)		(676,000)

乙製造部門費

借方		貸方	
製造間接費	(380,000)	仕掛品	(473,000)
動力部門費	(52,000)	製造部門費配賦差異	(8,500)
修繕部門費	(49,500)		
	(481,500)		(481,500)

製造部門費配賦差異

借方		貸方	
(乙製造部門費)	(8,500)	(甲製造部門費)	(7,500)

	借方科目	金額	貸方科目	金額
(1)	仕掛品	1,149,000	甲製造部門費 乙製造部門費	676,000 473,000
(2)	甲製造部門費 乙製造部門費 動力部門費 修繕部門費	550,000 380,000 130,000 90,000	製造間接費	1,150,000
(3)	甲製造部門費 乙製造部門費	118,500 101,500	動力部門費 修繕部門費	130,000 90,000
(4)	甲製造部門費 製造部門費配賦差異	7,500 8,500	製造部門費配賦差異 乙製造部門費	7,500 8,500

解答への道

部門別計算における予定配賦の手続きを確認しましょう。本問では「製品への配賦（製造部門費の製品への配賦）」の場面で予定配賦をしています。この場合，Ⅰ 製造部門費の予定配賦，Ⅱ 製造部門費実際発生額の集計，Ⅲ 製造部門費配賦差異の計上の手順で解答します。

〈勘定連絡図〉

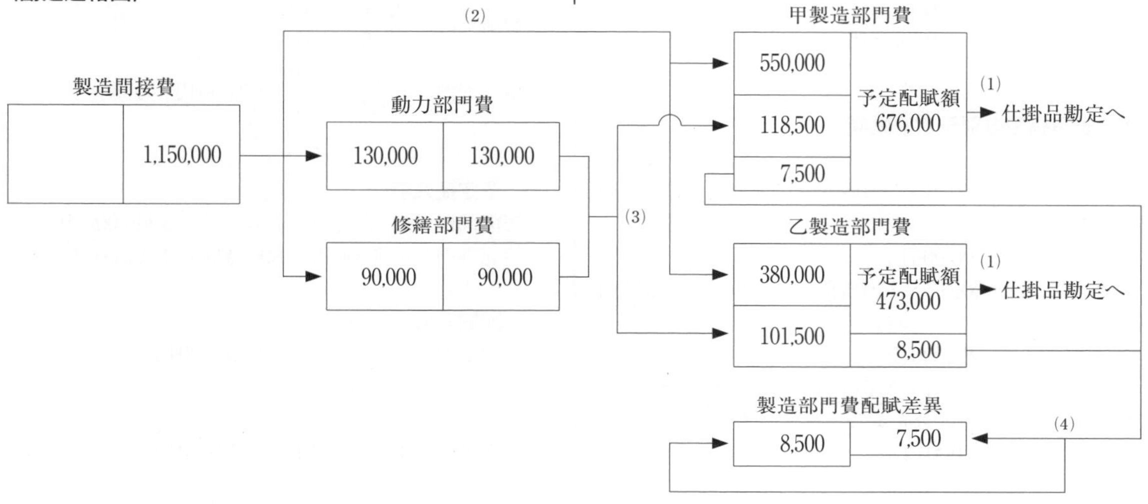

Ⅰ 製造部門費の予定配賦

(1) 甲製造部門費　@130円×5,200時間＝676,000円

(2) 乙製造部門費　@110円×4,300時間＝473,000円

Ⅱ 製造部門費実際発生額の集計

(1) 第1次集計：問題の資料より
　甲製造部門費：550,000円
　乙製造部門費：380,000円

(2) 第2次集計

① 動力部門費

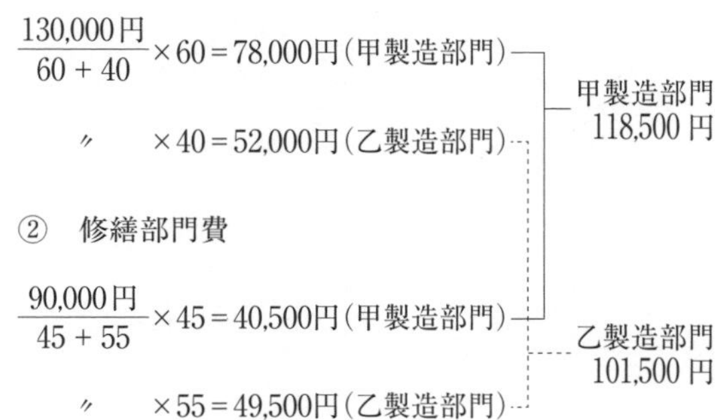

$\frac{130,000円}{60+40}$×60＝78,000円（甲製造部門）

〃　×40＝52,000円（乙製造部門）

② 修繕部門費

$\frac{90,000円}{45+55}$×45＝40,500円（甲製造部門）

〃　×55＝49,500円（乙製造部門）

甲製造部門 118,500円

乙製造部門 101,500円

Ⅲ 製造部門費配賦差異

(1) 甲製造部門費

676,000円（予定配賦額）－（550,000円＋118,500円）（実際発生額）＝ 7,500円（貸方差異）

(2) 乙製造部門費

473,000円（予定配賦額）－（380,000円＋101,500円）（実際発生額）＝△8,500円（借方差異）

問題11-3

製造部門別予定配賦率

第１製造部門	1,200円／時
第２製造部門	800円／時

製造指図書別予定配賦額

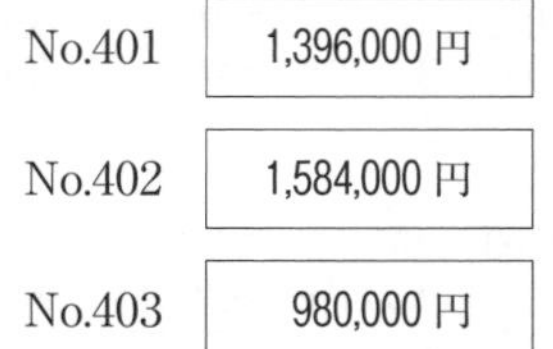

No.401	1,396,000円
No.402	1,584,000円
No.403	980,000円

製造部門費配賦差異

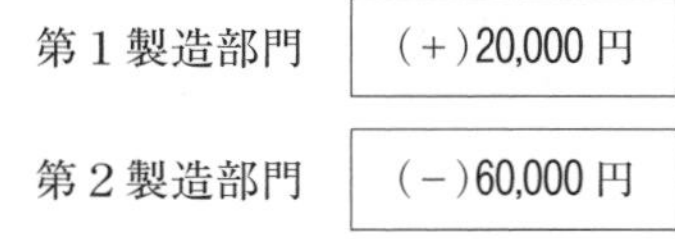

第１製造部門	(＋)20,000円
第２製造部門	(－)60,000円

解答への道

製造部門費の予定配賦率，予定配賦額および製造部門費配賦差異の計算を確認しましょう。

(1) 製造部門別予定配賦率

第１製造部門：$\frac{3{,}000{,}000円}{2{,}500時間}$ = 1,200円／時間

第２製造部門：$\frac{1{,}600{,}000円}{2{,}000時間}$ = 800円／時間

(2) 製造指図書別予定配賦額

No.401：@1,200円×750時間（第１製造部門）＋@800円×620時間（第２製造部門）
＝1,396,000円

No.402：@1,200円×840時間（第１製造部門）＋@800円×720時間（第２製造部門）
＝1,584,000円

No.403：@1,200円×510時間（第１製造部門）＋@800円×460時間（第２製造部門）
＝980,000円

(3) 製造部門費配賦差異

第１製造部門：@1,200円×2,100時間－2,500,000円
＝20,000円（貸方差異）

第２製造部門：@ 800円×1,800時間－1,500,000円
＝△60,000円（借方差異）

問題11-4

製造部門費の予定配賦の仕訳

借方科目	金　額	貸方科目	金　額
仕　掛　品	6,120,000	切削部門費 組立部門費	3,240,000 2,880,000

配賦差異計上の仕訳

借方科目	金　額	貸方科目	金　額
製造部門費配賦差異 組立部門費	80,000 140,000	切削部門費 製造部門費配賦差異	80,000 140,000

【別解】

組立部門費	140,000	切削部門費 製造部門費配賦差異	80,000 60,000

解答への道

製造部門費の予定配賦額の計算を確認しましょう。本問は切削部門（機械稼働時間）と組立部門（直接作業時間）で配賦基準が異なるため，予定配賦額の計算にあたり，資料の読み取りに注意が必要です。

(1) 予定配賦率

切削部門：$\frac{37{,}800{,}000円}{8{,}400時間}$＝4,500円／時間

組立部門：$\frac{34{,}200{,}000円}{9{,}500時間}$＝3,600円／時間

(2) 予定配賦額

切削部門：@4,500円×720時間＝3,240,000円
組立部門：@3,600円×800時間＝2,880,000円

(3) 配賦差異

切削部門：3,240,000円（予定）－3,320,000円（実際）
＝△80,000円（借方差異）

組立部門：2,880,000円（予定）－2,740,000円（実際）
＝140,000円（貸方差異）

問題11-5

部門別配賦表 （単位：円）

費目	配賦基準	合計	製造部門		補助部門		
			切削部門	仕上部門	動力部門	修繕部門	工場事務部門
部門個別費	—	3,460,000	1,356,000	1,202,000	510,000	212,000	180,000
部門共通費	電力消費量	540,000	240,000	120,000	90,000	60,000	30,000
部門費		4,000,000	1,596,000	1,322,000	600,000	272,000	210,000
工場事務部門費	従業員数		140,000	70,000			
修繕部門費	修繕時間		144,000	128,000			
動力部門費	電力消費量		400,000	200,000			
製造部門費		4,000,000	2,280,000	1,720,000			

製造間接費

借方		貸方	
諸口	4,000,000	諸口	4,000,000

工場事務部門費

借方		貸方	
製造間接費	210,000	切削部門費	(140,000)
		仕上部門費	(70,000)

修繕部門費

借方		貸方	
製造間接費	272,000	切削部門費	(144,000)
		仕上部門費	(128,000)

動力部門費

借方		貸方	
製造間接費	600,000	切削部門費	(400,000)
		仕上部門費	(200,000)

切削部門費

借方		貸方	
製造間接費	1,596,000	仕掛品	(2,200,000)
工場事務部門費	(140,000)	製造部門費配賦差異	(80,000)
修繕部門費	(144,000)		
動力部門費	(400,000)		
	(2,280,000)		(2,280,000)

仕上部門費

借方		貸方	
製造間接費	1,322,000	仕掛品	(1,760,000)
工場事務部門費	(70,000)		
修繕部門費	(128,000)		
動力部門費	(200,000)		
製造部門費配賦差異	(40,000)		
	(1,760,000)		(1,760,000)

仕掛品

借方		貸方	
切削部門費	(2,200,000)		
仕上部門費	(1,760,000)		

製造部門費配賦差異

借方		貸方	
(切削部門費)	(80,000)	(仕上部門費)	(40,000)

解答への道

製造部門費を予定配賦している場合の部門費配賦表と勘定連絡図の関係を確認しましょう。

(1) **製造部門費の配賦**

本問では予定配賦を行っています（切削部門2,200,000円，仕上部門1,760,000円）。

(仕掛品)	3,960,000	(切削部門費)	2,200,000
		(仕上部門費)	1,760,000

(2) **第１次集計**：部門個別費の直課及び部門共通費の配賦（本問ではすでに処理済み）

(3) **第２次集計**：補助部門費の配賦（直接配賦法）

・工場事務部門費210,000円を従業員数を基準に配賦します。

$$210{,}000円\times\frac{20人}{20人+10人}=140{,}000円（切削部門）$$

$$210{,}000円\times\frac{10人}{20人+10人}=\ 70{,}000円（仕上部門）$$

・修繕部門費272,000円を修繕時間を基準に配賦します。

$$272{,}000円\times\frac{90時間}{90時間+80時間}=144{,}000円（切削部門）$$

$$272{,}000円\times\frac{80時間}{90時間+80時間}=128{,}000円（仕上部門）$$

・動力部門費600,000円を電力消費量を基準に配賦します。

$$600{,}000円\times\frac{800kw}{800kw+400kw}=400{,}000円（切削部門）$$

$$600{,}000円\times\frac{400kw}{800kw+400kw}=200{,}000円（仕上部門）$$

(4) **補助部門費配賦額の勘定記入**

上記(3)で求めた数値をそれぞれ補助部門費の各勘定から製造部門費の各勘定に振り替えます。

（切削部門費）	140,000	（工場事務部門費）	210,000
（仕上部門費）	70,000		

（切削部門費）	144,000	（修繕部門費）	272,000
（仕上部門費）	128,000		

（切削部門費）	400,000	（動力部門費）	600,000
（仕上部門費）	200,000		

以上の処理を行うことにより製造間接費がすべて製造部門費の各勘定に集計されます（結果的に製造間接費勘定の4,000,000円が，切削部門費勘定に2,280,000円，仕上部門費勘定に1,720,000円振り替えられます）。

(5) 製造部門費配賦差異の計上

製造部門費の予定配賦額と実際発生額（集計額）との差額を，製造部門費配賦差異勘定に振り替えます。

（製造部門費配賦差異）	80,000	（切削部門費）	80,000
（仕上部門費）	40,000	（製造部門費配賦差異）	40,000

問題11-6

(1)	750円／時間
(2)	2,400,000円
(3)	720円／時間
(4)	600円／時間
(5)	2,704,800円

解答への道

製造間接費の配賦について，Ⅰ　部門別計算をしない場合と，Ⅱ　部門別計算をした場合の違いを確認しましょう。

Ⅰ　部門別計算をしない場合

(1) 工場1本の配賦率（総括配賦率）の計算

前期は部門別配賦率を用いていないため，単純に工場全体における製造間接費予算額13,500万円と基準操業度である予定直接作業時間18万時間から求めます。

13,500万円÷18万時間＝750円／時間

(2) 製造指図書No.10に対する製造間接費配賦額

750円／時間（総括配賦率）×(1,040時間＋2,160時間)（実際直接作業時間）＝2,400,000円

Ⅱ　部門別計算をした場合

(3) 切削部門の部門別予定配賦率（基準操業度は機械運転時間）

当期は部門別配賦率を用いているため，切削部門における製造間接費予算額7,920万円と切削部門の予定機械運転時間11万時間から求めます。

7,920万円÷11万時間＝720円／時間

(4) 組立部門の部門別予定配賦率（基準操業度は直接作業時間）

当期は部門別配賦率を用いているため，組立部門における製造間接費予算額8,400万円と組立部門の予定直接作業時間14万時間から求めます。

8,400万円÷14万時間＝600円／時間

(5) 製造指図書No.20に対する製造間接費配賦額

720円/時間×1,840時間（実際機械運転時間）＋600円/時間×2,300時間（実際直接作業時間）

＝2,704,800円

問題11-7

(1)	補助部門費配賦前の甲製造部門費予算額……	9,543,000円
(2)	補助部門費配賦後の乙製造部門費予算額……	25,250,000円
(3)	甲製造部門の予定製造間接費配賦率……	502円/時間
(4)	乙製造部門の予定製造間接費配賦率……	505円/時間
(5)	No.12に対する予定製造間接費配賦額……	1,916,600円

解答への道

製造部門費予算の算定手続きを確認しましょう。

製造部門費を予定配賦する場合，製造部門ごとに予定配賦率を算定する必要がありますが，その前提として，まず製造部門費の予算額を明らかにする必要があります。そこで，製造間接費の予算額について部門費配賦表を作成し，製造部門費の予算額を算定します。

部門費配賦表（予算額）　　(単位：円)

費目	配賦基準	合計	製造部門		補助部門	
			甲製造部門	乙製造部門	修繕部門	管理部門
部門個別費	—	29,738,000	6,213,000	20,330,000	2,418,000	777,000
部門共通費						
工場減価償却費	床面積	5,760,000	2,880,000	2,160,000	432,000	288,000
福利施設負担額	従業員数	1,800,000	450,000	900,000	300,000	150,000
部門費		37,298,000	9,543,000	23,390,000	3,150,000	1,215,000
管理部門費	従業員数		405,000	810,000		
修繕部門費	修繕時間		2,100,000	1,050,000		
製造部門費		37,298,000	12,048,000	25,250,000		
予定直接作業時間			24,000時間	50,000時間		
予定配賦率			502円／時間	505円／時間		

⑴　**部門共通費の配賦**

工場減価償却費は床面積を基準に各原価部門に配賦します。

$$\text{甲製造部門}：5{,}760{,}000\text{円}\times\frac{400\text{m}^2}{800\text{m}^2}=2{,}880{,}000\text{円}$$

$$\text{乙製造部門}：5{,}760{,}000\text{円}\times\frac{300\text{m}^2}{800\text{m}^2}=2{,}160{,}000\text{円}$$

$$\text{修繕部門}：5{,}760{,}000\text{円}\times\frac{60\text{m}^2}{800\text{m}^2}=432{,}000\text{円}$$

$$\text{管理部門}：5{,}760{,}000\text{円}\times\frac{40\text{m}^2}{800\text{m}^2}=288{,}000\text{円}$$

福利施設負担額は従業員数を基準に各原価部門に配賦します。

$$\text{甲製造部門}：1{,}800{,}000\text{円}\times\frac{30\text{人}}{120\text{人}}=450{,}000\text{円}$$

$$\text{乙製造部門}：1{,}800{,}000\text{円}\times\frac{60\text{人}}{120\text{人}}=900{,}000\text{円}$$

$$\text{修繕部門}：1{,}800{,}000\text{円}\times\frac{20\text{人}}{120\text{人}}=300{,}000\text{円}$$

$$\text{管理部門}：1{,}800{,}000\text{円}\times\frac{10\text{人}}{120\text{人}}=150{,}000\text{円}$$

⑵　**補助部門費の配賦**

管理部門費は従業員数を基準に配賦します。

$$\text{甲製造部門}：1{,}215{,}000\text{円}\times\frac{30\text{人}}{30\text{人}+60\text{人}}=405{,}000\text{円}$$

$$\text{乙製造部門}：1{,}215{,}000\text{円}\times\frac{60\text{人}}{30\text{人}+60\text{人}}=810{,}000\text{円}$$

修繕部門費は修繕時間を基準に配賦します。

$$\text{甲製造部門}：3{,}150{,}000\text{円}\times\frac{1{,}000\text{時間}}{1{,}000\text{時間}+500\text{時間}}=2{,}100{,}000\text{円}$$

$$\text{乙製造部門}：3{,}150{,}000\text{円}\times\frac{500\text{時間}}{1{,}000\text{時間}+500\text{時間}}=1{,}050{,}000\text{円}$$

⑶　**製造部門の予定配賦率の算定**

$$\text{甲製造部門}：\frac{12{,}048{,}000\text{円}}{24{,}000\text{時間}}=502\text{円／時間}$$

$$\text{乙製造部門}：\frac{25{,}250{,}000\text{円}}{50{,}000\text{時間}}=505\text{円／時間}$$

⑷　**製造指図書No.12への製造間接費配賦額**

甲製造部門：

502円/時間×800時間＝401,600円

乙製造部門：

505円/時間×3,000時間＝1,515,000円

} 1,916,600円

Theme 12 総合原価計算（Ⅰ）

問題12-1

月末仕掛品原価 226,000 円

完成品原価 1,360,000 円　完成品単位原価@ 680 円

解答への道

直接材料費と加工費とでは月末仕掛品に対する原価のかかり具合が異なるため，区別して計算します。

(1) 月末仕掛品原価

① 直接材料費

工程の始点ですべて投入される直接材料費は，月末仕掛品にも製品1個分の直接材料が投入さています。そのため生産データの「数量」をそのまま用いて直接材料費を完成品と月末仕掛品に按分します。

仕掛品－直接材料費

750,000 円	当月投入 2,500 個	完成 2,000 個	600,000 円
		月末 500 個	150,000 円

$$750{,}000円 \times \frac{500個}{2{,}000個 + 500個} = 150{,}000円$$

② 加工費

作業の進捗具合に応じて投入される加工費は，月末仕掛品に対して製品1個分の加工が投入されていません。そのため生産データの数量に加工進捗度を乗じた「完成品換算量」を用いて加工費を完成品と月末仕掛品に按分します。

仕掛品－加工費

836,000 円	当月投入 2,200 個	完成 2,000 個	760,000 円
		月末 500 個×0.4 ＝200 個	76,000 円

$$836{,}000円 \times \frac{200個}{2{,}000個 + 200個} = 76{,}000円$$

合　計

150,000円＋76,000円＝226,000円

(2) 完成品原価

750,000円＋836,000円－226,000円＝1,360,000円

(3) 完成品単位原価

1,360,000円÷2,000個＝680円／個

Theme 13 総合原価計算（Ⅱ）

問題13-1

(1) 平均法

月末仕掛品原価	1,040,000円		
完成品原価	6,480,000円	完成品単位原価@	720.00円
		または@	720円

(2) 先入先出法

月末仕掛品原価	980,000円		
完成品原価	6,540,000円	完成品単位原価@	726.67円

解答への道

(1) 平均法

月初仕掛品原価と当月製造費用の合計額より月末仕掛品原価を計算します。

① 直接材料費

仕掛品－直接材料費

885,000円＝	月初 2,500個	完成品 9,000個
2,635,000円＝	当月投入 8,500個	月末 2,000個

〈月末仕掛品原価〉

$$\frac{885{,}000\text{円}+2{,}635{,}000\text{円}}{9{,}000\text{個}+2{,}000\text{個}}\times 2{,}000\text{個}=640{,}000\text{円}$$

〈完成品原価〉

885,000円＋2,635,000円－640,000円＝2,880,000円

② 加工費

仕掛品－加工費

580,000円＝	月初 2,500個×0.2＝500個	完成品 9,000個
3,420,000円＝	当月投入 9,500個	月末 2,000個×0.5＝1,000個

〈月末仕掛品原価〉

$$\frac{580{,}000\text{円}+3{,}420{,}000\text{円}}{9{,}000\text{個}+1{,}000\text{個}}\times 1{,}000\text{個}=400{,}000\text{円}$$

〈完成品原価〉

580,000円＋3,420,000円－400,000円＝3,600,000円

③ 合計

月末仕掛品原価：640,000円＋400,000円＝1,040,000円

完成品原価：2,880,000円＋3,600,000円＝6,480,000円

完成品単位原価：6,480,000円÷9,000個＝@720.00円

(2) 先入先出法

月初仕掛品はすべて完成したと考えるため，当月製造費用より月末仕掛品原価を計算します。

① 直接材料費

仕掛品－直接材料費

885,000円＝	月初 2,500個	完成品 9,000個
2,635,000円＝	当月投入 8,500個	月末 2,000個

〈月末仕掛品原価〉

$$\frac{2{,}635{,}000\text{円}}{9{,}000\text{個}-2{,}500\text{個}+2{,}000\text{個}}\times 2{,}000\text{個}=620{,}000\text{円}$$

〈完成品原価〉

885,000円＋2,635,000円－620,000円＝2,900,000円

② 加工費

仕掛品－加工費

580,000円＝	月初 2,500個×0.2＝500個	完成品 9,000個
3,420,000円＝	当月投入 9,500個	月末 2,000個×0.5＝1,000個

〈月末仕掛品原価〉

$$\frac{3{,}420{,}000\text{円}}{9{,}000\text{個}-500\text{個}+1{,}000\text{個}}\times 1{,}000\text{個}=360{,}000\text{円}$$

〈完成品原価〉

580,000円＋3,420,000円－360,000円＝3,640,000円

③ 合計

月末仕掛品原価：620,000円＋360,000円＝980,000円

完成品原価：2,900,000円＋3,640,000円＝6,540,000円

完成品単位原価：6,540,000円÷9,000個≒@726.67円

（円位未満第3位四捨五入）

問題13-2

(1)

総合原価計算表　(単位：円)

摘　要	直接材料費	加工費	合　計
月初仕掛品	19,200	25,200	44,400
当月製造費用	793,800	792,000	1,585,800
合　計	813,000	817,200	1,630,200
月末仕掛品	63,000	13,200	76,200
完成品原価	750,000	804,000	1,554,000

(2)

借方科目	金額	貸方科目	金額
製　品	1,554,000	仕掛品	1,554,000

解答への道

1．総合原価計算表

直接材料費と加工費を区別して，それぞれ月末仕掛品原価および完成品原価を計算し，総合原価計算表に記入します。

(1)　直接材料費

仕掛品－直接材料費

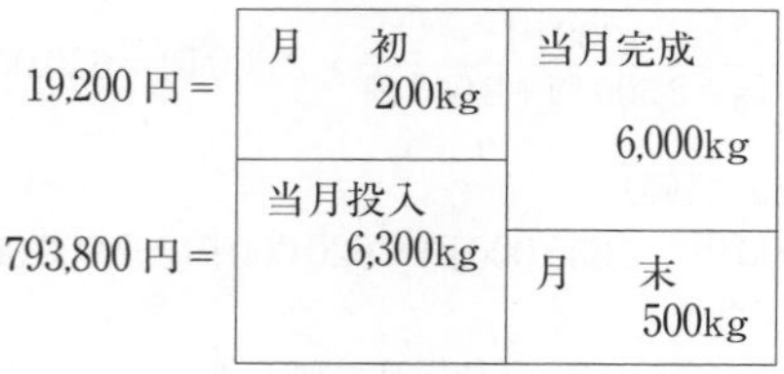

	借方	貸方
19,200円＝	月初 200kg	当月完成 6,000kg
793,800円＝	当月投入 6,300kg	月末 500kg

〈月末仕掛品原価〉

$$\frac{793{,}800\text{円}}{6{,}000\text{kg}-200\text{kg}+500\text{kg}}\times 500\text{kg}=63{,}000\text{円}$$

〈完成品原価〉

19,200円＋793,800円－63,000円＝750,000円

(2)　加工費

仕掛品－加工費

	借方	貸方
25,200円＝	月初 200kg×0.5 ＝100kg	当月完成 6,000kg
792,000円＝	当月投入 (差引) 6,000kg	月末 500kg×0.2 ＝100kg

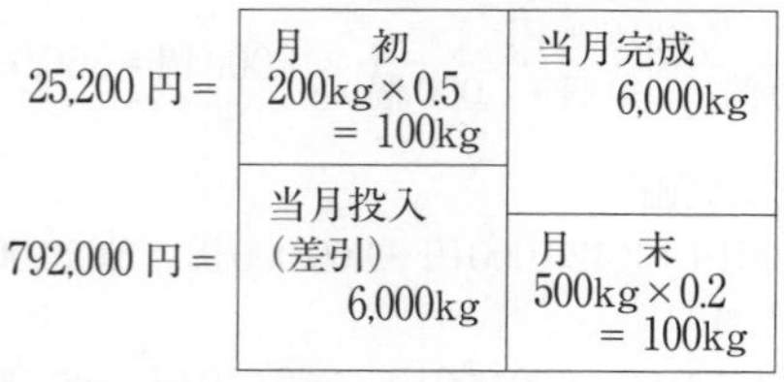

〈月末仕掛品原価〉

$$\frac{792{,}000\text{円}}{6{,}000\text{kg}-100\text{kg}+100\text{kg}}\times 100\text{kg}=13{,}200\text{円}$$

〈完成品原価〉

25,200円＋792,000円－13,200円＝804,000円

2．仕訳

完成品原価は仕掛品勘定から製品勘定へ振り替えます。この点，個別原価計算においても総合原価計算においても同じです。

問題13-3

仕　掛　品　(単位：円)

月初有高：		当月完成高：	
原料費	135,000	原料費	(1,912,500)
加工費	31,000	加工費	(2,550,000)
小　計	166,000	小　計	(4,462,500)
当月製造費用：		月末有高：	
原料費	1,980,000	原料費	(202,500)
加工費	2,654,000	加工費	(135,000)
小　計	4,634,000	小　計	(337,500)
	4,800,000		(4,800,000)

解答への道

生産データと仕掛品勘定（借方）に示された原価データをもとに月末仕掛品原価および完成品原価を計算し，解答欄の仕掛品勘定を完成させます。

(1)　原料費

仕掛品－原料費

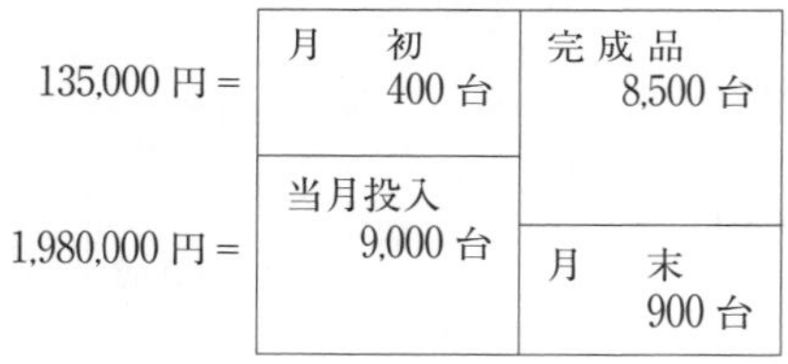

	借方	貸方
135,000円＝	月初 400台	完成品 8,500台
1,980,000円＝	当月投入 9,000台	月末 900台

〈月末仕掛品原価〉

$$\frac{135{,}000\text{円}+1{,}980{,}000\text{円}}{8{,}500\text{台}+900\text{台}}\times 900\text{台}=202{,}500\text{円}$$

〈完成品原価〉

135,000円＋1,980,000円－202,500円＝1,912,500円

(2)　加工費

仕掛品－加工費

	借方	貸方
31,000円＝	月初 400台×0.25 ＝100台	完成品 8,500台
2,654,000円＝	当月投入 (差引) 8,850台	月末 900台×0.5 ＝450台

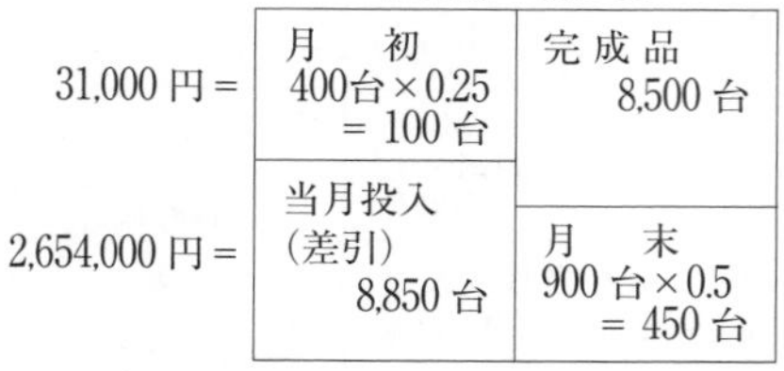

〈月末仕掛品原価〉

$$\frac{31{,}000\text{円}+2{,}654{,}000\text{円}}{8{,}500\text{台}+450\text{台}}\times 450\text{台}=135{,}000\text{円}$$

〈完成品原価〉

31,000円＋2,654,000円－135,000円＝2,550,000円

問題13-4

(1)　平均法

月末仕掛品原価	1,800,000円		
完成品原価	10,200,000円	完成品単位原価@	2,000.00円
		または@	2,000円

(2)　先入先出法

月末仕掛品原価	1,575,000円		
完成品原価	10,425,000円	完成品単位原価@	2,044.12円

解答への道

原料が加工に応じて投入されているため，原料費は加工費と同様に加工進捗度を考慮した「完成品換算量」を用いて完成品と月末仕掛品に按分します。

(1)　平均法

①　原料費

仕掛品－原料費

1,440,000円＝	月初 2,000個×0.6 ＝1,200個	完成品 5,100個
3,360,000円＝	当月投入 4,800個	月末 1,000個×0.9 ＝900個

〈月末仕掛品原価〉

$$\frac{1,440,000円+3,360,000円}{5,100個+900個}\times 900個=720,000円$$

〈完成品原価〉

1,440,000円＋3,360,000円－720,000円＝4,080,000円

②　加工費

仕掛品－加工費

2,160,000円＝	月初 2,000個×0.6 ＝1,200個	完成品 5,100個
5,040,000円＝	当月投入 4,800個	月末 1,000個×0.9 ＝900個

〈月末仕掛品原価〉

$$\frac{2,160,000円+5,040,000円}{5,100個+900個}\times 900個=1,080,000円$$

〈完成品原価〉

2,160,000円＋5,040,000円－1,080,000円＝6,120,000円

③　合計

月末仕掛品原価：720,000円＋1,080,000円＝1,800,000円

完成品原価：4,080,000円＋6,120,000円＝10,200,000円

完成品単位原価：10,200,000円÷5,100個＝@2,000.00円

(2)　先入先出法

①　原料費

仕掛品－原料費

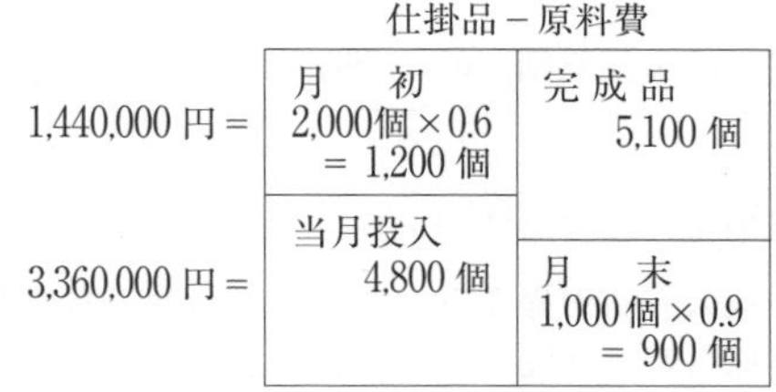

〈月末仕掛品原価〉

$$\frac{3,360,000円}{5,100個-1,200個+900個}\times 900個=630,000円$$

〈完成品原価〉

1,440,000円＋3,360,000円－630,000円＝4,170,000円

②　加工費

仕掛品－加工費

2,160,000円＝	月初 2,000個×0.6 ＝1,200個	完成品 5,100個
5,040,000円＝	当月投入 4,800個	月末 1,000個×0.9 ＝900個

〈月末仕掛品原価〉

$$\frac{5,040,000円}{5,100個-1,200個+900個}\times 900個=945,000円$$

〈完成品原価〉

2,160,000円＋5,040,000円－945,000円＝6,255,000円

③　合計

月末仕掛品原価：630,000円＋945,000円＝1,575,000円

完成品原価：4,170,000円＋6,255,000円＝10,425,000円

完成品単位原価：10,425,000円÷5,100個≒@2,044.12円

（円位未満第3位四捨五入）

問題13-5

① 月末仕掛品原価　131,700円

② 完成品原価　3,060,000円

③ 完成品単位原価　@　360円

解答への道

原料の投入方法が異なるため，A原料費，B原料費およびC原料費は区別して月末仕掛品原価を計算します。

(1) A原料費

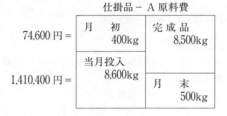

仕掛品－A原料費

	借方	貸方
74,600円＝	月初 400kg	完成品 8,500kg
1,410,400円＝	当月投入 8,600kg	月末 500kg

〈月末仕掛品原価〉

$$\frac{74{,}600\text{円}+1{,}410{,}400\text{円}}{8{,}500\text{kg}+500\text{kg}}\times 500\text{kg}=82{,}500\text{円}$$

〈完成品原価〉

74,600円＋1,410,400円－82,500円＝1,402,500円

(2) B原料費

B原料費は，加工中平均的（＝加工に比例して）に投入されるので，加工費と同様，加工進捗度を考慮した完成品換算量によって計算を行います。

仕掛品－B原料費

	借方	貸方
18,200円＝	月初 400kg×0.5 ＝200kg	完成品 8,500kg
404,200円＝	当月投入 8,600kg	月末 500kg×0.6 ＝300kg

〈月末仕掛品原価〉

$$\frac{18{,}200\text{円}+404{,}200\text{円}}{8{,}500\text{kg}+300\text{kg}}\times 300\text{kg}=14{,}400\text{円}$$

〈完成品原価〉

18,200円＋404,200円－14,400円＝408,000円

(3) C原料費

C原料費は，工程の終点で投入されるので，全額，完成品原価とします。

(4) 加工費

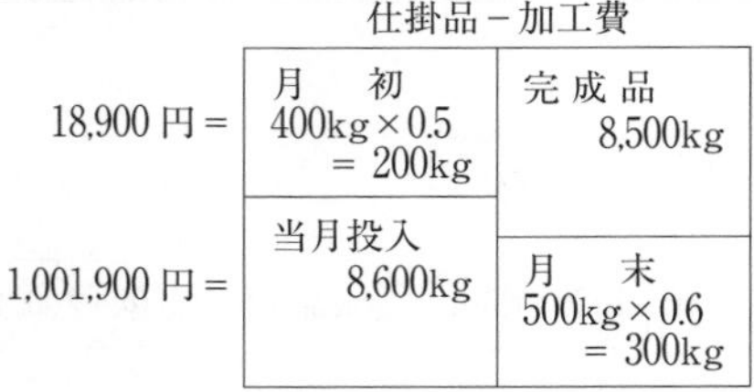

〈月末仕掛品原価〉

$$\frac{18{,}900\text{円}+1{,}001{,}900\text{円}}{8{,}500\text{kg}+300\text{kg}}\times 300\text{kg}=34{,}800\text{円}$$

〈完成品原価〉

18,900円＋1,001,900円－34,800円＝986,000円

(5) 合計

月末仕掛品原価：82,500円＋14,400円＋34,800円＝131,700円

完成品原価：1,402,500円＋408,000円
＋263,500円＋986,000円＝3,060,000円

完成品単位原価：3,060,000円÷8,500kg＝@360円

問題13-6

問1

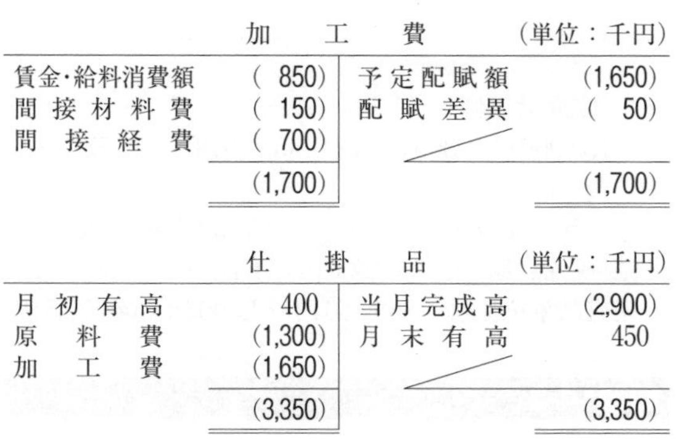

加　工　費　(単位：千円)

借方	金額	貸方	金額
賃金・給料消費額	(850)	予定配賦額	(1,650)
間接材料費	(150)	配賦差異	(50)
間接経費	(700)		
	(1,700)		(1,700)

仕　掛　品　(単位：千円)

借方	金額	貸方	金額
月初有高	400	当月完成高	(2,900)
原料費	(1,300)	月末有高	450
加工費	(1,650)		
	(3,350)		(3,350)

問2

(単位：千円)

	借方科目	金額	貸方科目	金額
(1)	仕掛品	1,300	原料	1,300
(2)	仕掛品	1,650	加工費	1,650
(3)	製品	2,900	仕掛品	2,900
(4)	加工費配賦差異	50	加工費	50

解答への道

総合原価計算における基本的な勘定連絡と仕訳を確認しましょう。なお，加工費を予定配賦している場合，加工費勘定から仕掛品勘定に振り替える金額は予定配賦額となります。また，本問において仕掛品勘定の貸方に「月末有高　450」の記入があるため，月末仕掛品原価を計算する必要はありません。

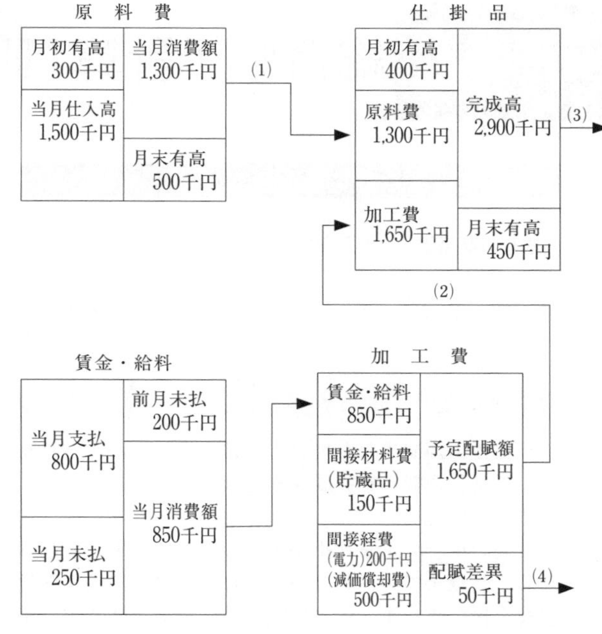

原料費

当月消費額：300千円（月初有高）＋1,500千円（当月仕入）－500千円（月末有高）
＝1,300千円

加工費

予定配賦率を計算したあとに予定配賦額を算定します。

予定配賦率：54,000千円（年間加工費予算額）÷36,000時間（年間予定直接作業時間）
＝1.5千円/時間

予定配賦額：1.5千円/時間（予定配賦率）×1,100時間（実際直接作業時間）＝1,650千円

賃金・給料

当月消費額：800千円（当月支払）－200千円（前月未払）＋250千円（当月未払）＝850千円

間接材料費

本問では，貯蔵品消費額の150千円のみです。

間接経費

200千円（電力消費額）＋500千円（減価償却費）＝700千円

配賦差異

1,650千円（予定配賦額）－(850千円＋150千円＋700千円)（実際発生額）
＝△50千円（借方差異）

当月完成高

完成高：400千円（月初有高）＋1,300千円（原料費）＋1,650千円（加工費）－450千円（月末有高）
＝2,900千円

Theme

14 総合原価計算(Ⅲ)

問題14-1

月末仕掛品原価 95,750円

完成品原価 860,250円　完成品単位原価@ 573.5円

解答への道

正常仕損が発生した場合，正常仕損品にかかった原価（正常仕損費）を完成品や月末仕掛品に含めていきます（度外視法）。

本問の場合，正常仕損が工程の終点で発生しているため，終点まで到達していない月末仕掛品には正常仕損費を負担させず，すべて完成品に負担させます（完成品負担）。

この場合，正常仕損の生産データを完成品の生産データとみなして月末仕掛品原価を計算します。

(1)　直接材料費

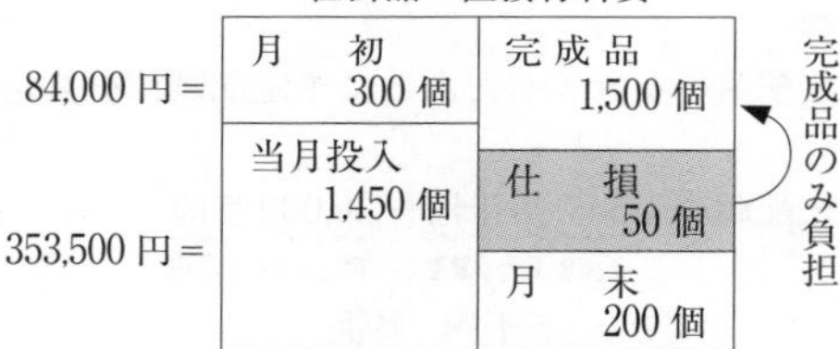

〈月末仕掛品原価〉

$$\frac{84{,}000円+353{,}500円}{1{,}500個+50個+200個}\times 200個=50{,}000円$$

〈完成品原価〉

84,000円＋353,500円－50,000円＝387,500円

(2)　加工費

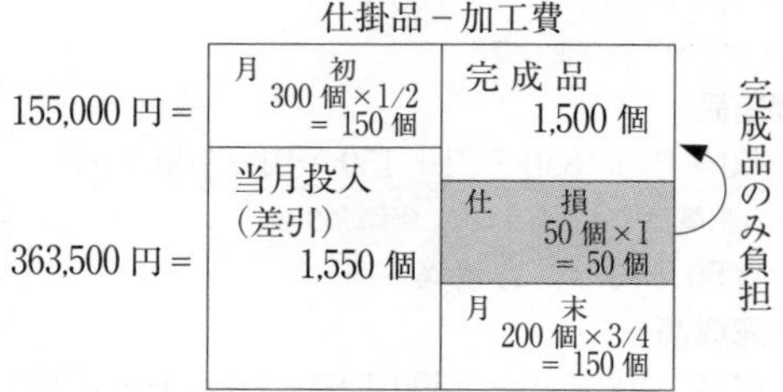

〈月末仕掛品原価〉

$$\frac{155{,}000円+363{,}500円}{1{,}500個+50個+150個}\times 150個=45{,}750円$$

〈完成品原価〉

155,000円＋363,500円－45,750円＝472,750円

(3)　合　計

月末仕掛品原価：50,000円＋45,750円＝95,750円

完成品原価：387,500円＋472,750円＝860,250円

完成品単位原価：860,250円÷1,500個＝@573.5円

問題14-2

(1)　**ケース1**（先入先出法）

完成品原価 1,410,930円　完成品単位原価@ 352.73円

月末仕掛品原価 125,350円

(2)　**ケース2**（平均法）

完成品原価 1,400,000円　完成品単位原価@ 350.00円

または@ 350円

月末仕掛品原価 136,280円

解答への道

正常仕損が工程の途中で発生し，かつ発生点が特定できないときは，月末仕掛品からも正常仕損が発生していると考えられるため，正常仕損費は完成品と月末仕掛品の両者に負担させます（両者負担）。

この場合，正常仕損の生産データを無視して月末仕掛品原価を計算します。

1．先入先出法

(1)　原料費

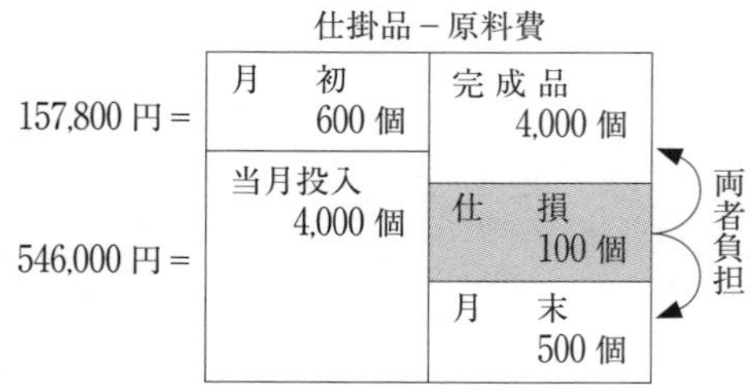

〈月末仕掛品原価〉

$$\frac{546{,}000円}{4{,}000個-600個+500個}\times 500個=70{,}000円$$

〈完成品原価〉

157,800円 + 546,000円 − 70,000円 = 633,800円

(2) 加工費

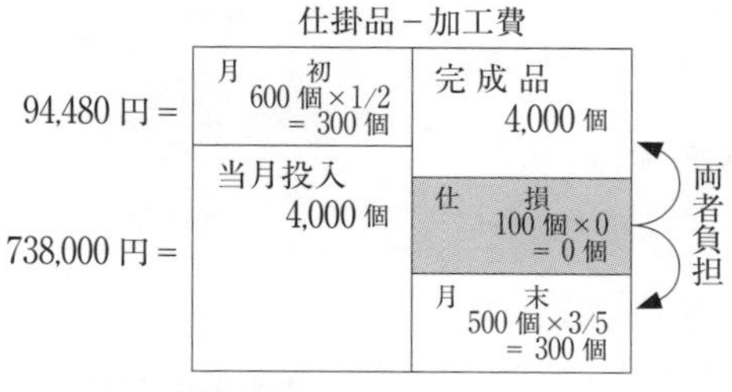

〈月末仕掛品原価〉

$$\frac{738{,}000\text{円}}{4{,}000\text{個} - 300\text{個} + 300\text{個}} \times 300\text{個} = 55{,}350\text{円}$$

〈完成品原価〉

94,480円 + 738,000円 − 55,350円 = 777,130円

(3) 合 計

月末仕掛品原価：70,000円 + 55,350円 = 125,350円

完 成 品 原 価：633,800円 + 777,130円 = 1,410,930円

完成品単位原価：1,410,930円 ÷ 4,000個 ≒ @352.73円

（円位未満第3位四捨五入）

2．平均法

(1) 原料費

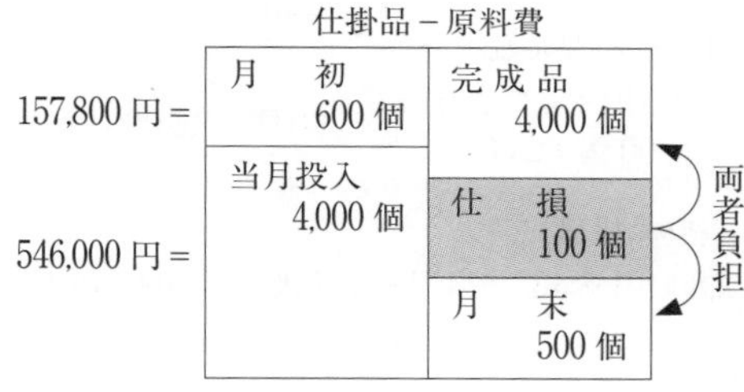

〈月末仕掛品原価〉

$$\frac{157{,}800\text{円} + 546{,}000\text{円}}{4{,}000\text{個} + 500\text{個}} \times 500\text{個} = 78{,}200\text{円}$$

〈完成品原価〉

157,800円 + 546,000円 − 78,200円 = 625,600円

(2) 加工費

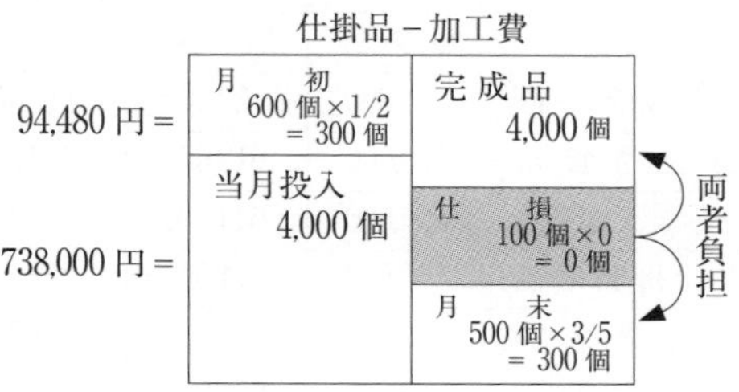

〈月末仕掛品原価〉

$$\frac{94{,}480\text{円} + 738{,}000\text{円}}{4{,}000\text{個} + 300\text{個}} \times 300\text{個} = 58{,}080\text{円}$$

〈完成品原価〉

94,480円 + 738,000円 − 58,080円 = 774,400円

3．合 計

月末仕掛品原価：78,200円 + 58,080円 = 136,280円

完 成 品 原 価：625,600円 + 774,400円 = 1,400,000円

完成品単位原価：1,400,000円 ÷ 4,000個 = @350.00円

問題14-3

（ケース1）

完成品原価 1,078,000円　完成品単位原価@ 539円

月末仕掛品原価 268,000円

（ケース2）

完成品原価 1,060,000円　完成品単位原価@ 530円

月末仕掛品原価 286,000円

解答への道

正常仕損が工程の途中で発生し，その発生点が特定できるときは，正常仕損の発生点と月末仕掛品の加工進捗度を比較して正常仕損費の負担関係を決定します。

・正常仕損の発生点＜月末仕掛品の加工進捗度：両者負担

正常仕損費は完成品と月末仕掛品の両者に負担させます。

・正常仕損の発生点＞月末仕掛品の加工進捗度：完成品負担

正常仕損費は完成品のみに負担させます。

（ケース1）

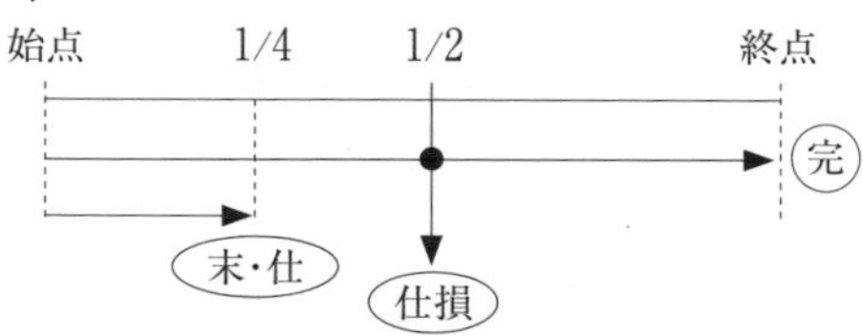

完成品のみが正常仕損の発生点を通過していることから，正常仕損費は完成品のみが負担します。

(1) 直接材料費

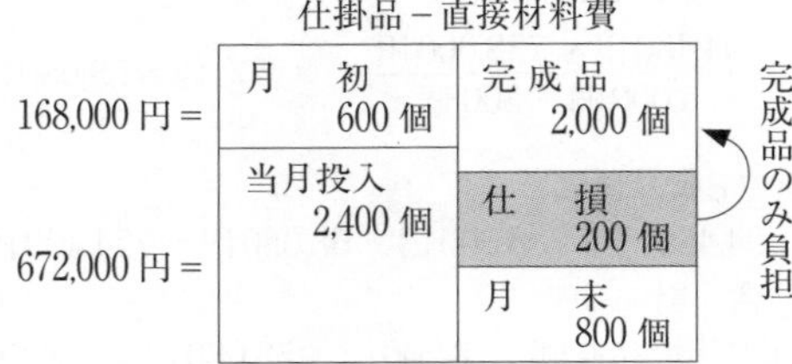

〈月末仕掛品原価〉

$$\frac{168{,}000\text{円}+672{,}000\text{円}}{2{,}000\text{個}+200\text{個}+800\text{個}}\times 800\text{個}=224{,}000\text{円}$$

〈完成品原価〉

168,000 円＋672,000 円－224,000 円＝616,000 円

(2) 加工費

〈月末仕掛品原価〉

$$\frac{72{,}800\text{円}+433{,}200\text{円}}{2{,}000\text{個}+100\text{個}+200\text{個}}\times 200\text{個}=44{,}000\text{円}$$

〈完成品原価〉

72,800 円＋433,200 円－44,000 円＝462,000 円

(3) 合　計

月末仕掛品原価：224,000 円＋44,000 円＝268,000 円
完 成 品 原 価：616,000 円＋462,000 円＝1,078,000 円
完成品単位原価：1,078,000 円÷2,000 個＝@539 円

(ケース 2)

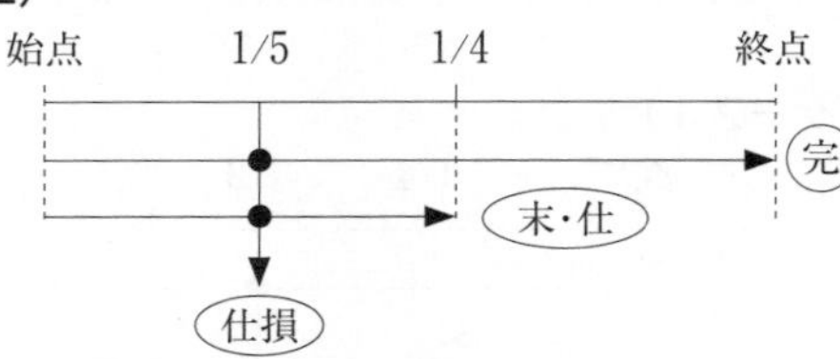

正常仕損の発生点を完成品と月末仕掛品の両者が通過していることから，正常仕損費は完成品と月末仕掛品の両者が負担します。

(1) 直接材料費

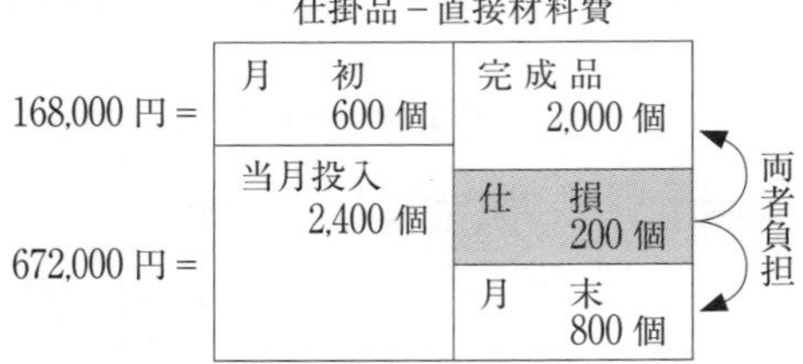

〈月末仕掛品原価〉

$$\frac{168{,}000\text{円}+672{,}000\text{円}}{2{,}000\text{個}+800\text{個}}\times 800\text{個}=240{,}000\text{円}$$

〈完成品原価〉

168,000 円＋672,000 円－240,000 円＝600,000 円

(2) 加工費

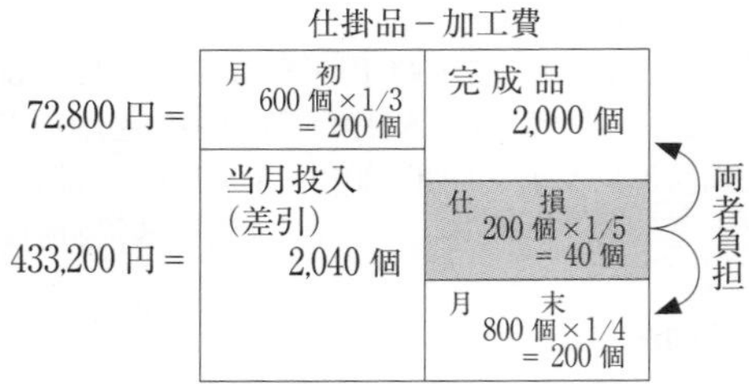

〈月末仕掛品原価〉

$$\frac{72{,}800\text{円}+433{,}200\text{円}}{2{,}000\text{個}+200\text{個}}\times 200\text{個}=46{,}000\text{円}$$

〈完成品原価〉

72,800 円＋433,200 円－46,000 円＝460,000 円

(3) 合　計

月末仕掛品原価：240,000 円＋46,000 円＝286,000 円
完 成 品 原 価：600,000 円＋460,000 円＝1,060,000 円
完成品単位原価：1,060,000 円÷2,000 個＝@530 円

問題14-4

1. 平均法

総合原価計算表　　(単位：円)

	原 料 費	加 工 費	合　計
月初仕掛品原価	84,000	32,400	116,400
当月製造費用	720,000	612,000	1,332,000
合　　計	804,000	644,400	1,448,400
月末仕掛品原価	160,800	71,600	232,400
仕損品評価額	15,000	——	15,000
完成品総合原価	628,200	572,800	1,201,000

2. 先入先出法

総合原価計算表　（単位：円）

	原料費	加工費	合計
月初仕掛品原価	84,000	32,400	116,400
当月製造費用	720,000	612,000	1,332,000
合計	804,000	644,400	1,448,400
月末仕掛品原価	160,000	72,000	232,000
仕損品評価額	15,000	——	15,000
完成品総合原価	629,000	572,400	1,201,400

解答への道

本問は，正常仕損が工程の終点で発生しているため，正常仕損費はすべて完成品に負担させます（完成品負担）。

なお，正常仕損品に評価額がある場合，製造原価からその評価額を控除する必要がありますが，正常仕損費の負担関係の違いにより，以下のように取り扱います。

・完成品負担の場合：月末仕掛品原価を計算した後に「完成品原価」より控除します。

・両者負担の場合：月末仕掛品原価を計算する前に「当月製造費用（主に材料費）」より控除します。

1．平均法

(1) 原料費

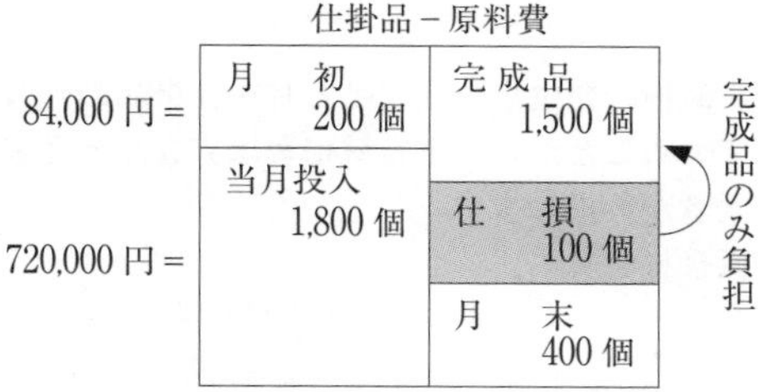

〈月末仕掛品原価〉

$$\frac{84{,}000円＋720{,}000円}{1{,}500個＋100個＋400個}×400個＝160{,}800円$$

〈完成品原価〉

84,000円＋720,000円－160,800円－@150円×100個＝628,200円

(2) 加工費

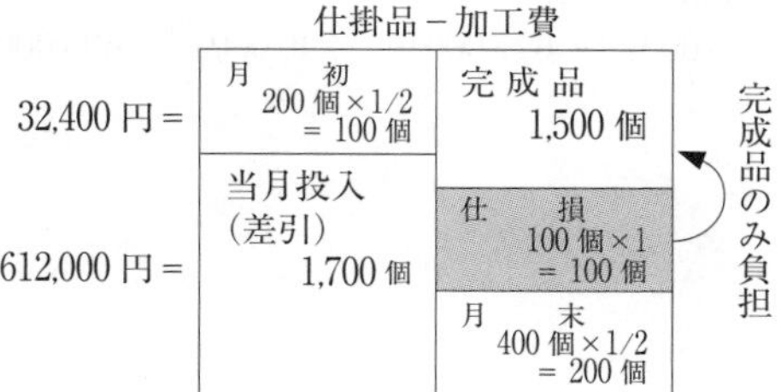

〈月末仕掛品原価〉

$$\frac{32{,}400円＋612{,}000円}{1{,}500個＋100個＋200個}×200個＝71{,}600円$$

〈完成品原価〉

32,400円＋612,000円－71,600円＝572,800円

2．先入先出法

(1) 原料費

〈月末仕掛品原価〉

$$\frac{720{,}000円}{1{,}500個－200個＋100個＋400個}$$

×400個＝160,000円

〈完成品原価〉

84,000円＋720,000円－160,000円－@150円×100個＝629,000円

(2) 加工費

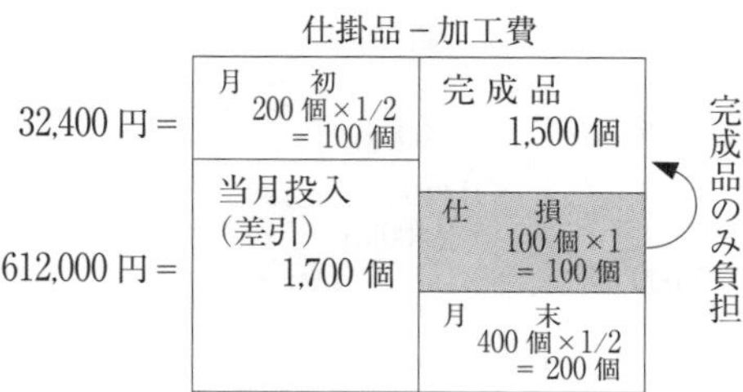

〈月末仕掛品原価〉

$$\frac{612{,}000円}{1{,}500個－100個＋100個＋200個}$$

×200個＝72,000円

〈完成品原価〉

32,400円＋612,000円－72,000円＝572,400円

問題14-5

(ケース1)

完成品原価 1,078,000円　完成品単位原価@ 539円

月末仕掛品原価 268,000円

(ケース2)

完成品原価 1,060,000円　完成品単位原価@ 530円

月末仕掛品原価 286,000円

解答への道

正常減損が発生した場合，正常仕損（評価額なし）のケースと同様に月末仕掛品原価および完成品原価を計算します。

(ケース1)

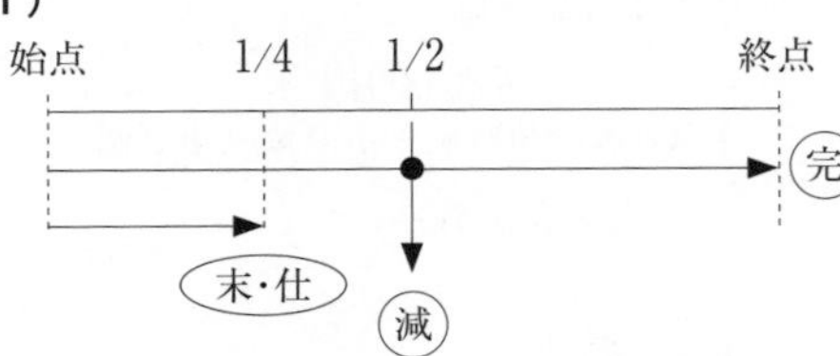

完成品のみが正常減損の発生点を通過していることから，正常減損費は完成品のみが負担します。

(1)　直接材料費

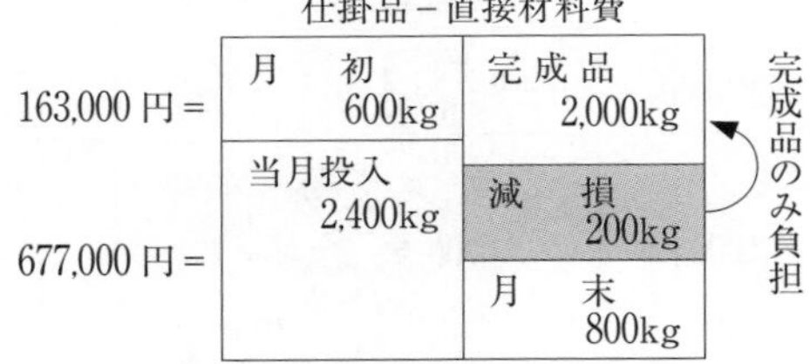

〈月末仕掛品原価〉

$$\frac{163{,}000円＋677{,}000円}{2{,}000kg＋200kg＋800kg}×800kg＝224{,}000円$$

〈完成品原価〉

163,000円＋677,000円－224,000円＝616,000円

(2)　加工費

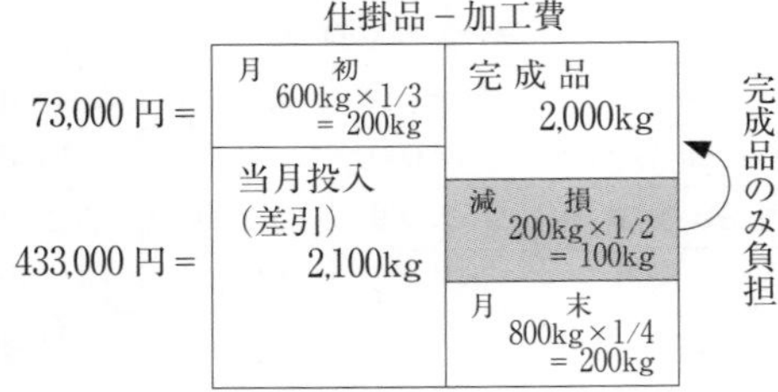

〈月末仕掛品原価〉

$$\frac{73{,}000円＋433{,}000円}{2{,}000kg＋100kg＋200kg}×200kg＝44{,}000円$$

〈完成品原価〉

73,000円＋433,000円－44,000円＝462,000円

(3)　合　計

月末仕掛品原価：224,000円＋44,000円＝268,000円

完成品原価：616,000円＋462,000円＝1,078,000円

完成品単位原価：1,078,000円÷2,000kg＝@539円

(ケース2)

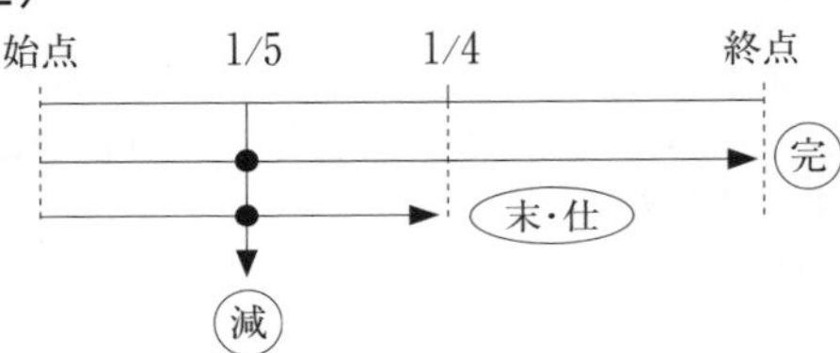

正常減損の発生点を完成品と月末仕掛品の両者が通過していることから，正常減損費は完成品と月末仕掛品の両者が負担します。

(1)　直接材料費

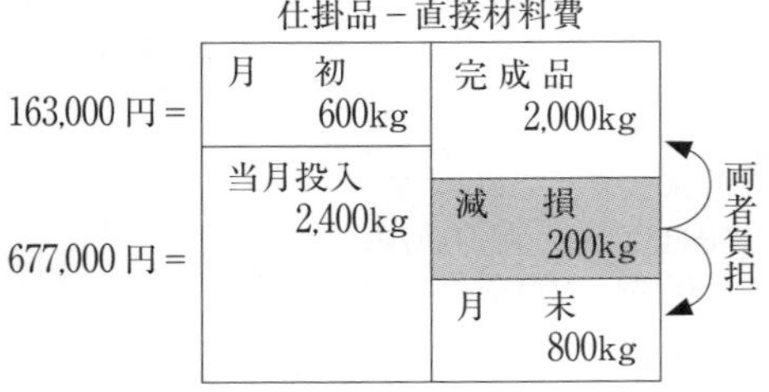

〈月末仕掛品原価〉

$$\frac{163{,}000円＋677{,}000円}{2{,}000kg＋800kg}×800kg＝240{,}000円$$

〈完成品原価〉

163,000円＋677,000円－240,000円＝600,000円

⑵　加工費

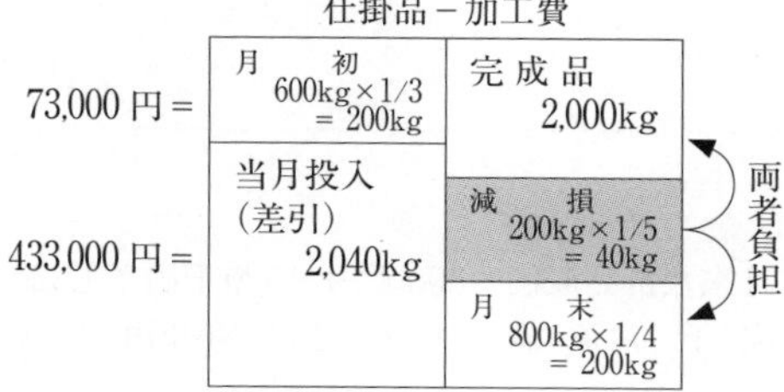

〈月末仕掛品原価〉

$$\frac{73{,}000\text{円}+433{,}000\text{円}}{2{,}000\text{kg}+200\text{kg}}\times 200\text{kg}=46{,}000\text{円}$$

〈完成品原価〉

73,000円＋433,000円－46,000円＝460,000円

⑶　合　計

月末仕掛品原価：240,000円＋46,000円＝286,000円
完　成　品　原　価：600,000円＋460,000円＝1,060,000円
完成品単位原価：1,060,000円÷2,000kg＝@530円

Theme 15 総合原価計算(Ⅳ)

問題15-1

第１工程完了品	直接材料費	4,060 千円
	加工費	5,240 千円
第２工程完成品	前工程費	7,480 千円
	加工費	8,320 千円

解答への道

工程別総合原価計算では，工程ごとに仕掛品勘定が設定され，工程ごとに月末仕掛品原価および完成品原価を計算します。なお，累加法で計算する場合，第1工程の完成品（完了品）は，原則として第2工程に投入されますが，第2工程において投入された第1工程完成品原価を「前工程費」として受け入れます。

1．第１工程の計算（先入先出法）

(1)　直接材料費

仕掛品－直接材料費

1,260 千円＝	月　初 30kg	完了品 100kg
3,600 千円＝	当月投入 90kg	月　末 20kg

〈月末仕掛品原価〉

$$\frac{3{,}600千円}{100kg-30kg+20kg}\times 20kg = 800千円$$

〈完了品原価〉

1,260千円＋3,600千円－800千円＝4,060千円

(2)　加工費

仕掛品－加工費

560 千円＝	月　初 30kg×1/3 ＝10kg	完了品 100kg
5,200 千円＝	当月投入（差引）100kg	月　末 20kg×1/2 ＝10kg

〈月末仕掛品原価〉

$$\frac{5{,}200千円}{100kg-10kg+10kg}\times 10kg = 520千円$$

〈完了品原価〉

560千円＋5,200千円－520千円＝5,240千円

(3)　合　計

月末仕掛品原価：800千円＋520千円＝1,320千円

完了品原価：4,060千円＋5,240千円＝9,300千円（第2工程へ）

2．第2工程の計算（先入先出法）

(1)　前工程費

仕掛品－前工程費

1,900 千円＝	月　初 20kg	完成品 80kg
9,300 千円＝（第1工程から）	当月投入 100kg	月　末 40kg

〈月末仕掛品原価〉

$$\frac{9{,}300千円}{80kg-20kg+40kg}\times 40kg = 3{,}720千円$$

〈完成品原価〉

1,900千円＋9,300千円－3,720千円＝7,480千円

(2)　加工費

仕掛品－加工費

1,920 千円＝	月　初 20kg×4/5 ＝16kg	完成品 80kg
7,400 千円＝	当月投入（差引）74kg	月　末 40kg×1/4 ＝10kg

〈月末仕掛品原価〉

$$\frac{7{,}400千円}{80kg-16kg+10kg}\times 10kg = 1{,}000千円$$

〈完成品原価〉

1,920千円＋7,400千円－1,000千円＝8,320千円

(3)　合　計

月末仕掛品原価：3,720千円＋1,000千円＝4,720千円

完成品原価：7,480千円＋8,320千円＝15,800千円

問題15-2

(1)

工程別総合原価計算表
×1年10月

(単位：円)

	第　1　工　程			第　2　工　程		
	原　料　費	加　工　費	合　　計	前工程費	加　工　費	合　　計
月初仕掛品原価	720,000	510,000	1,230,000	1,425,000	234,200	1,659,200
当月製造費用	7,020,000	4,110,000	11,130,000	10,575,000	5,960,000	16,535,000
合　　計	7,740,000	4,620,000	12,360,000	12,000,000	6,194,200	18,194,200
差引：月末仕掛品原価	1,290,000	495,000	1,785,000	2,961,000	417,200	3,378,200
完成品総合原価	6,450,000	4,125,000	10,575,000	9,039,000	5,777,000	14,816,000
完成品単位原価	@ 258	@ 165	@ 423	@ 451.95	@ 288.85	@ 740.8

(2)

	借方科目	金　額	貸方科目	金　額
①	第2工程仕掛品	10,575,000	第1工程仕掛品	10,575,000
②	製　　品	14,816,000	第2工程仕掛品	14,816,000

解答への道

工程別計算では、工程ごとに「仕掛品」勘定を設定し、工程ごとに月末仕掛品原価および完成品（完了品）原価を算定します。

1．第1工程の計算（平均法）および仕訳

(1)　原料費

仕掛品－原料費

	借方	貸方
720,000円＝	月初 3,000kg	完了品 25,000kg
7,020,000円＝	当月投入 27,000kg	月末 5,000kg

〈月末仕掛品原価〉

$$\frac{720{,}000円+7{,}020{,}000円}{25{,}000kg+5{,}000kg}\times 5{,}000kg = 1{,}290{,}000円$$

〈完了品原価〉

720,000円＋7,020,000円－1,290,000円＝6,450,000円

(2)　加工費

仕掛品－加工費

	借方	貸方
510,000円＝	月初 3,000kg×0.2 ＝600kg	完了品 25,000kg
4,110,000円＝	当月投入（差引） 27,400kg	月末 5,000kg×0.6 ＝3,000kg

〈月末仕掛品原価〉

$$\frac{510{,}000円+4{,}110{,}000円}{25{,}000kg+3{,}000kg}\times 3{,}000kg = 495{,}000円$$

〈完了品原価〉

510,000円＋4,110,000円－495,000円＝4,125,000円

(3)　合　計

月末仕掛品原価：1,290,000円＋495,000円＝1,785,000円

完了品原価：6,450,000円＋4,125,000円＝10,575,000円
第2工程へ

(4)　仕　訳

第1工程完成品原価は，第1工程仕掛品勘定から第2工程仕掛品勘定へ振り替えます。

（第2工程仕掛品）10,575,000　（第1工程仕掛品）10,575,000

2．第2工程の計算（先入先出法）および仕訳

(1)　前工程費

仕掛品－前工程費

	借方	貸方
1,425,000円＝	月初 2,000kg	完成品 20,000kg
10,575,000円＝ 第1工程から	当月投入 25,000kg	月末 7,000kg

〈月末仕掛品原価〉

$$\frac{10{,}575{,}000円}{20{,}000kg-2{,}000kg+7{,}000kg}\times 7{,}000kg = 2{,}961{,}000円$$

〈完成品原価〉

1,425,000円＋10,575,000円－2,961,000円＝9,039,000円

(2)　加工費

仕掛品－加工費

	借方	貸方
234,200円＝	月初 2,000kg×0.7 ＝1,400kg	完成品 20,000kg
5,960,000円＝	当月投入（差引） 20,000kg	月末 7,000kg×0.2 ＝1,400kg

〈月末仕掛品原価〉

$$\frac{5{,}960{,}000円}{20{,}000kg-1{,}400kg+1{,}400kg}\times 1{,}400kg = 417{,}200円$$

〈完成品原価〉

234,200円＋5,960,000円－417,200円＝5,777,000円

(3) 合　計

月末仕掛品原価：2,961,000円＋417,200円＝3,378,200円

完 成 品 原 価：9,039,000円＋5,777,000円＝14,816,000円

(4) 仕　訳

第2工程完成品原価は，第2工程仕掛品勘定から製品勘定へ振り替えます。

（製　　　品）14,816,000　（第2工程仕掛品）14,816,000

問題15-3

工程別総合原価計算表
×2年5月

（単位：円）

	第1工程			第2工程		
	原料費	加工費	合計	前工程費	加工費	合計
月初仕掛品原価	108,000	78,000	186,000	280,000	49,500	329,500
当月製造費用	1,092,000	1,442,000	2,534,000	2,520,000	1,831,500	4,351,500
合計	1,200,000	1,520,000	2,720,000	2,800,000	1,881,000	4,681,000
差引：月末仕掛品原価	120,000	80,000	200,000	560,000	297,000	857,000
完成品総合原価	1,080,000	1,440,000	2,520,000	2,240,000	1,584,000	3,824,000
完成品単位原価	@ 60	@ 80	@ 140	@ 149.3	@ 105.6	@ 254.9

解答への道

工程別総合原価計算における原価計算表の作成方法を確認しましょう。

1．第1工程（平均法）

(1) 原料費

仕掛品－原料費

	借方	貸方
108,000円＝	月初 2,000個	完了品 18,000個
1,092,000円＝	当月投入 18,000個	月末 2,000個

〈月末仕掛品原価〉

$$\frac{108,000円＋1,092,000円}{18,000個＋2,000個}×2,000個＝120,000円$$

〈完了品原価〉

108,000円＋1,092,000円－120,000円＝1,080,000円

(2) 加工費

仕掛品－加工費

	借方	貸方
78,000円＝	月初 2,000個×1/2 ＝1,000個	完了品 18,000個
1,442,000円＝	当月投入（差引）18,000個	月末 2,000個×1/2 ＝1,000個

〈月末仕掛品原価〉

$$\frac{78,000円＋1,442,000円}{18,000個＋1,000個}×1,000個＝80,000円$$

〈完了品原価〉

78,000円＋1,442,000円－80,000円＝1,440,000円

2．第2工程（平均法）

正常仕損はすべて工程の終点で発生しているため，正常仕損費は完成品のみが負担します。

(1) 前工程費

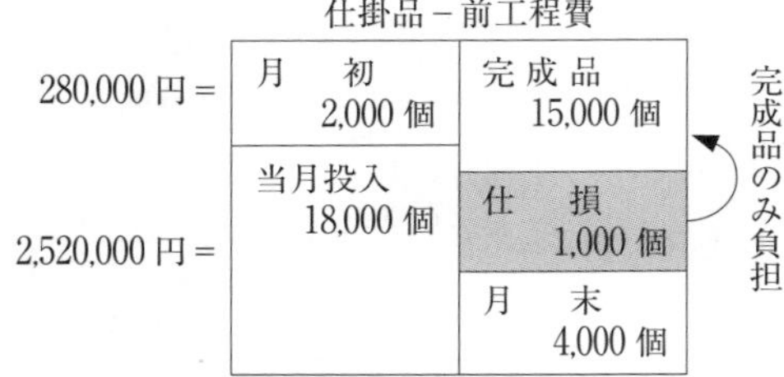

〈月末仕掛品原価〉

$$\frac{280,000円＋2,520,000円}{15,000個＋1,000個＋4,000個}×4,000個＝560,000円$$

〈完成品原価〉

280,000円＋2,520,000円－560,000円＝2,240,000円

(2) 加工費

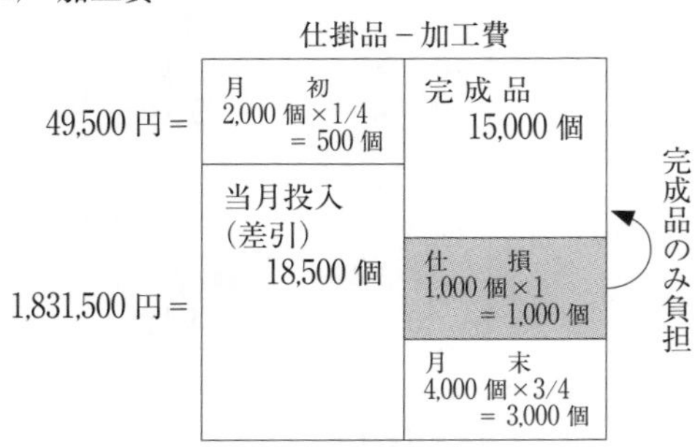

〈月末仕掛品原価〉

$$\frac{49{,}500円+1{,}831{,}500円}{15{,}000個+1{,}000個+3{,}000個}\times 3{,}000個=297{,}000円$$

〈完成品原価〉

49,500円＋1,831,500円－297,000円＝1,584,000円

問題15-4

仕掛品－第１工程　(単位：円)

月初有高：		次工程振替高：	
原料費	295,760	原料費	(987,200)
加工費	36,920	加工費	(246,800)
小計	332,680	小計	(1,234,000)
当月製造費用：		月末有高：	
原料費	888,880	原料費	(197,440)
加工費	222,220	加工費	(12,340)
小計	1,111,100	小計	(209,780)
	(1,443,780)		(1,443,780)

仕掛品－第２工程　(単位：円)

月初有高：		当月完成高：	
前工程費	496,000	前工程費	(1,236,400)
加工費	244,400	加工費	(1,132,880)
小計	740,400	小計	(2,369,280)
当月製造費用：		月末有高：	
前工程費	(1,234,000)	前工程費	(493,600)
加工費	1,110,600	加工費	(222,120)
小計	(2,344,600)	小計	(715,720)
	(3,085,000)		(3,085,000)

解答への道

工程別総合原価計算における勘定連絡を確認しましょう。本問において，仕掛品－第１工程勘定の貸方「次工程振替高」の金額を「前工程費」として仕掛品－第２工程勘定の借方へ振り替えます。

1．第１工程（平均法）

(1)　原料費

仕掛品－原料費

	借方	貸方
295,760円＝	月初 300個	完了品 1,000個
888,880円＝	当月投入 900個	月末 200個

〈月末仕掛品原価〉

$$\frac{295{,}760円+888{,}880円}{1{,}000個+200個}\times 200個=197{,}440円$$

〈完了品原価〉

295,760円＋888,880円－197,440円＝987,200円

(2)　加工費

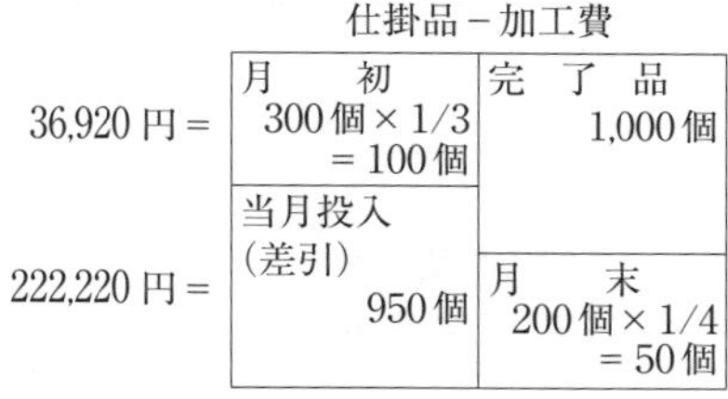

〈月末仕掛品原価〉

$$\frac{36{,}920円+222{,}220円}{1{,}000個+50個}\times 50個=12{,}340円$$

〈完了品原価〉

36,920円＋222,220円－12,340円＝246,800円

(3)　合計

第１工程月末仕掛品原価：

197,440円＋12,340円＝209,780円

第１工程完了品原価（次工程振替高）：

987,200円＋246,800円＝1,234,000円

2．第２工程（先入先出法）

(1)　前工程費

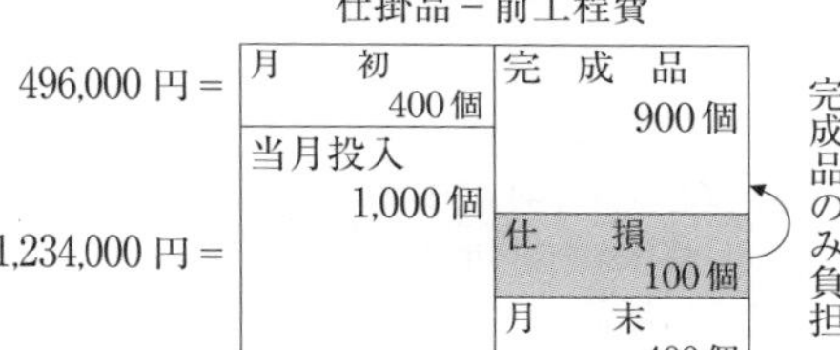

〈月末仕掛品原価〉

$$\frac{1{,}234{,}000円}{900個-400個+100個+400個}\times 400個=493{,}600円$$

〈完成品原価〉

496,000円＋1,234,000円－493,600円＝1,236,400円

(2)　加工費

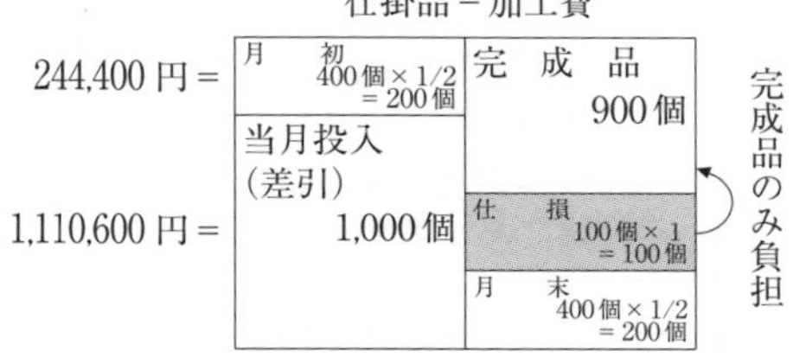

〈月末仕掛品原価〉

$$\frac{1{,}110{,}600円}{900個-200個+100個+200個}\times 200個=222{,}120円$$

〈完成品原価〉

244,400円＋1,110,600円－222,120円＝1,132,880円

(3)　合計

第２工程月末仕掛品原価：

493,600円＋222,120円＝715,720円

第２工程完成品原価（当月完成高）：

1,236,400円＋1,132,880円＝2,369,280円

問題15-5

工程別総合原価計算表　（単位：円）

	第1工程			第2工程		
	原料費	加工費	合計	前工程費	加工費	合計
月初仕掛品原価	40,800	18,400	59,200	100,000	11,000	111,000
当月製造費用	194,400	252,000	446,400	470,000	208,000	678,000
合計	235,200	270,400	505,600	570,000	219,000	789,000
月末仕掛品原価	25,200	10,400	35,600	90,000	24,000	114,000
完成品総合原価	210,000	260,000	470,000	480,000	195,000	675,000

解答への道

1．第1工程（平均法）

(1) 原料費

仕掛品－原料費

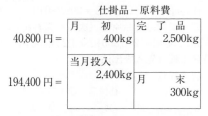

	借方	貸方
40,800円＝	月初 400kg	完了品 2,500kg
194,400円＝	当月投入 2,400kg	月末 300kg

〈月末仕掛品原価〉

$$\frac{40{,}800\text{円}+194{,}400\text{円}}{2{,}500\text{kg}+300\text{kg}}\times 300\text{kg}=25{,}200\text{円}$$

〈完了品原価〉

40,800円＋194,400円－25,200円＝210,000円

(2) 加工費

仕掛品－加工費

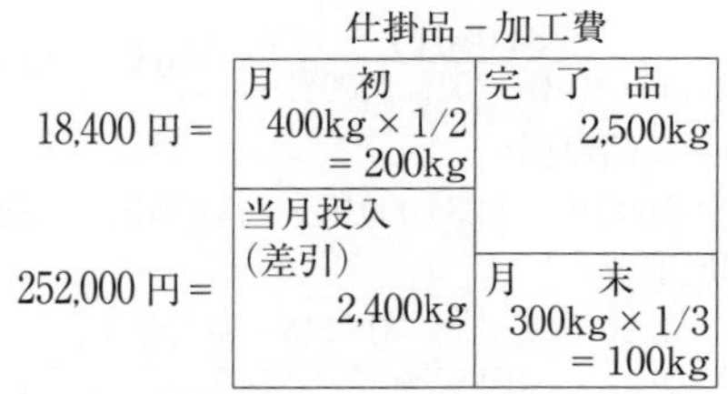

〈月末仕掛品原価〉

$$\frac{18{,}400\text{円}+252{,}000\text{円}}{2{,}500\text{kg}+100\text{kg}}\times 100\text{kg}=10{,}400\text{円}$$

〈完了品原価〉

18,400円＋252,000円－10,400円＝260,000円

2．第2工程（先入先出法）

正常減損が工程の途中で発生した場合は，計算の便宜上，両者負担で計算します。

(1) 前工程費

仕掛品－前工程費

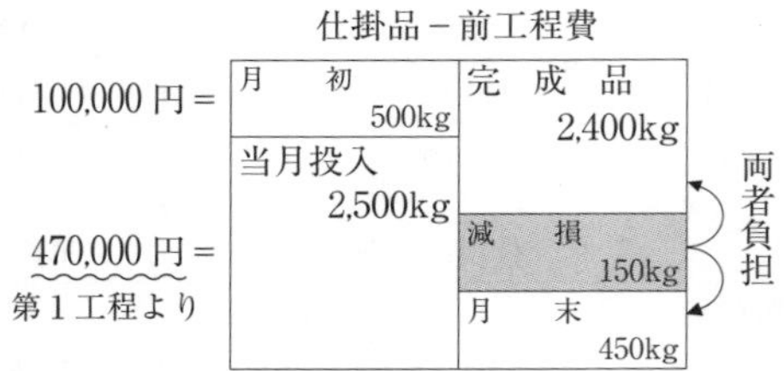

〈月末仕掛品原価〉

$$\frac{470{,}000\text{円}}{2{,}400\text{kg}-500\text{kg}+450\text{kg}}\times 450\text{kg}=90{,}000\text{円}$$

〈完成品原価〉

100,000円＋470,000円－90,000円＝480,000円

(2) 加工費

仕掛品－加工費

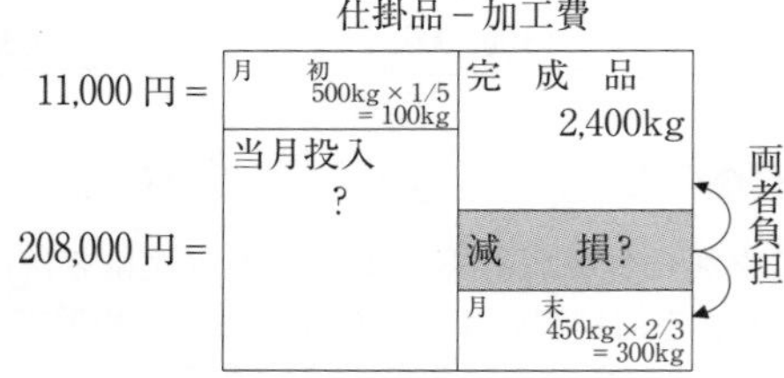

〈月末仕掛品原価〉

$$\frac{208{,}000\text{円}}{2{,}400\text{kg}-100\text{kg}+300\text{kg}}\times 300\text{kg}=24{,}000\text{円}$$

〈完成品原価〉

11,000円＋208,000円－24,000円＝195,000円

問題15-6

工程別総合原価計算表　（単位：円）

	第1工程			第2工程			
	原料費	加工費	合計	前工程費	原料費	加工費	合計
月初仕掛品原価	0	0	0	54,000	0	5,000	59,000
当月製造費用	100,000	76,000	176,000	162,000	2,400	64,000	228,400
合計	100,000	76,000	176,000	216,000	2,400	69,000	287,400
月末仕掛品原価	10,000	4,000	14,000	36,000	400	9,000	45,400
完成品総合原価	90,000	72,000	162,000	180,000	2,000	60,000	242,000

解答への道

第2工程の50%時点で原料Bが追加投入されています。したがって，第2工程では前工程費，原料費（原料B）および加工費に区別して月末仕掛品原価および完成品原価を計算します。

1．第1工程の計算（平均法）

第1工程では，正常仕損が工程の終点で発生しています。したがって，正常仕損費はすべて完了品に負担させることになります。

(1)　原料A

仕掛品－原料A

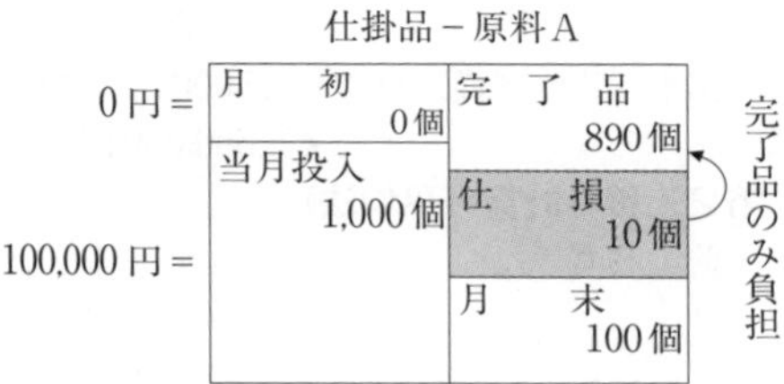

〈月末仕掛品原価〉

$$\frac{100{,}000\text{円}}{890\text{個}+10\text{個}+100\text{個}}\times 100\text{個}=10{,}000\text{円}$$

〈完了品原価〉

0円＋100,000円－10,000円＝90,000円

(2)　加工費

仕掛品－加工費

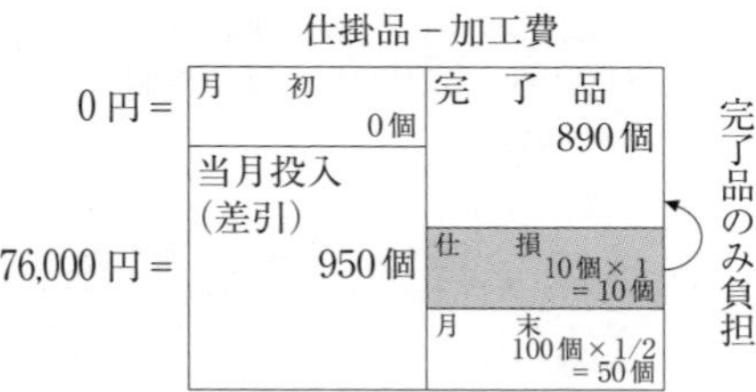

〈月末仕掛品原価〉

$$\frac{76{,}000\text{円}}{890\text{個}+10\text{個}+50\text{個}}\times 50\text{個}=4{,}000\text{円}$$

〈完了品原価〉

0円＋76,000円－4,000円＝72,000円

(3)　合　計

月末仕掛品原価：10,000円＋4,000円＝14,000円

完了品総合原価：90,000円＋72,000円＝162,000円

（第2工程へ振替）

2．第2工程の計算（平均法）

(1)　前工程費

仕掛品－前工程費

	仕掛品－前工程費	
54,000円＝	月初 310個	完成品 1,000個
162,000円＝	当月投入 890個	月末 200個

〈月末仕掛品原価〉

$$\frac{54{,}000\text{円}+162{,}000\text{円}}{1{,}000\text{個}+200\text{個}}\times 200\text{個}=36{,}000\text{円}$$

〈完成品原価〉

54,000円＋162,000円－36,000円＝180,000円

(2)　原料B

原料Bは加工進捗度50％の時点で投入されます。このため，加工進捗度1/5の月初仕掛品には原料Bは投入されておらず，月初仕掛品換算量は0個となります。また，月末仕掛品は加工進捗度3/4であり，原料Bの投入点を通過済であることから，月末仕掛品換算量は200個となります。

	仕掛品－原料B	
0円＝	月初 0個	完成品 1,000個
2,400円＝	当月投入（差引）1,200個	月末 200個

〈月末仕掛品原価〉

$$\frac{2{,}400\text{円}}{1{,}000\text{個}+200\text{個}}\times 200\text{個}=400\text{円}$$

〈完成品原価〉

0円＋2,400円－400円＝2,000円

(3)　加工費

仕掛品－加工費

5,000円＝	月初 310個×1/5＝62個	完成品 1,000個
64,000円＝	当月投入（差引） 1,088個	月末 200個×3/4＝150個

〈月末仕掛品原価〉

$$\frac{5{,}000\text{円}+64{,}000\text{円}}{1{,}000\text{個}+150\text{個}}\times 150\text{個}=9{,}000\text{円}$$

〈完成品原価〉

5,000円＋64,000円－9,000円＝60,000円

(4)　合　計

月初仕掛品原価：54,000円＋0円＋5,000円
＝59,000円

当月製造費用：162,000円＋2,400円＋64,000円
＝228,400円

月末仕掛品原価：36,000円＋400円＋9,000円
＝45,400円

完成品総合原価：180,000円＋2,000円＋60,000円
＝242,000円

問題15-7

第1工程月末仕掛品原価	170,000円
第1工程完了品原価	3,660,000円
第2工程月末仕掛品原価	155,000円
仕損品評価額	135,000円
完成品原価	5,600,000円

解答への道

第1工程の正常減損および第2工程の正常仕損はいずれも工程の終点で発生しているため，その原価を完成品に負担させます（完成品負担）。なお，第2工程における正常仕損品の評価額は月末仕掛品原価を計算した後の完成品総合原価より控除します。

1．第1工程の計算（平均法）

(1)　直接材料費

仕掛品－直接材料費

125,000円＝	月初 3,000個	完了品 30,000個
1,500,000円＝	当月投入 29,500個	減損 500個
		月末 2,000個

〈月末仕掛品原価〉

$$\frac{125{,}000\text{円}+1{,}500{,}000\text{円}}{(30{,}000\text{個}+500\text{個})+2{,}000\text{個}}\times 2{,}000\text{個}$$

＝100,000円

〈完了品原価〉

125,000円＋1,500,000円－100,000円＝1,525,000円

(2)　加工費

仕掛品－加工費

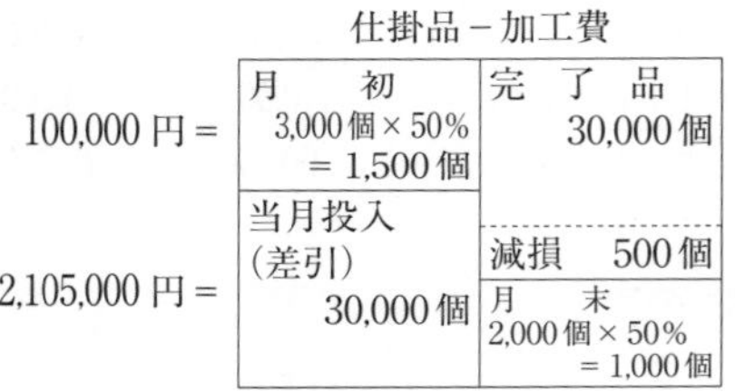

〈月末仕掛品原価〉

$$\frac{100{,}000\text{円}+2{,}105{,}000\text{円}}{(30{,}000\text{個}+500\text{個})+1{,}000\text{個}}\times 1{,}000\text{個}$$

＝70,000円

〈完了品原価〉

100,000円＋2,105,000円－70,000円＝2,135,000円

(3)　合　計

第1工程月末仕掛品原価：100,000円＋70,000円
＝170,000円

第1工程完了品原価：1,525,000円＋2,135,000円
＝3,660,000円

2．第2工程の計算（平均法）

(1)　前工程費

仕掛品－前工程費

340,000円＝	月初 2,000個	完成品 28,000個
3,660,000円＝	第1工程完了品 30,000個	仕損 3,000個
		月末 1,000個

〈月末仕掛品原価〉

$$\frac{340{,}000\text{円}+3{,}660{,}000\text{円}}{(28{,}000\text{個}+3{,}000\text{個})+1{,}000\text{個}}\times 1{,}000\text{個}$$

＝125,000円

(2)　加工費

仕掛品－加工費

50,000円＝	月初 2,000個×50%＝1,000個	完成品 28,000個
1,840,000円＝	第1工程完了品（差引） 30,500個	仕損 3,000個
		月末 1,000個×50%＝500個

〈月末仕掛品原価〉

$$\frac{50{,}000\text{円}+1{,}840{,}000\text{円}}{(28{,}000\text{個}+3{,}000\text{個})+500\text{個}}\times 500\text{個}=30{,}000\text{円}$$

(3) 合　計

第２工程月末仕掛品原価：

125,000円＋30,000円＝155,000円

仕損品評価額：

@45円×3,000個＝135,000円

完 成 品 原 価：

(340,000円＋50,000円＋3,660,000円
＋1,840,000円－155,000円)－135,000円（仕損品評価額）
＝5,600,000円

問題15-8

第１工程	完　了　品　原　価	1,584,000円
	月 末 仕 掛 品 原 価	342,000円
第２工程	月末仕掛品前工程費	396,000円
	月 末 仕 掛 品 加 工 費	34,000円
	完　成　品　原　価	1,853,000円

解答への道

半製品の処理を確認しましょう。本問の場合，第１工程完了品1,600kgと第２工程の当月投入1,400kgの差額分200kgが半製品であることを読み取ります。

1．第１工程の計算（平均法）

(1) 直接材料費

仕掛品－直接材料費

	借方	貸方
180,000円＝	月初 300kg	完了品 1,600kg
828,000円＝	当月投入 1,800kg	月末 500kg

〈月末仕掛品原価〉

$$\frac{180{,}000円+828{,}000円}{1{,}600kg+500kg}\times 500kg=240{,}000円$$

〈完了品原価〉

180,000円＋828,000円－240,000円＝768,000円

(2) 加工費

仕掛品－加工費

	借方	貸方
34,000円＝	月初 300kg×1/3＝100kg	完了品 1,600kg
884,000円＝	当月投入 1,700kg	月末 500kg×2/5＝200kg

〈月末仕掛品原価〉

$$\frac{34{,}000円+884{,}000円}{1{,}600kg+200kg}\times 200kg=102{,}000円$$

〈完了品原価〉

34,000円＋884,000円－102,000円＝816,000円

(3) 合　計

月末仕掛品原価：240,000円＋102,000円＝342,000円

完 了 品 原 価：768,000円＋816,000円＝1,584,000円

※ 第２工程振替高は，次のようになります。

$$1{,}584{,}000円\times\frac{1{,}400kg}{1{,}600kg}=1{,}386{,}000円$$

2．第２工程の計算（先入先出法）

(1) 前工程費

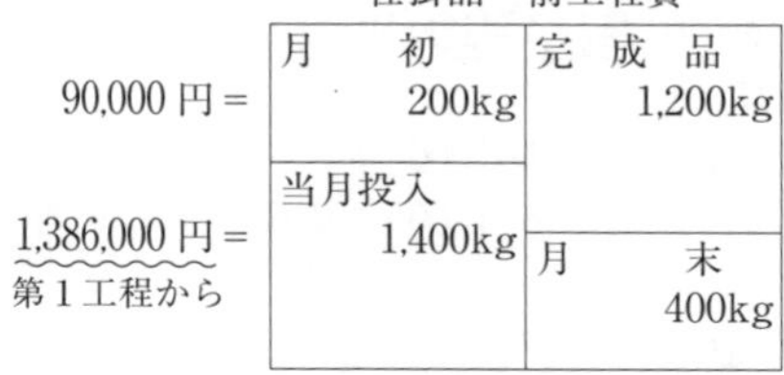

〈月末仕掛品原価〉

$$\frac{1{,}386{,}000円}{1{,}200kg-200kg+400kg}\times 400kg=396{,}000円$$

〈完成品原価〉

90,000円＋1,386,000円－396,000円＝1,080,000円

(2) 加工費

仕掛品－加工費

	借方	貸方
25,000円＝	月初 200kg×1/2＝100kg	完成品 1,200kg
782,000円＝	当月投入 1,150kg	月末 400kg×1/8＝50kg

〈月末仕掛品原価〉

$$\frac{782{,}000円}{1{,}200kg-100kg+50kg}\times 50kg=34{,}000円$$

〈完成品原価〉

25,000円＋782,000円－34,000円＝773,000円

(3) 合　計

完成品原価：1,080,000円＋773,000円＝1,853,000円

Theme 16 総合原価計算(V)

問題16-1

A組製品

月末仕掛品原価 **280,000円**

完成品原価 **1,164,000円** 完成品単位原価@ **582円**

B組製品

月末仕掛品原価 **196,000円**

完成品原価 **660,000円** 完成品単位原価@ **440円**

解答への道

組別総合原価計算の問題です。組間接費を各製品に配賦した後，それぞれ月末仕掛品原価を計算します。なお，月末仕掛品原価の計算において「組間接費」と「加工費」はまとめて計算することができます。

1．組間接費の配賦

A組製品：$\frac{645{,}000\text{円}}{2{,}500\text{時}+1{,}800\text{時}}\times 2{,}500\text{時}=375{,}000\text{円}$

B組製品：　〃　$\times 1{,}800\text{時}=270{,}000\text{円}$

2．A組製品の計算（先入先出法）

(1) 直接材料費

仕掛品－直接材料費

	借方	貸方
72,000円＝	月初 300kg	完成品 2,000kg
528,000円＝	当月投入 2,400kg	月末 700kg

〈月末仕掛品原価〉

$$\frac{528{,}000\text{円}}{2{,}000\text{kg}-300\text{kg}+700\text{kg}}\times 700\text{kg}=154{,}000\text{円}$$

〈完成品原価〉

72,000円＋528,000円－154,000円＝446,000円

(2) 加工費

仕掛品－加工費

	借方	貸方
70,000円＝	月初 300kg ×2/3＝200kg	完成品 2,000kg
加工 399,000円 組間 375,000円 774,000円 ＝	当月投入（差引）2,150kg	月末 700kg×1/2＝350kg

〈月末仕掛品原価〉

$$\frac{774{,}000\text{円}}{2{,}000\text{kg}-200\text{kg}+350\text{kg}}\times 350\text{kg}=126{,}000\text{円}$$

〈完成品原価〉

70,000円＋774,000円－126,000円＝718,000円

(3) 合　計

月末仕掛品原価：154,000円＋126,000円＝280,000円

完成品原価：446,000円＋718,000円＝1,164,000円

完成品単位原価：1,164,000円÷2,000kg＝@582円

3．B組製品の計算（平均法）

(1) 直接材料費

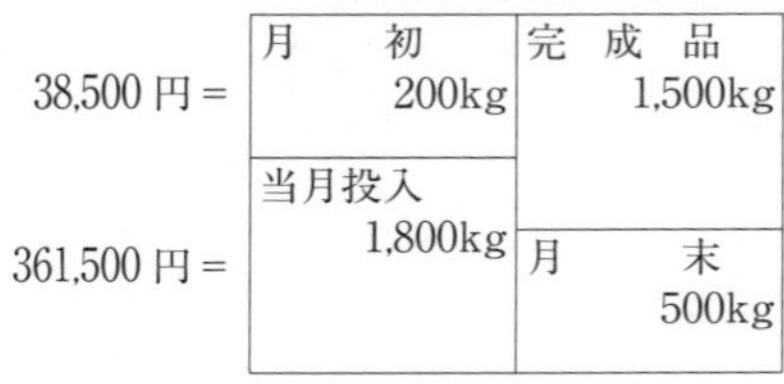

〈月末仕掛品原価〉

$$\frac{38{,}500\text{円}+361{,}500\text{円}}{1{,}500\text{kg}+500\text{kg}}\times 500\text{kg}=100{,}000\text{円}$$

〈完成品原価〉

38,500円＋361,500円－100,000円＝300,000円

(2) 加工費

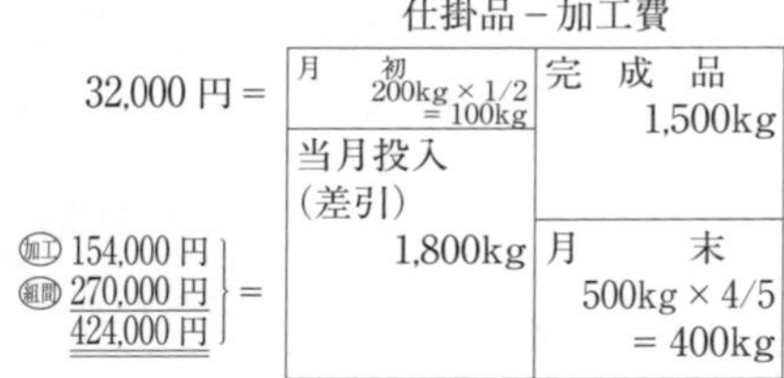

〈月末仕掛品原価〉

$$\frac{32{,}000\text{円}+424{,}000\text{円}}{1{,}500\text{kg}+400\text{kg}}\times 400\text{kg}=96{,}000\text{円}$$

〈完成品原価〉

32,000円＋424,000円－96,000円＝360,000円

(3) 合　計

月末仕掛品原価：100,000円＋96,000円＝196,000円

完成品原価：300,000円＋360,000円＝660,000円

完成品単位原価：660,000円÷1,500kg＝@440円

問題16-2

(1)

組別総合原価計算表　　(単位：円)

摘　　要	製品X	製品Y	合　計
月初仕掛品原価	(168,400)	(82,240)	(250,640)
当月製造費用			
直接材料費	414,000	426,650	840,650
直接労務費	450,000	675,000	1,125,000
組間接費	(90,000)	(135,000)	225,000
合　計	(1,122,400)	(1,318,890)	(2,441,290)
月末仕掛品原価	(176,400)	(132,390)	(308,790)
完成品原価	(946,000)	(1,186,500)	(2,132,500)
完成品単位原価	(@ 430)	(@ 339)	——

(2)

借方科目	金　額	貸方科目	金　額
X組製品 Y組製品	946,000 1,186,500	X組仕掛品 Y組仕掛品	946,000 1,186,500

解答への道

組別総合原価計算では組製品毎に仕掛品勘定を設定し，月末仕掛品原価および完成品原価を算定します。なお，本問では，月初仕掛品の加工進捗度が不明なため，先入先出法の計算方法では計算できません。よって，平均法で計算します。

1．組間接費の配賦

$$\frac{225,000円}{450,000円 + 675,000円} \times 450,000円$$

$= 90,000円$（製品X）

$$\frac{225,000円}{450,000円 + 675,000円} \times 675,000円$$

$= 135,000円$（製品Y）

2．製品Xの計算および仕訳

(1)　直接材料費

仕掛品－直接材料費

	仕掛品－直接材料費	
68,400円＝	月初　420kg	完成品　2,200kg
414,000円＝	当月投入　2,260kg	月末　480kg

〈月末仕掛品原価〉

$$\frac{68,400円 + 414,000円}{2,200kg + 480kg} \times 480kg = 86,400円$$

〈完成品原価〉

68,400円＋414,000円－86,400円＝396,000円

(2)　加工費

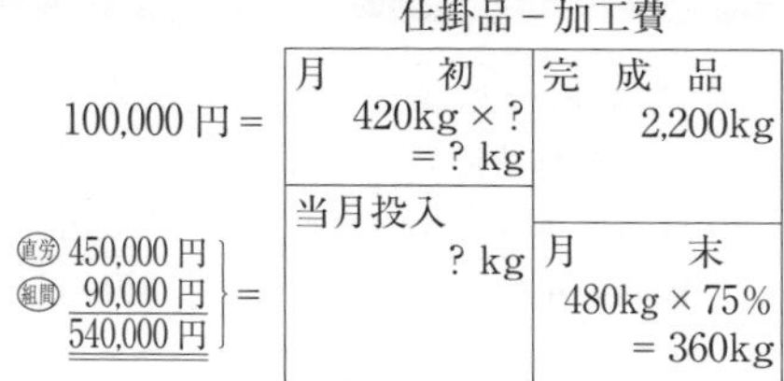

〈月末仕掛品原価〉

$$\frac{100,000円 + 540,000円}{2,200kg + 360kg} \times 360kg = 90,000円$$

〈完成品原価〉

100,000円＋540,000円－90,000円＝550,000円

(3)　合　計

月末仕掛品原価：86,400円＋90,000円＝176,400円

完成品原価：396,000円＋550,000円＝946,000円

完成品単位原価：946,000円÷2,200kg＝@430円

(4)　仕　訳

（X組製品）946,000　（X組仕掛品）946,000

3．製品Yの計算および仕訳

(1)　直接材料費

	仕掛品－直接材料費	
27,600円＝	月初　240kg	完成品　3,500kg
426,650円＝	当月投入　3,710kg	月末　450kg

〈月末仕掛品原価〉

$$\frac{27,600円 + 426,650円}{3,500kg + 450kg} \times 450kg = 51,750円$$

〈完成品原価〉

27,600円＋426,650円－51,750円＝402,500円

(2)　加工費

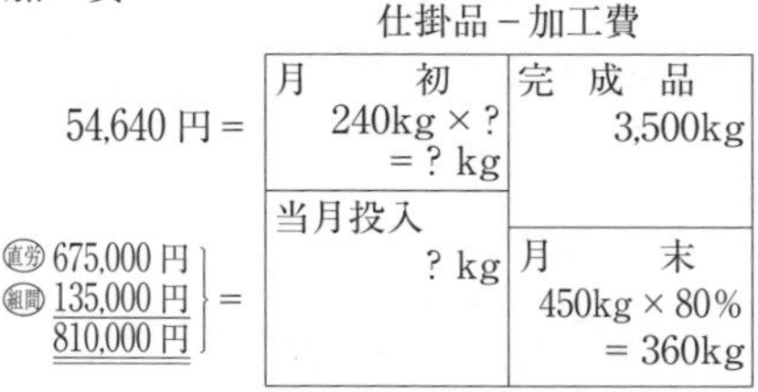

〈月末仕掛品原価〉

$$\frac{54,640円 + 810,000円}{3,500kg + 360kg} \times 360kg = 80,640円$$

〈完成品原価〉

54,640円＋810,000円－80,640円＝784,000円

(3)　合　計

月末仕掛品原価：51,750円＋80,640円＝132,390円

完成品原価：402,500円＋784,000円＝1,186,500円

完成品単位原価：1,186,500円÷3,500kg＝@339円

(4)　仕　訳

（Y組製品）1,186,500　（Y組仕掛品）1,186,500

問題16-3

完成品総合原価		4,400,000円
A級品の単位原価	@	1,320円
B級品の単位原価	@	1,100円
C級品の単位原価	@	880円

解答への道

等級別総合原価計算の問題です。等級別総合原価計算は等級製品を単一の製品とみなして月末仕掛品原価および完成品総合原価を算定した後，完成品総合原価を「積数（等価係数×生産量）」の割合で按分し，各等級製品の完成品原価を算定します。

1．完成品総合原価の計算（先入先出法）

(1) 原料費

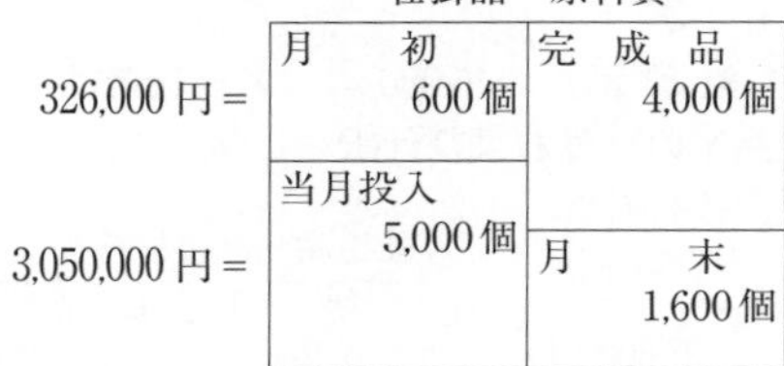

仕掛品－原料費

	借方	貸方
326,000円＝	月初 600個	完成品 4,000個
3,050,000円＝	当月投入 5,000個	月末 1,600個

〈月末仕掛品原価〉

$$\frac{3{,}050{,}000\text{円}}{4{,}000\text{個}-600\text{個}+1{,}600\text{個}}\times 1{,}600\text{個}=976{,}000\text{円}$$

〈完成品原価〉

326,000円＋3,050,000円－976,000円＝2,400,000円

(2) 加工費

仕掛品－加工費

	借方	貸方
200,000円＝	月初 600個×2/3＝400個	完成品 4,000個
2,200,000円＝	当月投入 4,400個	月末 1,600個×1/2＝800個

〈月末仕掛品原価〉

$$\frac{2{,}200{,}000\text{円}}{4{,}000\text{個}-400\text{個}+800\text{個}}\times 800\text{個}=400{,}000\text{円}$$

〈完成品原価〉

200,000円＋2,200,000円－400,000円＝2,000,000円

(3) 合　計

完成品総合原価：2,400,000円＋2,000,000円＝4,400,000円

2．各等級製品への按分

(1) 積数の算定

A級品：1,500個×120kg＝180,000
B級品：1,000個×100kg＝100,000
C級品：1,500個× 80kg＝120,000

(2) 按　分

A級品：$\frac{4{,}400{,}000\text{円}}{180{,}000+100{,}000+120{,}000}\times 180{,}000=1{,}980{,}000\text{円}$

B級品：　〃　×100,000＝1,100,000円

C級品：　〃　×120,000＝1,320,000円

(3) 単位原価

A級品：1,980,000円÷1,500個＝@1,320円
B級品：1,100,000円÷1,000個＝@1,100円
C級品：1,320,000円÷1,500個＝@ 880円

問題16-4

(1)

	製品X	製品Y
完成品総合原価	238,400円	178,800円
完成品単位原価	119.2円／個	89.4円／個
月末仕掛品原価	97,500円	

(2)

借方科目	金額	貸方科目	金額
X製品	238,400	仕掛品	417,200
Y製品	178,800		

解答への道

等級別総合原価計算では，等級製品を単一製品とみなし，1つの仕掛品勘定で原価を集計して月末仕掛品原価および完成品原価（完成品総合原価）を算定します。その後，完成品原価を各等級製品の「積数（等価係数×生産量）」の割合で按分し，各等級製品の完成品原価を算定します。

1．正常仕損費の負担関係

月末仕掛品の加工進捗度が正常減損の発生点を超えていないため，正常仕損費はすべて完成品に負担させます（完成品負担）。

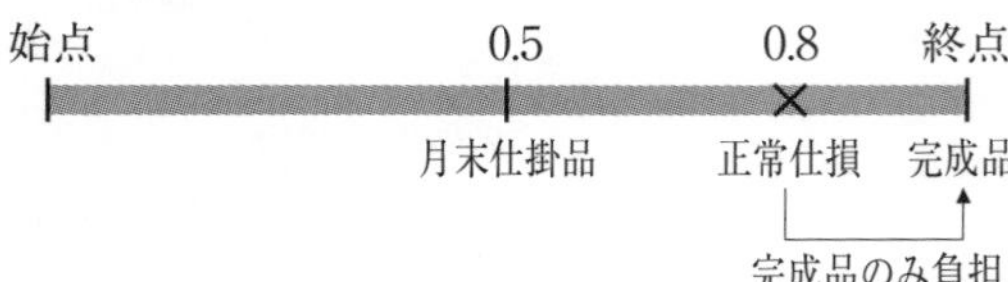

2．原価の按分計算（平均法）

(1)　直接材料費

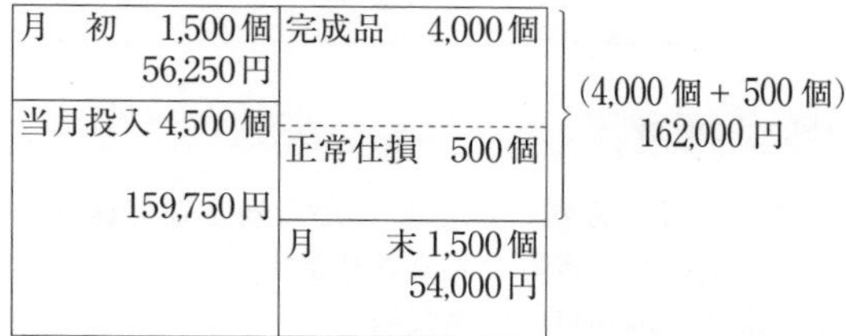

〈月末仕掛品〉

$$\frac{56{,}250\text{円}+159{,}750\text{円}}{(4{,}000\text{個}+500\text{個})+1{,}500\text{個}}\times 1{,}500\text{個}=54{,}000\text{円}$$

〈完成品〉

56,250円＋159,750円－54,000円＝162,000円

(2)　加工費

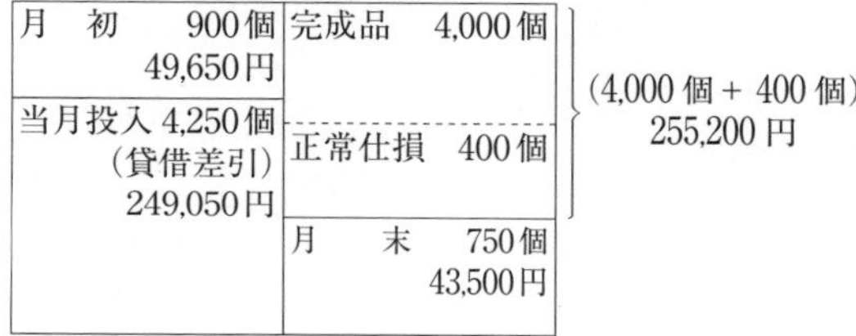

〈月末仕掛品〉

$$\frac{49{,}650\text{円}+249{,}050\text{円}}{(4{,}000\text{個}+400\text{個})+750\text{個}}\times 750\text{個}=43{,}500\text{円}$$

〈完成品〉

49,650円＋249,050円－43,500円＝255,200円

(3)　まとめ

月末仕掛品原価：54,000円＋43,500円＝97,500円

完成品総合原価：162,000円＋255,200円＝417,200円

3．完成品総合原価の各等級製品への按分と完成品単位原価の計算

「積数（等価係数×生産量）」の割合で完成品総合原価を各等級製品に按分します。

製品X：$\dfrac{417{,}200\text{円}}{2{,}000\text{個}+\underbrace{2{,}000\text{個}\times 0.75}_{\text{製品X 1,500個分}}}\times 2{,}000\text{個}$

＝238,400円

製品Y：　　〃　　×2,000個×0.75

＝178,800円

完成品単位原価：

〈製品X〉238,400円÷2,000個＝119.2円／個

〈製品Y〉178,800円÷2,000個＝89.4円／個

（注）完成品単位原価は積数で割らないように注意します。

4．完成品原価の振り替え

（X　製　品）	238,400	（仕　掛　品）	417,200
（Y　製　品）	178,800		

Theme **17** 財務諸表

問題17-1

(1)

製造原価報告書　(単位：万円)

Ⅰ 直接材料費			(540)
Ⅱ 直接労務費			(320)
Ⅲ 製造間接費			
	間接材料費	(226)	
	間接労務費	(264)	
	間接経費	(310)	(800)
	当期総製造費用		(1,660)
	期首仕掛品棚卸高		(520)
	合計		(2,180)
	期末仕掛品棚卸高		(540)
	当期製品製造原価		(1,640)

(2)

製造原価報告書　(単位：万円)

Ⅰ 材料費		(766)
Ⅱ 労務費		(584)
Ⅲ 経費		(310)
	当期総製造費用	(1,660)
	期首仕掛品棚卸高	(520)
	合計	(2,180)
	期末仕掛品棚卸高	(540)
	当期製品製造原価	(1,640)

解答への道

製造原価の分類に注意しながら勘定連絡図を作成し，製造原価報告書を完成させます。

1．素材，補助材料の消費額

素材：160万円＋500万円－120万円＝540万円

補助材料：40万円＋180万円－40万円＝180万円

2．賃金の消費額

直接工：340万円－90万円＋70万円＝320万円

間接工：90万円－20万円＋30万円＝100万円

3．製造原価の分類

	直接費		間接費	
材料費	素材	540万円	補助材料 工場消耗品費 消耗工具器具備品費	180万円 20万円 26万円
合計		540万円		226万円
労務費	直接工賃金	320万円	間接工賃金 工場職員給料	100万円 164万円
合計		320万円		264万円
経費	—	—	建物減価償却費 光熱費 固定資産税 工場従業員厚生費 機械減価償却費	70万円 50万円 30万円 40万円 120万円
合計				310万円

4．勘定連絡図

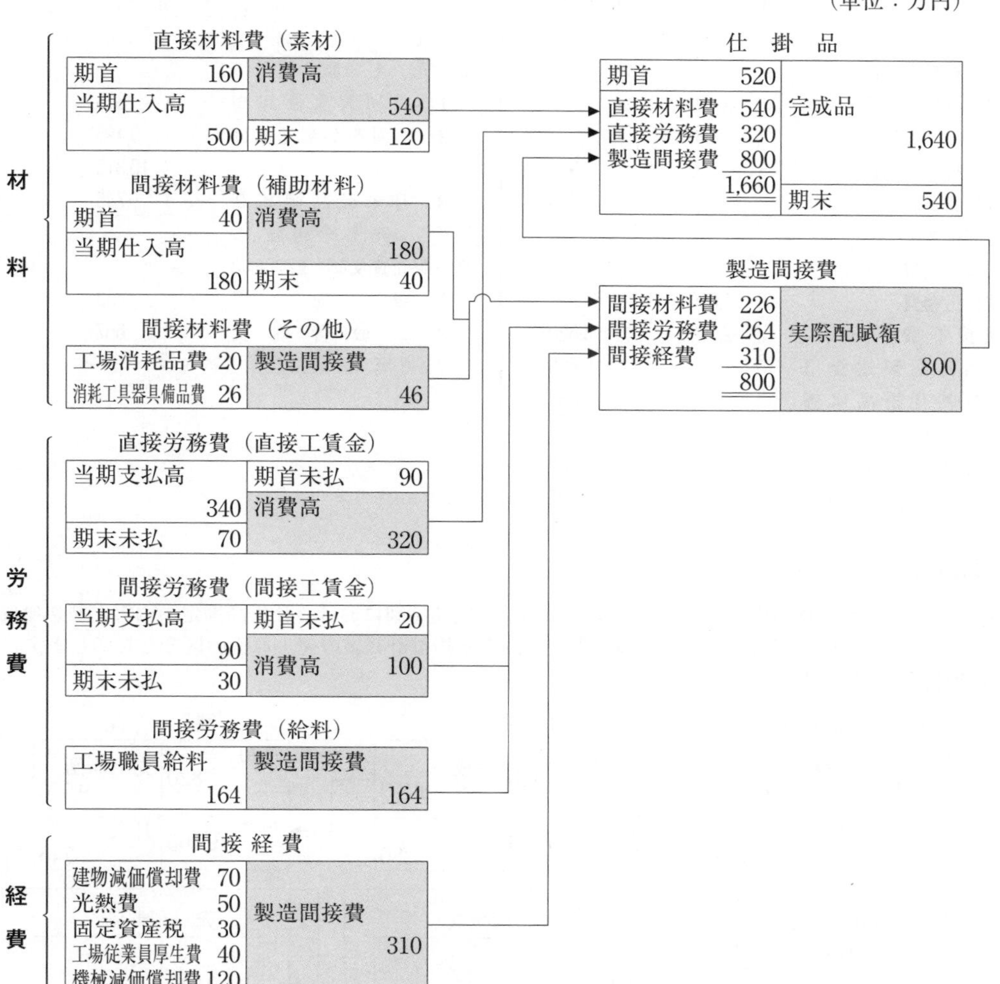

（単位：万円）
材料
直接材料費（素材）
期首 160
当期仕入高 500
消費高 540
期末 120
間接材料費（補助材料）
期首 40
当期仕入高 180
消費高 180
期末 40
間接材料費（その他）
工場消耗品費 20
消耗工具器具備品費 26
製造間接費 46
労務費
直接労務費（直接工賃金）
当期支払高 340
期末未払 70
期首未払 90
消費高 320
間接労務費（間接工賃金）
当期支払高 90
期末未払 30
期首未払 20
消費高 100
間接労務費（給料）
工場職員給料 164
製造間接費 164
経費
間接経費
建物減価償却費 70
光熱費 50
固定資産税 30
工場従業員厚生費 40
機械減価償却費 120
製造間接費 310
仕掛品
期首 520
直接材料費 540
直接労務費 320
製造間接費 800
1,660
完成品 1,640
期末 540
製造間接費
間接材料費 226
間接労務費 264
間接経費 310
800
実際配賦額 800

問題17-2

製造原価報告書　（単位：万円）

Ⅰ　直接材料費		
月初材料棚卸高	（　420）	
当月材料仕入高	（　3,020）	
合　　計	（　3,440）	
月末材料棚卸高	（　500）	（　2,940）
Ⅱ　直接労務費		（　1,865）
Ⅲ　製造間接費		
間接材料費	（　1,264）	
間接労務費	（　1,060）	
間接経費	（　2,296）	（　4,620）
当月総製造費用		（　9,425）
月初仕掛品原価		（　450）
合　　計		（　9,875）
月末仕掛品原価		（　380）
当月製品製造原価		（　9,495）

損益計算書　（単位：万円）

Ⅰ　売上高		12,000
Ⅱ　売上原価		
1．月初製品棚卸高	（　820）	
2．当月製品製造原価	（　9,495）	
合　　計	（10,315）	
3．月末製品棚卸高	（　745）	（　9,570）
売上総利益		（　2,430）
Ⅲ　販売費及び一般管理費		
1．販売費	733	
2．一般管理費	（　667）	（　1,400）
営業利益		（　1,030）

解答への道

勘定連絡図を用いて原価の内容を整理します。なお，勘定連絡図における仕掛品勘定の内容が製造原価報告書と対応します。また，勘定連絡図における製品勘定の内容が損益計算書の売上原価の区分と対応します。

1．勘定連絡図（単位：万円）

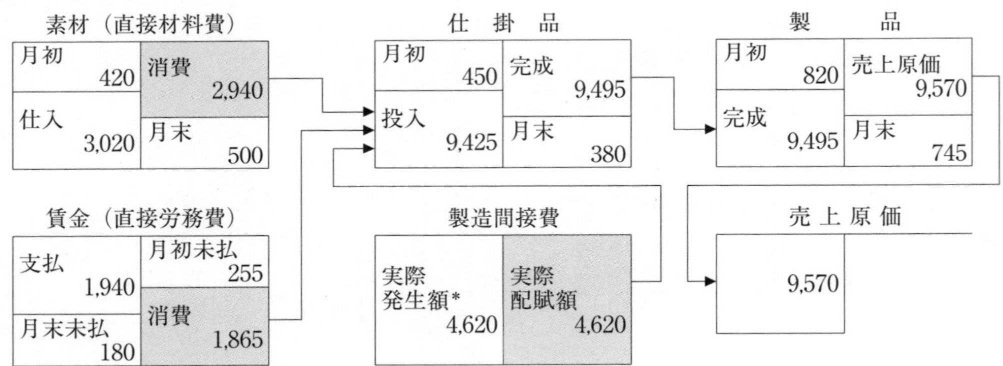

2．製造間接費の計算

〈間接材料費〉

(1)	補助材料費	55 + 580 − 35 = 600
(5)	工場消耗品費	350
(12)	消耗工具器具備品費	314
		1,264

〈間接労務費〉

(2)	間接工賃金	560 − 30 + 40 = 570
(7)	工場職員給料	490
		1,060

〈間接経費〉

(3)	工場建物の減価償却費	870
(4)	工場の運動会費	22
(6)	工場建物の損害保険料	60
(10)	工員用社宅など福利施設負担額	215
(13)	工場従業員厚生費	300
(20)	工場機械の減価償却費	470
(21)	工場の光熱費	229
(22)	工場の固定資産税	42
(23)	工場の通信交通費	88
		2,296

3. 販売費及び一般管理費の計算

一般管理費は製造間接費以外の諸経費を集計し，その合計額1,400から販売費733を差し引いて667と求めます。

(8)	本社企画部費	75
(9)	重役室費	46
(11)	広告費	165
(14)	本社役員給料	102
(15)	掛売集金費	24
(16)	販売員手数料	72
(17)	営業所職員給料	176
(18)	営業所建物の減価償却費	260
(19)	本社職員給料	190
(24)	本社建物の減価償却費	210
(25)	その他の販売費	36
(26)	その他の一般管理費	44
	合　　計	1,400

問題17-3

問1

製造原価報告書　(単位：円)

材料費		
主要材料費	(1,240,000)	
補助材料費	(350,000)	(1,590,000)
労務費		
直接工賃金	(960,000)	
間接工賃金	(260,000)	
給料	(480,000)	(1,700,000)
経費		
電力料	(36,000)	
保険料	(52,000)	
減価償却費	(92,000)	(180,000)
合計		(3,470,000)
製造間接費配賦差異	〔－〕	(70,000)
当期総製造費用		(3,400,000)
期首仕掛品原価		(450,000)
合計		(3,850,000)
期末仕掛品原価		(350,000)
当期製品製造原価		(3,500,000)

問2

	借方科目	金額	貸方科目	金額
(1)	仕掛品 製造間接費	1,240,000 350,000	主要材料 補助材料	1,240,000 350,000
(2)	仕掛品 製造間接費	960,000 740,000	直接工賃金 間接工賃金 給料	960,000 260,000 480,000
(3)	仕掛品	1,200,000	製造間接費	1,200,000
(4)	製品	3,500,000	仕掛品	3,500,000
(5)	製造間接費配賦差異	70,000	製造間接費	70,000

解答への道

勘定連絡図を用いて原価の内容を整理し，製造原価報告書を作成します。そのうえで，今一度勘定連絡図に戻り，必要な仕訳を解答します。また，本問の製造原価報告書は当月製造費用の内容が,「直接材料費・直接労務費・製造間接費」ではなく,「材料費・労務費・経費」に区別されていることに注意が必要です。

1．勘定連絡図

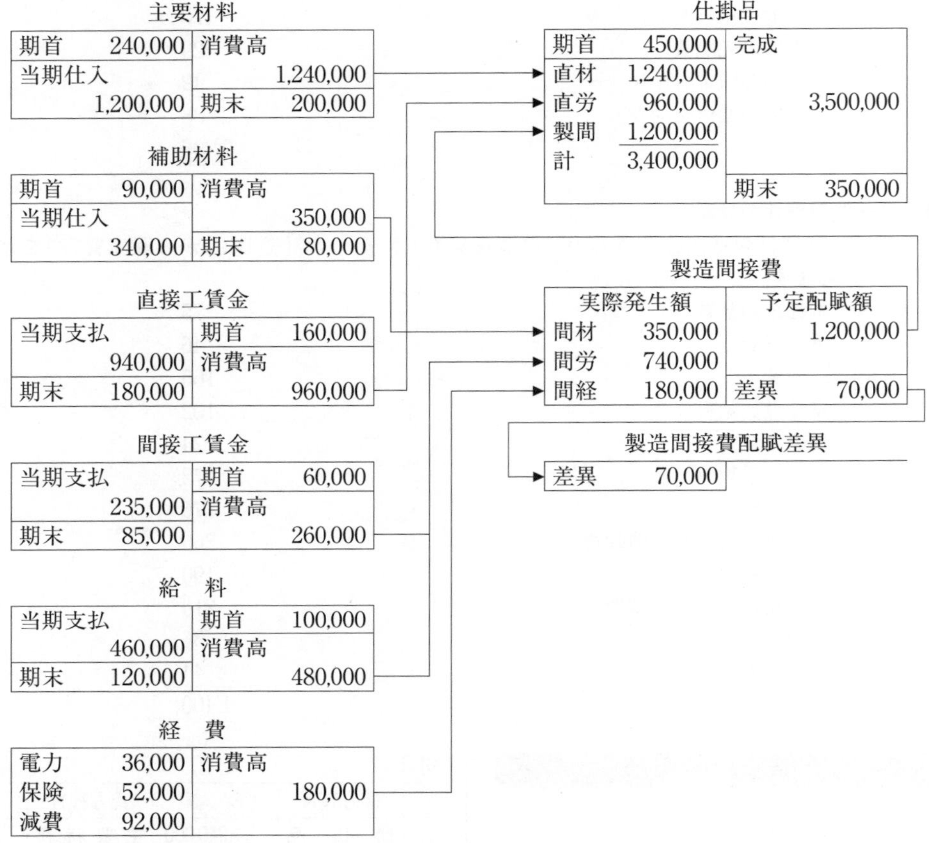

2．製造原価報告書の作成

(1) 当期総製造費用（製造間接費配賦差異を調整する前）

材料費：

主要材料消費額1,240,000円
＋補助材料消費額350,000円＝1,590,000円

労務費：

直接工消費額960,000円＋間接工消費額260,000円
＋給料消費額480,000円＝1,700,000円

経費：

電力36,000円＋保険52,000円＋減費92,000円
＝180,000円

(2) 製造間接費配賦差異の計算

当月製造費用の内容が「材料費・労務費・経費」に区別されているため，製造間接費の予定配賦額を記入することができません。そのため実際消費額を記入していきます。そのうえで，別途，製造間接費の予定配賦額と実際発生額を比較して製造間接費配賦差異を算出し，これを調整します。

本問において製造間接費の内容は実際発生額1,270,000円（補助材料350,000円＋間接工賃金260,000円＋給料480,000円＋経費合計180,000円）が記載されているため，これを予定配賦額1,200,000円に修正するため製造間接費配賦差異70,000円を減算調整します。

製造間接費予定配賦額：

直接労務費×125％＝960,000円×125％
＝1,200,000円

製造間接費実際発生額：

間接材料費＋間接労務費＋間接経費
＝350,000円＋260,000円＋480,000円＋36,000円
＋52,000円＋92,000円＝1,270,000円

製造間接費配賦差異：

予定配賦額－実際発生額
＝1,200,000円－1,270,000円
＝△70,000円（不利差異）

(3) 当月総製造費用（製造間接費配賦差異を調整した後）

材料費1,590,000円＋労務費1,700,000円
＋経費180,000円＋製造間接費配賦差異△70,000円
＝3,400,000円

（参考）当期総製造費用の内訳

直接材料費＋直接労務費＋製造間接費（予定配賦額）
＝1,240,000円＋960,000円＋1,200,000円＝3,400,000円

3．仕訳

(1) 材料の消費

主要材料の消費額は直接材料費として仕掛品勘定へ振り替えます。また，補助材料の消費額は間接材料費として製造間接費勘定に振り替えます。

(2) 賃金・給料の消費

直接工賃金の消費額は直接労務費として仕掛品勘定へ振り替えます。また，間接工賃金および給料の消費額は間接労務費として製造間接費勘定に振り替えます。

(3) 製造間接費の予定配賦

予定配賦額を製造間接費勘定から仕掛品勘定へ振り替えます。

(4) 完成品原価の振り替え

完成品原価は仕掛品勘定から製品勘定へ振り替えます。

(5) 製造間接費配賦差異の振り替え

製造間接費配賦差異は製造間接費勘定から製造間接費配賦差異勘定へ振り替えます。

問題17-4

月次製造原価報告書　（単位：万円）

Ⅰ　直接材料費		
1．月初原料棚卸高	（　400）	
2．当月原料仕入高	（2,000）	
合計	（2,400）	
3．月末原料棚卸高	（　600）	（1,800）
Ⅱ　直接労務費		
1．直接工賃金		（1,600）
Ⅲ　直接経費		
1．外注加工賃		（　600）
Ⅳ　製造間接費		
1．補助材料費	（1,400）	
2．間接工賃金	（3,100）	
3．給料	（　900）	
4．電力料	（　100）	
5．減価償却費	（1,000）	
合計	（6,500）	
製造間接費配賦差異	（　500）	（6,000）
当月総製造費用		（10,000）
月初仕掛品棚卸高		（2,000）
合計		（12,000）
月末仕掛品棚卸高		（4,000）
（当月製品製造原価）		（8,000）

月次損益計算書　（単位：万円）

Ⅰ　売　上　高		10,000
Ⅱ　売　上　原　価		
1．月初製品棚卸高	（　1,000）	
2．当月製品製造原価	（　8,000）	
合　　計	（　9,000）	
3．月末製品棚卸高	（　2,000）	
差　　引	（　7,000）	
4．原　価　差　異	（　500）	（　7,500）
売上総利益		（　2,500）
Ⅲ　販売費及び一般管理費		1,500
営　業　利　益		（　1,000）

解答への道

本問の場合，製造間接費の予定配賦額は製造間接費の実際発生額に製造間接費配賦差異を調整して求めます。

1．勘定連絡

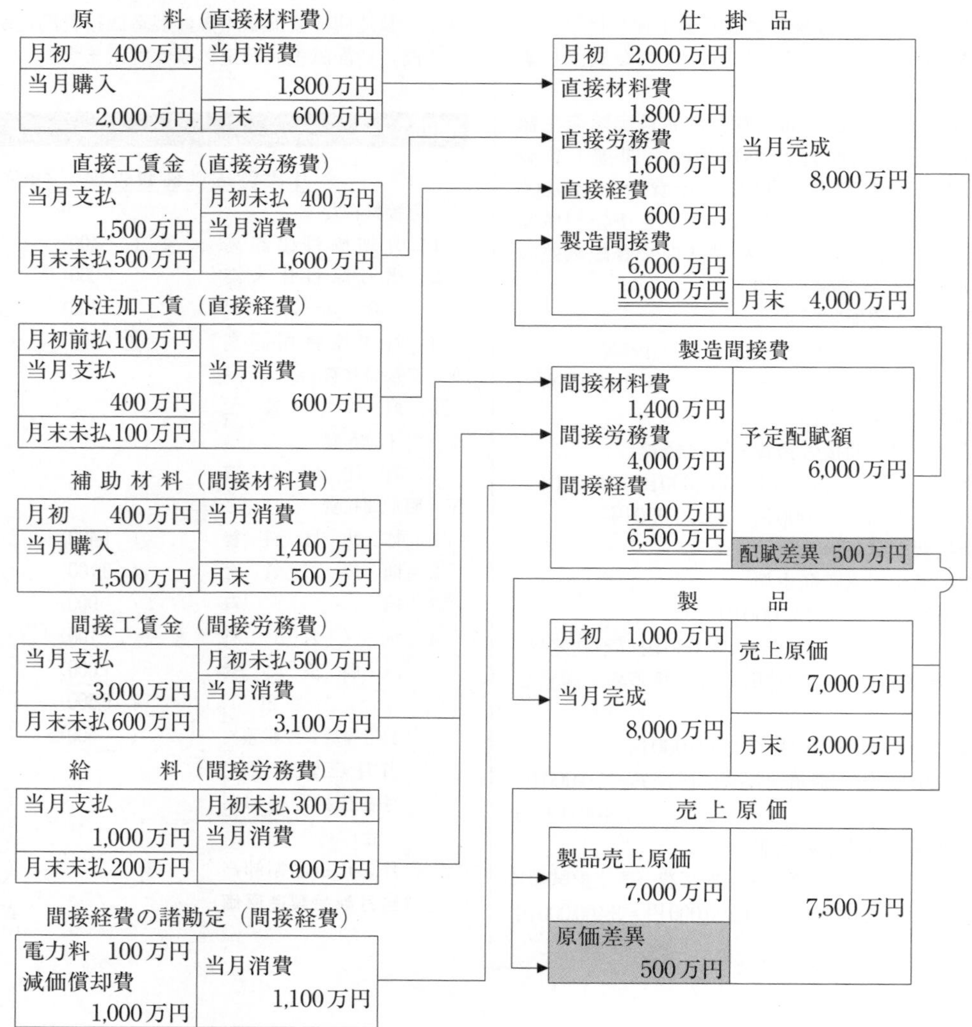

2．製造原価報告書の作成

勘定連絡図における仕掛品勘定の内容をもとに製造原価報告書を作成します。

3．損益計算書の作成

勘定連絡図における製品勘定の内容をもとに損益計算書（売上原価の区分）を作成します。

4．原価差異（製造間接費配賦差異）の調整について

製造原価報告書では，製造間接費の実際発生額6,500万円を予定配賦額6,000万円に修正するために減算調整します。

対して，損益計算書では売上原価の金額に賦課するため加算調整します。

〈製造間接費配賦差異の調整〉

	借方差異（不利差異）	貸方差異（有利差異）
製造原価報告書	減算調整	加算調整
損 益 計 算 書	加算調整	減算調整

問題17-5

総合原価計算表 （単位：千円）

	数量		直接材料費	換算量	加工費	合計
月初仕掛品	500kg	(50%)	7,500	(250)kg	39,125	46,625
当月投入	12,000		255,000	(11,875)	555,000	810,000
計	12,500kg		262,500	(12,125)kg	594,125	856,625
月末仕掛品	1,500	(75%)	(31,500)	(1,125)	(55,125)	(86,625)
差引完成品	11,000kg		(231,000)	(11,000)kg	(539,000)	(770,000)
完成品単位原価			@ (21)		@ (49)	@ (70)

月次損益計算書 （単位：千円）

Ⅰ 売上高		(900,000)
Ⅱ 売上原価		
月初製品棚卸高	(120,000)	
当月製品製造原価	(770,000)	
計	(890,000)	
月末製品棚卸高	(210,000)	(680,000)
売上総利益		(220,000)
Ⅲ 販売費及び一般管理費		85,000
営業利益		(135,000)

解答への道

総合原価計算における総合原価計算表と損益計算書の関係を確認しましょう。

1．総合原価計算表

平均法により月末仕掛品原価および完成品原価を計算します。

(1) 月末仕掛品原価の計算（平均法）

① 直接材料費

仕掛品－直接材料費

借方	貸方
月初 7,500千円 (500kg)	完成品 11,000kg
当月投入 255,000千円 (12,000kg)	月末 (1,500kg)

月末仕掛品：$\dfrac{7{,}500\text{千円}+255{,}000\text{千円}}{11{,}000\text{kg}+1{,}500\text{kg}}\times 1{,}500\text{kg}$

$=31{,}500\text{千円}$

完成品原価：$7{,}500\text{千円}+255{,}000\text{千円}-31{,}500\text{千円}$

$=231{,}000\text{千円}$

完成品単位原価：$\dfrac{231{,}000\text{千円}}{11{,}000\text{kg}}=@21\text{千円}$

② 加工費

仕掛品－加工費

月初39,125千円 (500kg×50%)	完成品 11,000kg
当月投入 555,000千円 (11,875kg)	月末 (1,500kg×75%)

月末仕掛品：$\dfrac{39{,}125\text{千円}+555{,}000\text{千円}}{11{,}000\text{kg}+1{,}500\text{kg}\times 75\%}\times 1{,}500\text{kg}\times 75\%$

$=55{,}125\text{千円}$

完成品原価：$39{,}125\text{千円}+555{,}000\text{千円}-55{,}125\text{千円}$

$=539{,}000\text{千円}$

完成品単位原価：$\dfrac{539{,}000\text{千円}}{11{,}000\text{kg}}=@49\text{千円}$

(2) 当月製品製造原価（＝完成品原価）

$\underbrace{231{,}000\text{千円}}_{\text{直接材料費}}+\underbrace{539{,}000\text{千円}}_{\text{加工費}}=770{,}000\text{千円}$

完成品単位原価＝$\dfrac{770{,}000\text{千円}}{11{,}000\text{kg}}=@70\text{千円}$

2．損益計算書

(1) 売上高：@90千円×10,000kg＝900,000千円

(2) 売上原価

先入先出法により月末製品原価および売上原価を計算します。

製品

月初120,000千円 (2,000kg)	売上原価 10,000kg
完成品 770,000千円 (11,000kg)	月末 (3,000kg)

月末製品：$\dfrac{770{,}000\text{千円}}{11{,}000\text{kg}}\times 3{,}000\text{kg}=210{,}000\text{千円}$

売上原価：$120{,}000\text{千円}+770{,}000\text{千円}-210{,}000\text{千円}$

$=680{,}000\text{千円}$

問題17-6

損益計算書 （単位：円）

自×3年4月1日 至×4年3月31日

Ⅰ 売上高		(70,000)
Ⅱ 売上原価		
1．期首製品棚卸高	(5,000)	
2．(当期製品製造原価)	(45,000)	
合計	(50,000)	
3．期末製品棚卸高	(3,000)	
差引	(47,000)	
4．原価差異	((＋) 900)	(47,900)
売上総利益		(22,100)

製造原価報告書 （単位：円）

自×3年4月1日 至×4年3月31日

Ⅰ 直接材料費		
期首材料棚卸高	700	
当期材料仕入高	20,300	
合計	21,000	
期末材料棚卸高	2,000	(19,000)
Ⅱ 直接労務費		(15,000)
Ⅲ 直接経費		(1,000)
Ⅳ 製造間接費		
間接材料費	(3,000)	
間接労務費	(2,500)	
動力費	(1,200)	
減価償却費	(1,500)	
修繕費	(400)	
その他	(800)	
合計	(9,400)	
(製造間接費配賦差異)	(400)	
製造間接費配賦額		(9,000)
当期総製造費用		(44,000)
(期首仕掛品棚卸高)		(5,000)
合計		(49,000)
(期末仕掛品棚卸高)		(4,000)
(当期製品製造原価)		(45,000)

解答への道

1．勘定連絡図

各勘定の推定をしたうえで，勘定の流れを示すと次のようになります。

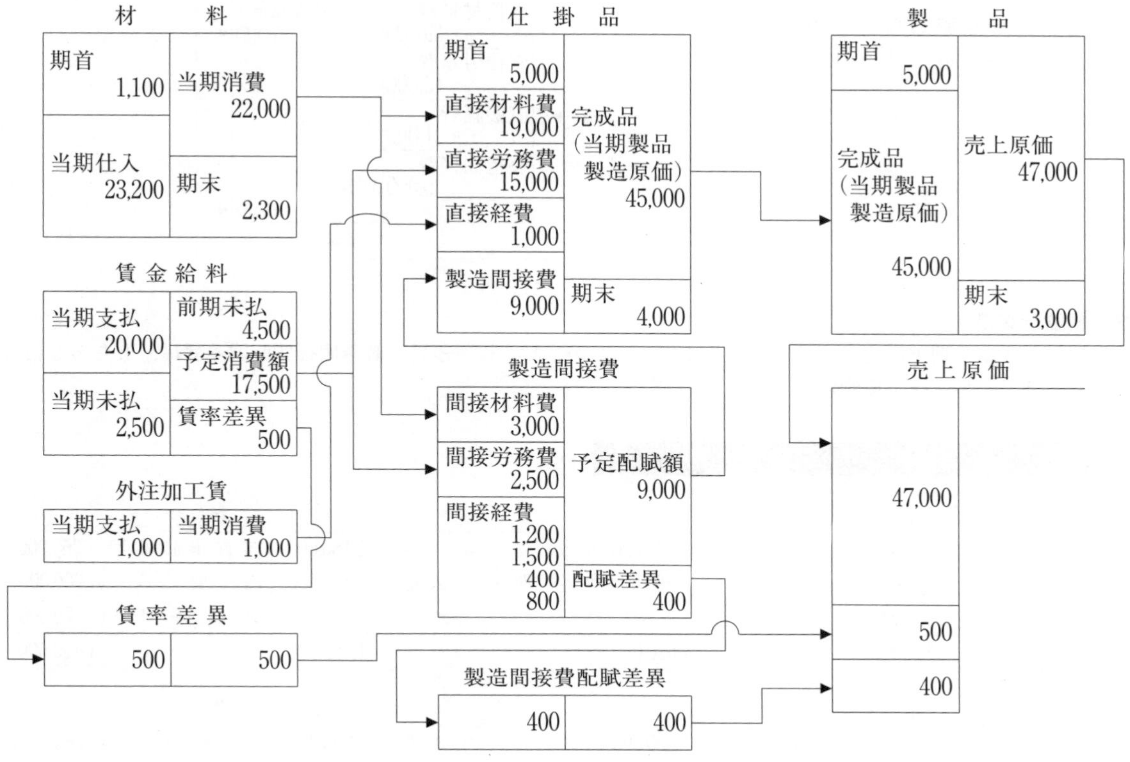

2．製造原価報告書

(1) 製造間接費の部分

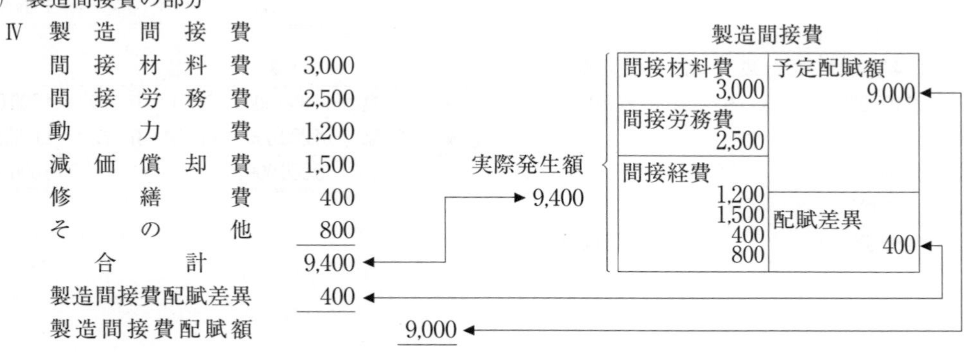

Ⅳ 製造間接費		
間接材料費	3,000	
間接労務費	2,500	
動力費	1,200	
減価償却費	1,500	
修繕費	400	
その他	800	
合計	9,400	
製造間接費配賦差異	400	
製造間接費配賦額		9,000

（注）製造間接費実際発生額9,400円から配賦差異400円を差し引いた金額9,000円が，製造間接費予定配賦額になります。

(2) 製造原価報告書の末尾部分

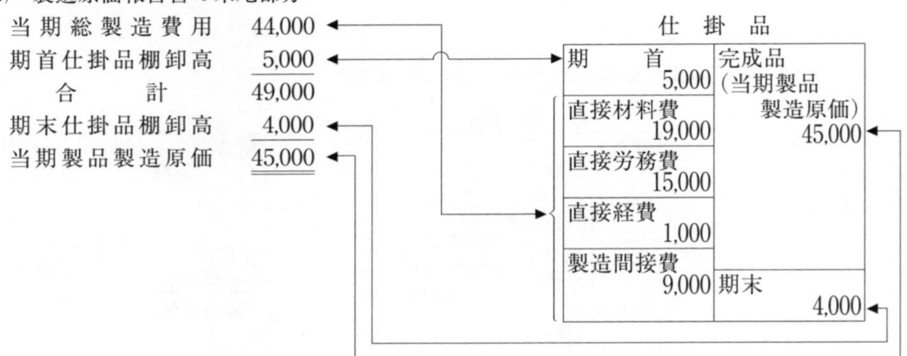

3．損益計算書

原価差異は，期末に売上原価に賦課します。したがって，賃率差異，製造間接費配賦差異は，どちらも借方差異であるため，売上原価に加算します。

問題17-7

材料

期首有高	600,000	消費高	(2,320,000)
仕入高	1,820,000	期末有高	200,000
原価差異	(100,000)		
	(2,520,000)		(2,520,000)

賃金給料

支払高	1,180,000	期首未払高	260,000
期末未払高	300,000	消費高	(1,200,000)
		原価差異	(20,000)
	1,480,000		1,480,000

経費

各種支払高	320,000	消費高	(920,000)
減価償却費	(600,000)		
	(920,000)		(920,000)

製造間接費

間接材料費	220,000	予定配賦額	(1,260,000)
間接労務費	400,000	原価差異	(40,000)
間接経費	680,000		
	1,300,000		1,300,000

仕掛品

期首有高	(400,000)	完成高	(4,200,000)
直接材料費	(2,100,000)	期末有高	(600,000)
直接労務費	(800,000)		
直接経費	(240,000)		
製造間接費	(1,260,000)		
	(4,800,000)		(4,800,000)

製品

期首有高	800,000	売上原価	(4,000,000)
完成品原価	(4,200,000)	期末有高	1,000,000
	(5,000,000)		(5,000,000)

解答への道

1．製造原価報告書と仕掛品勘定の対応関係

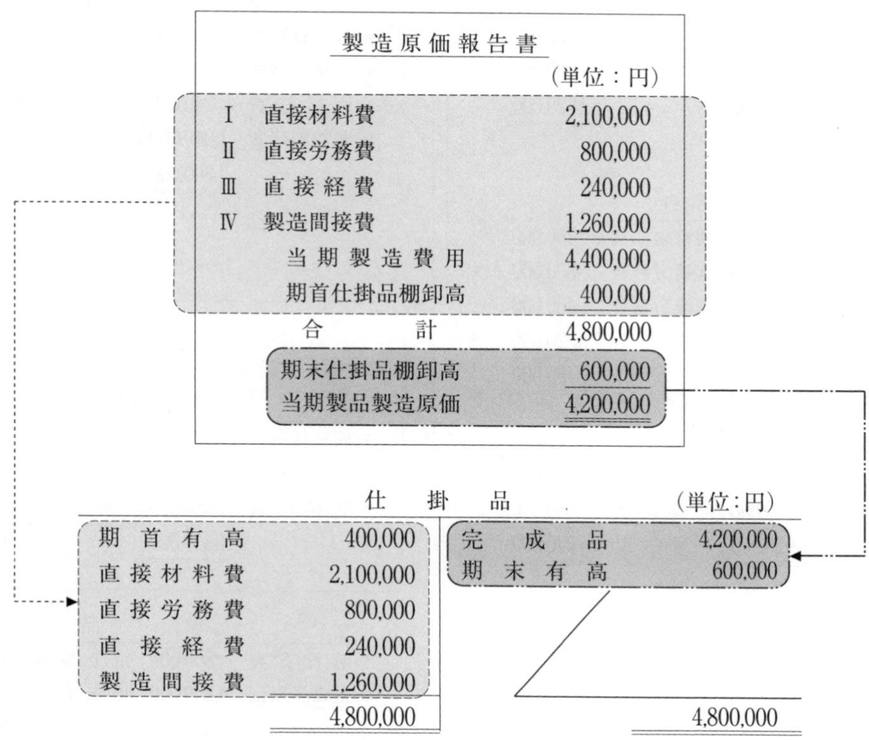

製造原価報告書

（単位：円）

Ⅰ	直接材料費	2,100,000
Ⅱ	直接労務費	800,000
Ⅲ	直接経費	240,000
Ⅳ	製造間接費	1,260,000
	当期製造費用	4,400,000
	期首仕掛品棚卸高	400,000
	合　計	4,800,000
	期末仕掛品棚卸高	600,000
	当期製品製造原価	4,200,000

仕　掛　品　（単位：円）

期首有高	400,000	完成品	4,200,000
直接材料費	2,100,000	期末有高	600,000
直接労務費	800,000		
直接経費	240,000		
製造間接費	1,260,000		
	4,800,000		4,800,000

本問は製造原価報告書上に原価差異が表記されていないため，製造原価報告書の直接材料費，直接労務費および製造間接費はすべて予定価格，予定賃率および予定配賦率で計算された予定額が記載されていることとなります。

2．勘定連絡図

（単位：円）

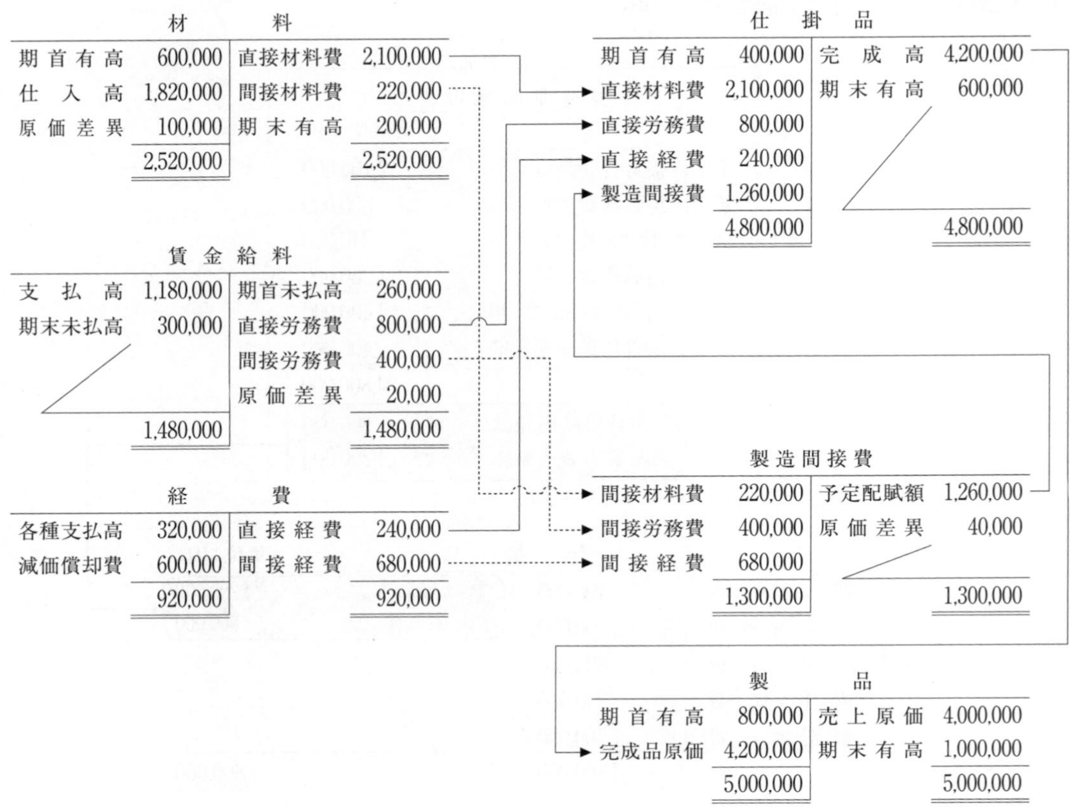

材　　料

期首有高	600,000	直接材料費	2,100,000
仕入高	1,820,000	間接材料費	220,000
原価差異	100,000	期末有高	200,000
	2,520,000		2,520,000

賃金給料

支払高	1,180,000	期首未払高	260,000
期末未払高	300,000	直接労務費	800,000
		間接労務費	400,000
		原価差異	20,000
	1,480,000		1,480,000

経　　費

各種支払高	320,000	直接経費	240,000
減価償却費	600,000	間接経費	680,000
	920,000		920,000

仕掛品

期首有高	400,000	完成高	4,200,000
直接材料費	2,100,000	期末有高	600,000
直接労務費	800,000		
直接経費	240,000		
製造間接費	1,260,000		
	4,800,000		4,800,000

製造間接費

間接材料費	220,000	予定配賦額	1,260,000
間接労務費	400,000	原価差異	40,000
間接経費	680,000		
	1,300,000		1,300,000

製　　品

期首有高	800,000	売上原価	4,000,000
完成品原価	4,200,000	期末有高	1,000,000
	5,000,000		5,000,000

3．諸数値の算定

〈仕掛品勘定〉

問題資料の製造原価報告書から仕掛品勘定の記入を行います。

〈製造間接費勘定〉

予定配賦額：仕掛品勘定への振替高1,260,000円
原 価 差 異：貸借差額で40,000円

〈材料勘定〉

消　費　高：直接材料費2,100,000円＋間接材料費220,000円＝2,320,000円
原 価 差 異：貸借差額で100,000円

〈賃金給料勘定〉

消　費　高：直接労務費800,000円＋間接労務費400,000円＝1,200,000円
原 価 差 異：貸借差額で20,000円

〈経費勘定〉

消　費　高：直接経費240,000円＋間接経費680,000円＝920,000円
減価償却費：貸借差額で600,000円

〈製品勘定〉

完成品原価：仕掛品勘定からの振替高4,200,000円
売 上 原 価：貸借差額で4,000,000円

Theme 18 標準原価計算（Ⅰ）

問題18-1

問1

仕掛品			(単位：円)
前月繰越	(86,250)	製品	(712,500)
材料	(162,500)	次月繰越	(115,000)
賃金	(241,500)	原価差異	(23,300)
製造間接費	(360,550)		
	(850,800)		(850,800)

問2

借方科目	金額	貸方科目	金額
製品	712,500	仕掛品	712,500

解答への道

標準原価計算において完成品原価および仕掛品原価は標準原価をもって算出します。なお，仕掛品原価は，始点投入される「直接材料費」と，加工費の性質を有する「直接労務費」および「製造間接費」とを区別して計算します。

また，パーシャル・プランで記帳する場合，仕掛品勘定の借方側，すなわち当月投入の原価（当月製造費用の金額）は実際原価を記入します。

1．生産データ

仕掛品－直接材料費

月初 150個	当月完成 750個
当月投入 800個	月末 200個

仕掛品－加工費

月初 150個×50%＝75個	当月完成 750個
当月投入（差引） 775個	月末 200個×50%＝100個

2．完成品原価の振替え

標準原価計算では、製品原価（完成品原価および仕掛品原価）はすべて「標準原価」で算定します。

完成品原価：@950円×750個＝712,500円

3．仕掛品勘定の記入

月初有高：@200円×150個＋(@300円＋@450円)×75個
＝86,250円

材　　料：162,500円（実際消費額）
賃　　金：241,500円（実際消費額）　計764,550円
製造間接費：360,550円（実際発生額）
製　　品：@950円×750個＝712,500円

月末有高：@200円×200個＋(@300円＋@450円)×100個
＝115,000円

4．標準原価差異の計算（貸借差額で計算してもよい）

標準原価：@200円×800個（直接材料費）＋@300円×775個（直接労務費）
＋@450円×775個（製造間接費）＝741,250円

原価差異：741,250円－764,550円＝△23,300円（借方差異）

パーシャル・プランによると，仕掛品勘定の記入は次のようになります。

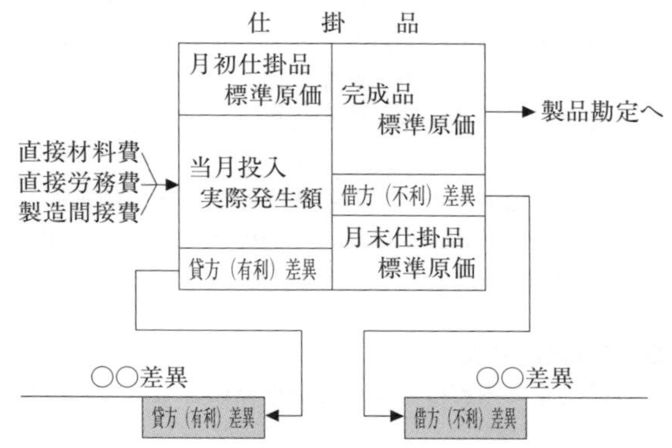

（注）借方差異（不利差異）は○○差異勘定の借方に，貸方差異（有利差異）は○○差異勘定の貸方に振り替えられます。仕掛品勘定ではないことに注意してください。

問題18-2

仕掛品			(単位：円)
前月繰越	(274,000)	製品	(7,560,000)
材料	(2,314,000)	次月繰越	(776,000)
賃金	(1,555,000)	原価差異	(17,000)
製造間接費	(4,210,000)		
	(8,353,000)		(8,353,000)

製品			(単位：円)
前月繰越	(810,000)	売上原価	(6,480,000)
仕掛品	(7,560,000)	次月繰越	(1,890,000)
	(8,370,000)		(8,370,000)

解答への道

パーシャル・プランによる勘定記入を確認しましょう。

1. 仕掛品勘定の記入

仕掛品－直接材料費

月初 10個	完成 140個
当月投入 150個	月末 20個

仕掛品－加工費

月初 10個×30%＝3個	完成 140個
当月投入（差引） 149個	月末 20個×60%＝12個

前月繰越……@16,000円×10個＋@10,000円×3個＋@28,000円×3個＝274,000円

当月投入……実際発生額を記入

製　　品……@54,000円×140個＝7,560,000円

次月繰越……@16,000円×20個＋@10,000円×12個＋@28,000円×12個＝776,000円

原価差異……仕掛品勘定の貸借差額又は次の計算式により求まります。

当月投入標準原価－当月投入実際原価＝原価差異

（@16,000円×150個＋@10,000円×149個＋@28,000円×149個）－（2,314,000円＋1,555,000円＋4,210,000円）＝△17,000円（借方差異）

2. 製品勘定の記入

製品勘定の内容は，すべて標準原価をもって記帳します。

製　品

月初 15個	販売 120個
完成 140個	月末 35個

前月繰越　@54,000円×　15個＝　810,000円

仕 掛 品　@54,000円×140個＝7,560,000円

売上原価　@54,000円×120個＝6,480,000円

次月繰越　@54,000円×　35個＝1,890,000円

問題18-3

(1)

仕　掛　品　（単位：円）

前月繰越	（274,000）	製　　品	（7,560,000）
材　　料	（2,400,000）	次月繰越	（776,000）
賃　　金	（1,490,000）		
製造間接費	（4,172,000）		
	（8,336,000）		（8,336,000）

製　　品　（単位：円）

前月繰越	（810,000）	売上原価	（6,480,000）
仕 掛 品	（7,560,000）	次月繰越	（1,890,000）
	（8,370,000）		（8,370,000）

(2) 標準原価差異の総額 17,000円

解答への道

シングル・プランによる勘定記入を確認しましょう。

1. 仕掛品勘定の記入

仕掛品－直接材料費

月初 10個	完成 140個
当月投入 150個	月末 20個

仕掛品－加工費

月初 10個×30%＝3個	完成 140個
当月投入（差引） 149個	月末 20個×60%＝12個

前月繰越……@16,000円×10個＋@10,000円×3個＋@28,000円×3個＝274,000円

当月投入

材料：@16,000円×150個＝2,400,000円

賃金：@10,000円×149個＝1,490,000円

製造間接費：@28,000円×149個＝4,172,000円

製　　品……@54,000円×140個＝7,560,000円

次月繰越……@16,000円×20個＋@10,000円×12個＋@28,000円×12個＝776,000円

なお，シングル・プランにより記帳している場合，当月投入の原価（当月製造費用）が標準原価で記帳されます。

2. 製品勘定の記入

製　　品

月初 15個	販売 120個
完成 140個	月末 35個

前月繰越　@54,000円 × 15個 = 810,000円
仕 掛 品　@54,000円 × 140個 = 7,560,000円
売上原価　@54,000円 × 120個 = 6,480,000円
次月繰越　@54,000円 × 35個 = 1,890,000円

3. 標準原価差異

問題18-2と同様に計算します。なお、シングル・プラン の場合、仕掛品勘定から差異を把握することはできません。

当月投入標準原価－当月投入実際原価＝原価差異
(@ 16,000円×150個+@ 10,000円×149個+@ 28,000円×149個)
－(2,314,000円+1,555,000円+4,210,000円)=△ 17,000円（借方差異）

Theme

19 標準原価計算（Ⅱ）

問題19-1

直接材料費差異	（貸）　86,000 円
直接労務費差異	（借）　65,000 円
製造間接費差異	（借）　38,000 円

解答への道

標準原価差異は，当月製造費用（当月投入）に対する標準原価と実際原価を比較することにより把握します。

(1)　直接材料費差異

生産データ（数量）

月初		完成	
	10 個		140 個
当月投入		月末	
	150 個		20 個

標準直接材料費		実際消費額		直接材料費差異

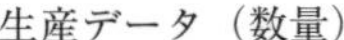

(2)　直接労務費差異および製造間接費差異

生産データ（換算量）

月初		完成	
	10 個 × 30% = 3 個		140 個
差引：当月投入		月末	
	149 個		20 個 × 60% = 12 個

標準直接労務費		実際消費額

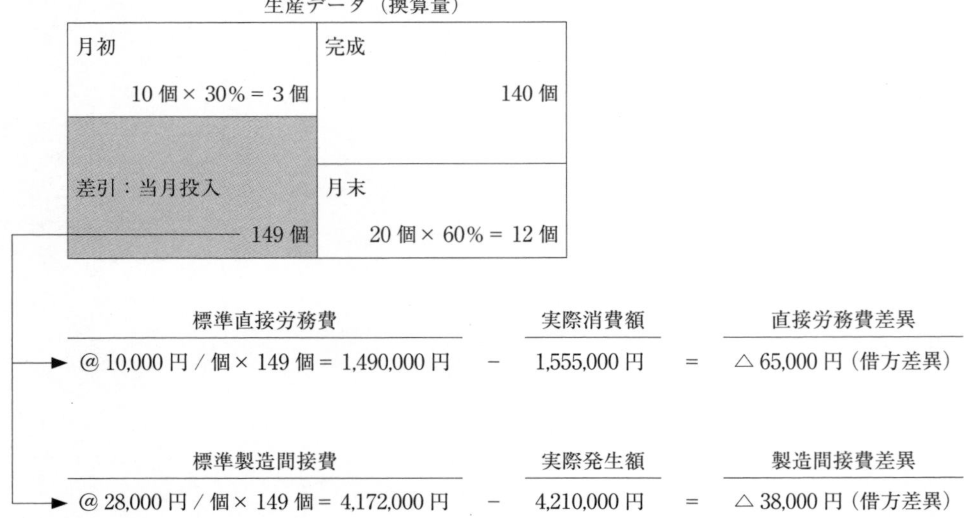

問題19-2

直接材料費差異	（借） 26,750 円
価格差異	（貸） 15,750 円
数量差異	（借） 42,500 円

解答への道

直接材料費の差異分析を確認しましょう。

標準原価計算において直接材料費差異は，以下のＢＯＸ図を用いて「価格差異」と「数量差異」に分析します。その際，直接材料の「標準消費量」の算定がポイントになりますが，「製品１個」あたりで計算した標準直接材料費を「材料１単位」あたりの計算に修正して，直接材料の標準消費量を算定します。

1．生産データの整理と標準消費量の算定

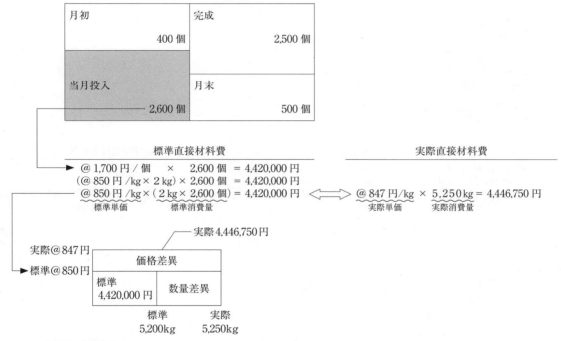

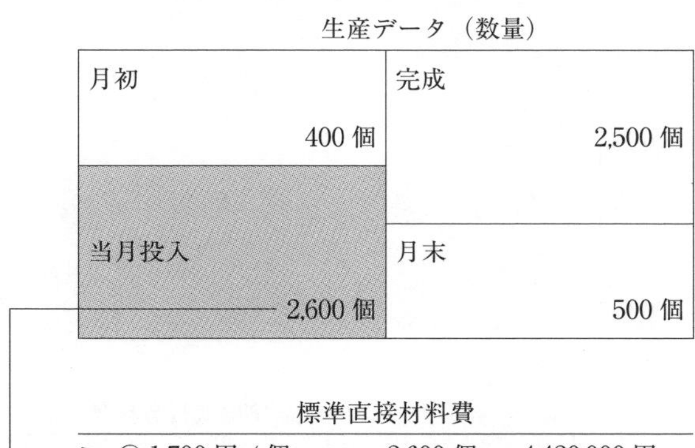

標準直接材料費		実際直接材料費
@ 1,700 円 / 個 × 2,600 個 ＝ 4,420,000 円		
（@ 850 円 /kg × 2 kg）× 2,600 個 ＝ 4,420,000 円		
@ 850 円 /kg（標準単価）×（2 kg × 2,600 個）（標準消費量）＝ 4,420,000 円	⇔	@ 847 円/kg（実際単価）× 5,250 kg（実際消費量）＝ 4,446,750 円

実際@847円
標準@850円

価格差異（実際4,446,750円）	
標準 4,420,000 円	数量差異

標準 5,200kg　実際 5,250kg

2．直接材料費差異

4,420,000円－4,446,750円＝△26,750円（借方差異）

3．差異分析

価格差異

（@850円－@847円）× 5,250kg ＝ 15,750円（貸方差異）

数量差異

@850円 ×（5,200kg － 5,250kg）＝△42,500円（借方差異）

問題19-3

直接労務費差異	(貸)　15,600　円
賃率差異	(借)　104,400　円
時間差異	(貸)　120,000　円

解答への道

直接労務費の差異分析を確認しましょう。

標準原価計算において直接労務費差異は，以下のＢＯＸ図を用いて「賃率差異」と「時間差異」に分析します。その際，「標準作業時間」の算定がポイントになりますが，「製品１個」あたりで計算した標準直接労務費を「賃率１時間」あたりの計算に修正して，標準作業時間を算定します。

1．生産データの整理と標準作業時間の算定

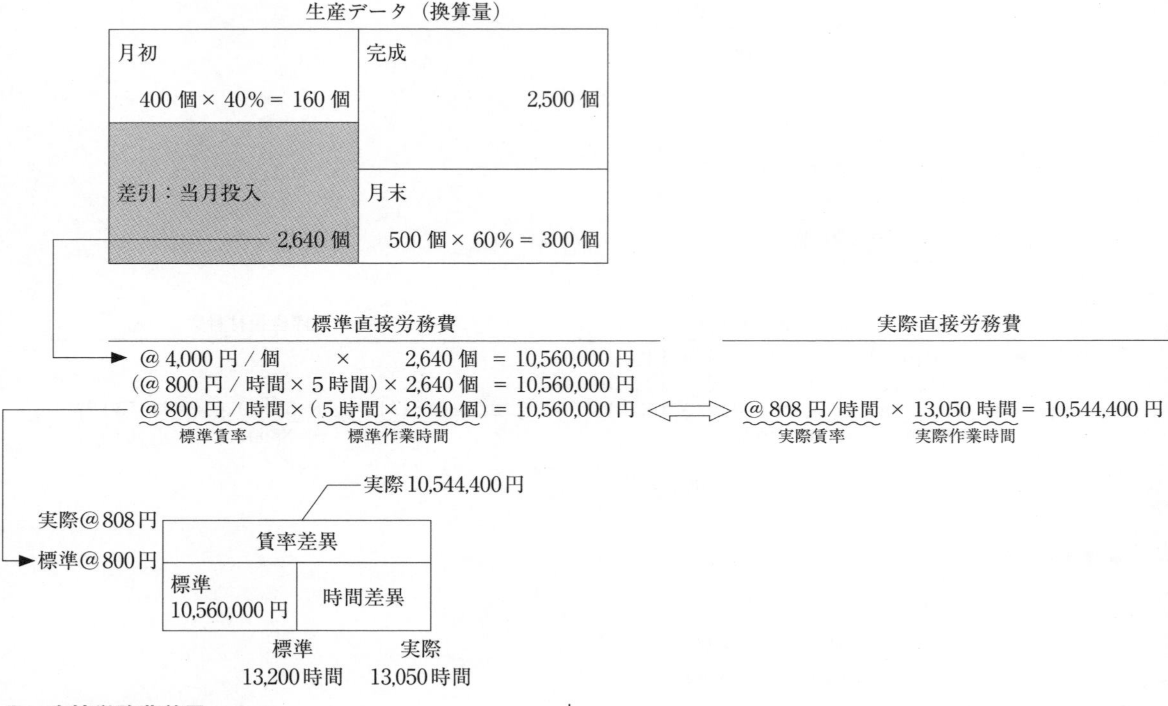

2．直接労務費差異

10,560,000円 − 10,544,400円 = 15,600円（貸方差異）

3．差異分析

賃率差異

(@800円 − @808円) × 13,050時間

= △104,400円（借方差異）

時間差異

@800円 × (13,200時間 − 13,050時間)

= 120,000円（貸方差異）

問題19-4

(1)	総　差　異＝ 材料価格差異＝ 材料数量差異＝	57,600 千円 67,600 千円 10,000 千円	(借) (借) (貸)
(2)	総　差　異＝ 労働賃率差異＝ 労働時間差異＝	30,200 千円 17,700 千円 12,500 千円	(借) (借) (借)

解答への道

標準原価計算における差異分析を確認しましょう。また，本問において「実際生産量は2,700個であった」とあります。かつ，仕掛品に関する資料がありません。そのため，「当月投入2,700個＝完成品2,700個」と考えて解答します。

1．生産データの整理および標準原価等の算定

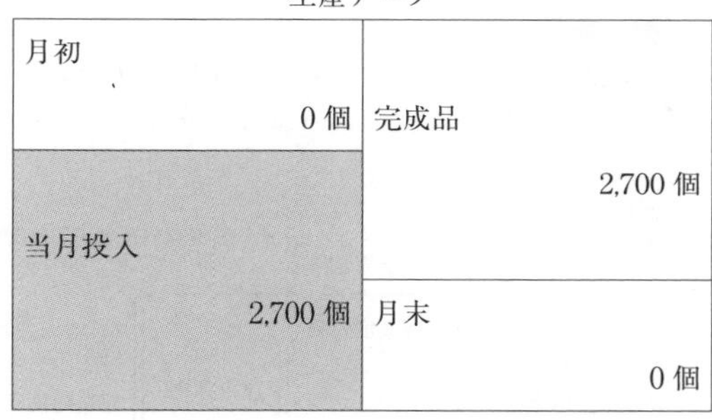

生産データ
月初
0 個
完成品
2,700 個
当月投入
2,700 個
月末
0 個

(1)　標準原価の算定

当月の直接材料費および直接労務費について標準原価を算定します。

直接材料費：@ 100千円 × 2,700個
＝270,000千円

直接労務費：@ 50千円 × 2,700個
＝135,000千円

(2)　標準原価差異（総差異）の算定

直接材料費差異：

標準原価270,000千円－実際原価327,600千円
＝△57,600千円（借方差異）

直接労務費差異：

標準原価135,000千円－実際原価165,200千円
＝△30,200千円（借方差異）

(3)　直接材料の標準消費量の算定

製品1個あたりの標準消費量20kgに当月投入の数量2,700個を乗じて直接材料の標準消費量を算定します。

標準消費量：20kg × 2,700個＝54,000kg

(4)　標準作業時間の算定

製品1個あたりの標準作業時間10時間に当月投入の換算量2,700個を乗じて標準作業時間を算定します。

標準作業時間：10時間 × 2,700個＝27,000時間

2．差異分析

以下のＢＯＸ図を用いて，直接材料費差異および直接労務費差異を分析します。

(1)　直接材料費

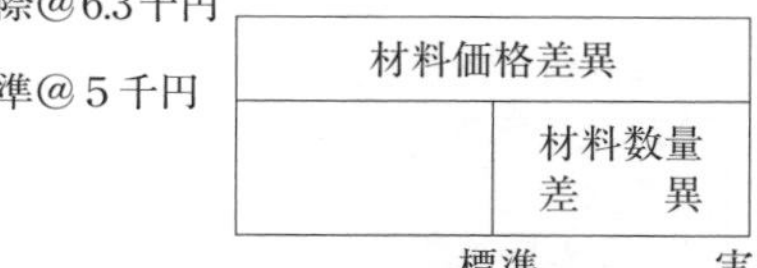

材料価格差異：(@５千円－@6.3千円) × 52,000kg
＝△67,600千円（借方差異）

材料数量差異：@５千円 × (54,000kg－52,000kg)
＝10,000千円（貸方差異）

(2)　直接労務費

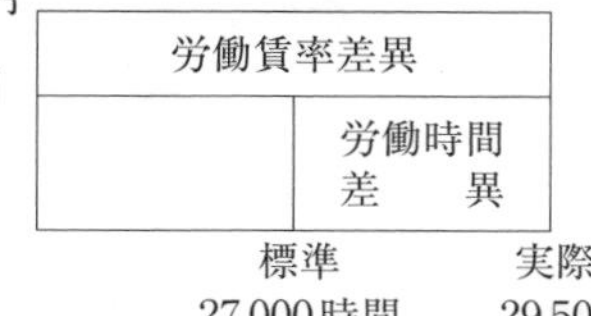

労働賃率差異：(@５千円－@5.6千円) × 29,500時間
＝△17,700千円（借方差異）

労働時間差異：@５千円 × (27,000時間－29,500時間)
＝△12,500千円（借方差異）

(3)　結　論

差異分析の結果，材料の消費能率はよかったが，労働力の消費能率が悪かったため，第１製造部長の説明は適切ではないといえます。

問題19-5

製造間接費差異	(−)　220,000　円
予　算　差　異	(−)　80,000　円
能　率　差　異	(＋)　100,000　円
操　業　度　差　異	(−)　240,000　円

解答への道

製造間接費の差異分析を確認しましょう。

標準原価計算において製造間接費差異は，以下のシュラッター図を用いて「予算差異」と「能率差異」および「操業度差異」に分析します。その際，「標準操業度」の算定がポイントになりますが，「製品１個」あたりで計算した標準製造間接費を「操業度１単位」あたりの計算に修正して，標準操業度を算定します。

1．生産データの整理と標準操業度の算定

製造間接費は加工費の性質を有するため，生産データは加工進捗度を乗じた「完成品換算量」を用いて計算します。また，本問における製造間接費の

配賦基準が「直接作業時間」であるため，直接労務費の計算と同様に，標準作業時間を算定します。

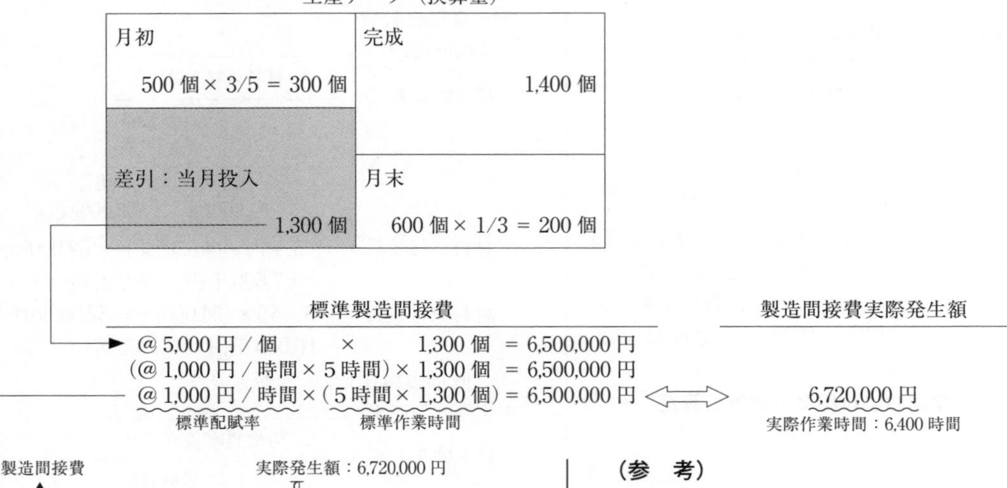

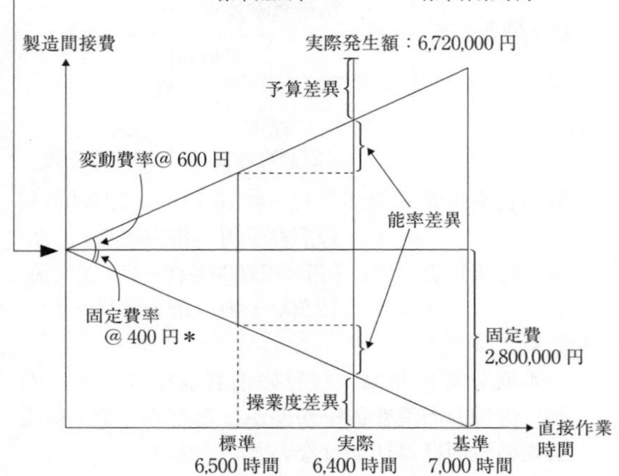

＊ 固定費率 = 2,800,000 円 ÷ 7,000 時間 = 400 円 / 時間

2．製造間接費差異

6,500,000円 − 6,720,000円 = △ 220,000円（借方差異）

3．差異分析（三分法）

予算差異：@ 600円 × 6,400時間 + 2,800,000円 − 6,720,000円
= △ 80,000円（借方差異）

能率差異：(@ 600円 + @ 400円) × (6,500時間 − 6,400時間)
= 100,000円（貸方差異）

操業度差異：@ 400円 × (6,400時間 − 7,000時間)
= △ 240,000円（借方差異）

（参　考）

なお，本問の製造間接費予算を固定予算によった場合の差異分析は次のようになります。

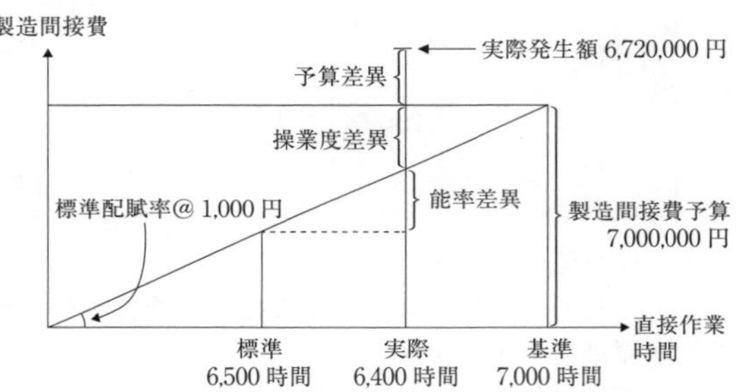

予算差異：7,000,000円 − 6,720,000円 = 280,000円（貸方差異）

操業度差異：@ 1,000円 × (6,400時間 − 7,000時間)
= △ 600,000円（借方差異）

能率差異：@ 1,000円 × (6,500時間 − 6,400時間)
= 100,000円（貸方差異）

問題19-6

〔設問1〕 200 円/時

〔設問2〕 100 円

〔設問3〕 (借) 45,500 円

〔設問4〕

予算差異	(借)	9,900 円
変動費能率差異	(借)	5,600 円
固定費能率差異	(借)	8,400 円
操業度差異	(借)	21,600 円

〔設問5〕

予算差異	(借)	9,900 円
能率差異	(借)	5,600 円
操業度差異	(借)	30,000 円

解答への道

標準原価計算における製造間接費の計算を確認しましょう。

〔設問1〕製造間接費標準配賦率：

$$@80円 + \frac{240,000円}{2,000時間} = @200円$$

〔設問2〕製品C1個あたりの製造間接費：

@200円×0.5時間＝100円

〔設問3〕製造間接費差異：

@100円×3,500個－395,500円

＝△45,500円（借方差異）

生産データ（換算量）

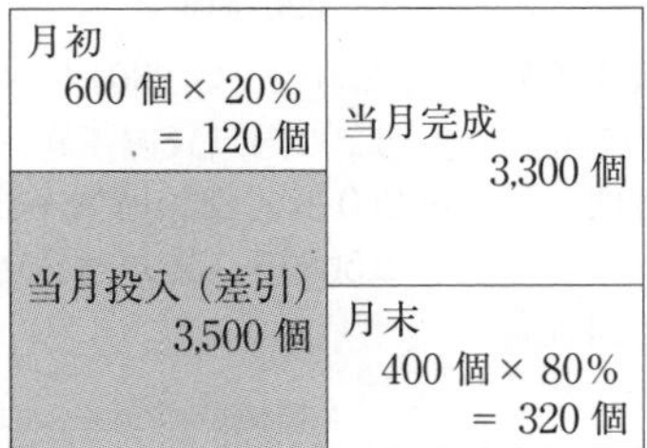

月初 600個×20% ＝120個	当月完成 3,300個
当月投入（差引） 3,500個	月末 400個×80% ＝320個

〔設問4〕差異分析（四分法）

(1) 標準操業度（標準作業時間）の算定

本問における製造間接費の配賦基準が「直接作業時間」であるため，標準作業時間を算定します。

標準作業時間は，製品1個あたりの標準作業時間0.5時間に当月投入の換算量3,500個を乗じて算定します。

標準作業時間：0.5時間×3,500個＝1,750時間

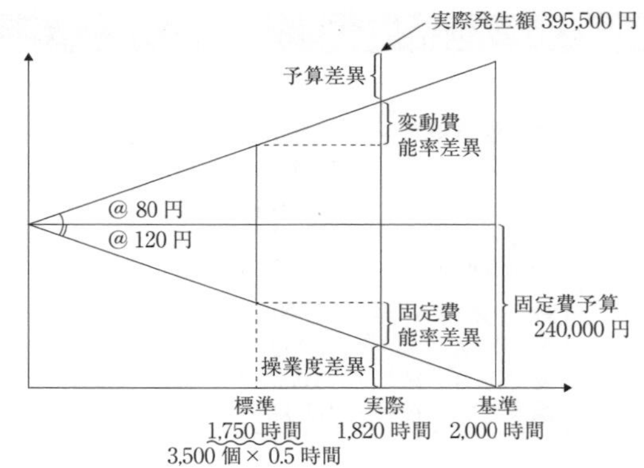

(2) 予算差異：@80円×1,820時間＋240,000円－395,500円

＝△9,900円（借方差異）

(3) 能率差異

変動費能率差異：

@ 80円×(1,750時間－1,820時間)＝△5,600円（借方差異）

固定費能率差異：

@120円×(1,750時間－1,820時間)＝△8,400円（借方差異）

△14,000円（借方差異）

(4) 操業度差異：

@120円×(1,820時間－2,000時間)＝△21,600円（借方差異）

〔設問5〕差異分析（三分法：能率差異は変動費のみ）

能率差異を変動費のみで計算する場合，固定費能率差異は操業度差異に含めます。

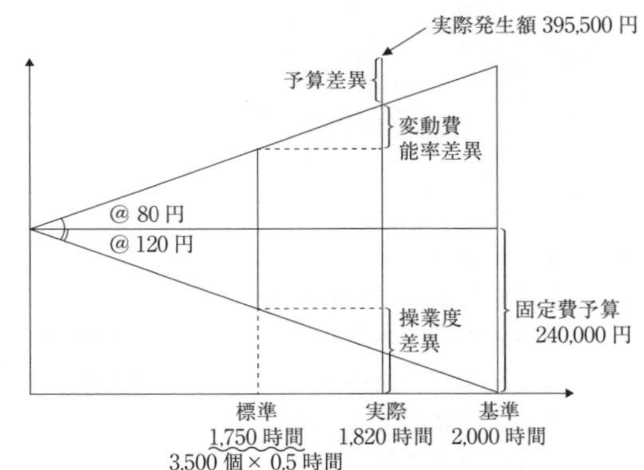

(1) 予算差異：@80円×1,820時間＋240,000円－395,500円

＝△9,900円（借方差異）

(2) 能率差異

変動費のみで計算します。

@ 80円×(1,750時間－1,820時間)＝△5,600円（借方差異）

(3) 操業度差異：

@120円×(1,750時間－2,000時間)＝△30,000円（借方差異）

問題19-7

(1)	総　差　異＝　6,600 円　(貸) 材料価格差異＝　4,400 円　(借) 材料数量差異＝　11,000 円　(貸)
(2)	総　差　異＝　6,700 円　(貸) 労働賃率差異＝　4,200 円　(貸) 労働時間差異＝　2,500 円　(貸)
(3)	総　差　異＝　2,000 円　(借) 予 算 差 異＝　3,400 円　(借) 能 率 差 異＝　3,000 円　(貸) 操業度差異＝　1,600 円　(借)

解答への道

直接材料費および直接労務費はＢＯＸ図を用いて，製造間接費はシュラッター図を用いてそれぞれ差異分析を行います。なお，本問において「実際生産量110個」とありますが，仕掛品に関する資料がありません。そのため，「当月投入110個＝完成品110個」と考えて解答します。

1．生産データの整理および標準原価等の算定

生産データ

月初　0 個	完成品　110 個
当月投入　110 個	月末　0 個

(1)　標準原価の算定

直接材料費：@500円×110個＝55,000円

直接労務費：@500円×110個＝55,000円

製造間接費：@600円×110個＝66,000円

(2)　標準原価差異（総差異）の算定

直接材料費差異：

標準原価55,000円－実際原価48,400円
＝6,600円（貸方差異）

直接労務費差異：

標準原価55,000円－実際原価48,300円
＝6,700円（貸方差異）

製造間接費差異：

標準原価66,000円－実際原価68,000円
＝△2,000円（借方差異）

(3)　直接材料の標準消費量の算定

製品Ｋ１個あたりの標準消費量25kgに当月投入の数量110個を乗じて直接材料の標準消費量を算定します。

標準消費量：25kg×110個＝2,750kg

(4)　直接労務費および製造間接費に関する標準作業時間の算定

製品Ｋ１個あたりの標準作業時間２時間に当月投入の換算量110個を乗じて標準作業時間を算定します。

標準作業時間：２時間×110個＝220時間

2．差異分析

(1)　直接材料費

実際直接材料費 48,400円

実際価格@22円

標準価格@20円

材料価格差異	
標準直接材料費 55,000円	材料数量差異

標準消費量 2,750kg　実際消費量 2,200kg

材料価格差異：(@20円－@22円)×2,200kg
＝△4,400円（借方差異）

材料数量差異：@20円×(2,750kg－2,200kg)
＝11,000円（貸方差異）

(2)　直接労務費

実際直接労務費 48,300円

実際賃率@230円

標準賃率@250円

労働賃率差異	
標準直接労務費 55,000円	労働時間差異

標準作業時間 220時間　実際作業時間 210時間

労働賃率差異：(@250円－@230円)×210時間
＝ 4,200円（貸方差異）

労働時間差異：@250円×(220時間－210時間)
＝ 2,500円（貸方差異）

(3)　製造間接費

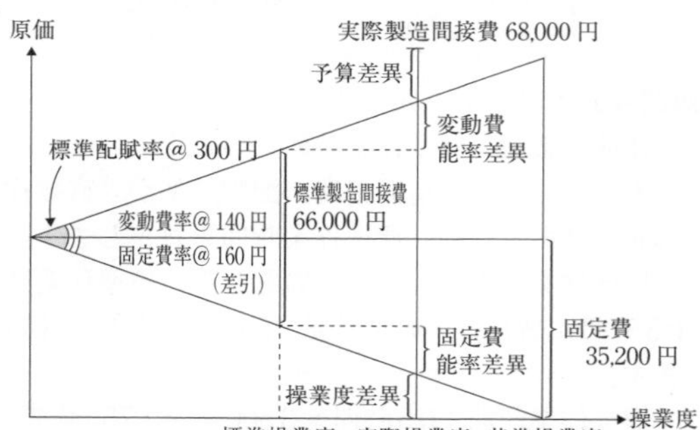

＊基準操業度＝固定費 35,200 円÷固定費率@ 160 円＝220 時間

予 算 差 異：@ 140 円×210 時間＋35,200 円－68,000 円
＝△ 3,400 円（借方差異）

変動費能率差異：@ 140 円×(220 時間－210 時間)
＝ 1,400 円（貸方差異）

固定費能率差異：@ 160 円×(220 時間－210 時間)
＝ 1,600 円（貸方差異）

能率差異 3,000 円

操 業 度 差 異：@160円×(210時間－220時間)
=△1,600円（借方差異）

問題19-8

〔設問１〕	総　　差　　異＝　162,500円（借） 価　格　差　異＝　222,500円（借） 数　量　差　異＝　60,000円（貸）
〔設問２〕	総　　差　　異＝　58,500円（借） 賃　率　差　異＝　142,500円（借） 時　間　差　異＝　84,000円（貸）
〔設問３〕	総　　差　　異＝　140,000円（借）
〔設問４〕	予　算　差　異＝　110,000円（借） 変動費能率差異＝　42,000円（貸） 固定費能率差異＝　63,000円（貸） 操 業 度 差 異＝　135,000円（借）

解答への道

前問（問題19-7）と同様に，直接材料費および直接労務費はＢＯＸ図を用いて，製造間接費はシュラッター図を用いてそれぞれ差異分析を行います。

１．生産データの整理および標準原価等の算定

生産データ（数量）

月初　100個	完成品　1,450個
当月投入　1,500個	月末　150個

生産データ（換算量）

月初　100個×80%＝80個	完成品　1,450個
差引：当月投入　1,460個	月末　150個×60%＝90個

(1)　標準原価の算定

直接材料費：@3,600円×1,500個＝5,400,000円

直接労務費：@2,400円×1,460個＝3,504,000円

製造間接費：@3,000円×1,460個＝4,380,000円

(2)　標準原価差異（総差異）の算定

直接材料費差異：

標準原価5,400,000円－実際原価5,562,500円
＝△162,500円（借方差異）

直接労務費差異：

標準原価3,504,000円－実際原価3,562,500円
＝△58,500円（借方差異）

製造間接費差異：

標準原価4,380,000円－実際原価4,520,000円
＝△140,000円（借方差異）

(3)　直接材料の標準消費量の算定

製品Ｙ１個あたりの標準消費量30kgに当月投入の数量1,500個を乗じて直接材料の標準消費量を算定します。

標準消費量：30kg×1,500個＝45,000kg

(4)　直接労務費および製造間接費に関する標準作業時間の算定

製品Ｙ１個あたりの標準作業時間２時間に当月投入の換算量1,460個を乗じて標準作業時間を算定します。

標準作業時間：２時間×1,460個＝2,920時間

２．差異分析

(1)　直接材料費

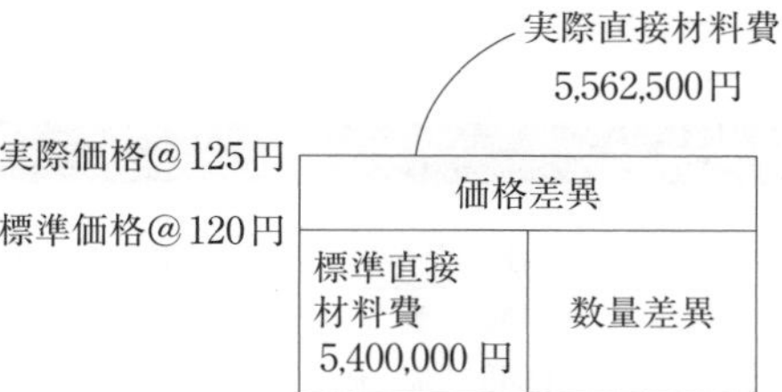

価格差異：(@120円－@125円)×44,500kg
＝△222,500円（借方差異）

数量差異：@120円×(45,000kg－44,500kg)
＝60,000円（貸方差異）

(2)　直接労務費

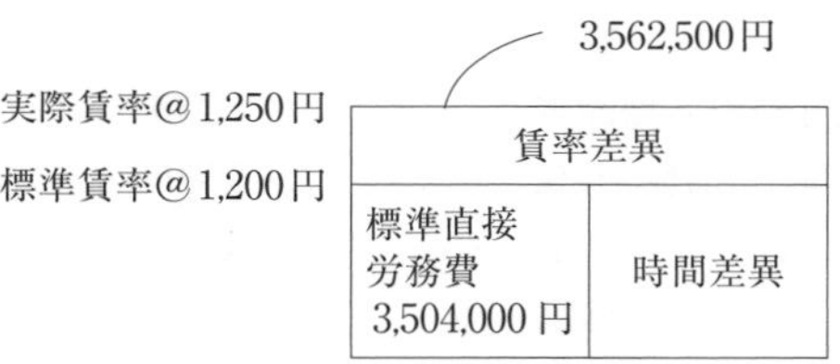

賃率差異：(@1,200円－@1,250円)×2,850時間
＝△142,500円（借方差異）

時間差異：@1,200円×(2,920時間－2,850時間)
＝84,000円（貸方差異）

(3)　製造間接費

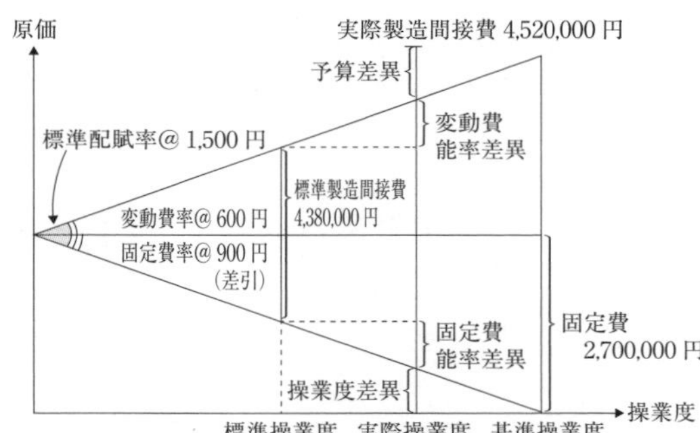

＊基準操業度＝固定費2,700,000円÷固定費率@900円＝3,000時間

予 算 差 異：@600円×2,850時間＋2,700,000円－4,520,000円
＝△110,000円（借方差異）
変動費能率差異：@600円×(2,920時間－2,850時間)
＝42,000円（貸方差異）
固定費能率差異：@900円×(2,920時間－2,850時間)
＝63,000円（貸方差異）
操 業 度 差 異：@900円×(2,850時間－3,000時間)
＝△135,000円（借方差異）

問題19-9

仕 掛 品 （単位：千円）

借方	金額	貸方	金額
繰 越	(140)	製 品	(5,880)
材 料	(1,048)	原価差異	(178)
賃 金	(1,968)	繰 越	(210)
製造間接費	(3,112)		
原価差異	(－)		
	(6,268)		(6,268)

月次損益計算書（一部） （単位：千円）

Ⅰ 売 上 高		19,000
Ⅱ 売 上 原 価		
月初製品棚卸高	(300)	
当月製品製造原価	(5,880)	
合 計	(6,180)	
月末製品棚卸高	(480)	
差 引	(5,700)	
直接材料費差異(有・㊀不)	(48)	
直接労務費差異(㊀有・不)	(12)	
製造間接費差異(有・㊀不)	(142)	(5,878)
売上総利益		(13,122)

（注：○で囲まれた語が正解）

解答への道

標準原価計算における損益計算書の作成方法を確認しましょう。標準原価計算を採用している場合，「月初製品棚卸高」「当月製品製造原価」および「月末製品棚卸高」はすべてその標準原価を記入します。そのうえで標準原価差異を調整し，当月の「売上原価」を算出します。標準原価差異は，「差引」の計算で求めた金額に対し，「不利差異」であれば加算調整，「有利差異」であれば減算調整となります。

1．生産データの整理

生産データ（数量）

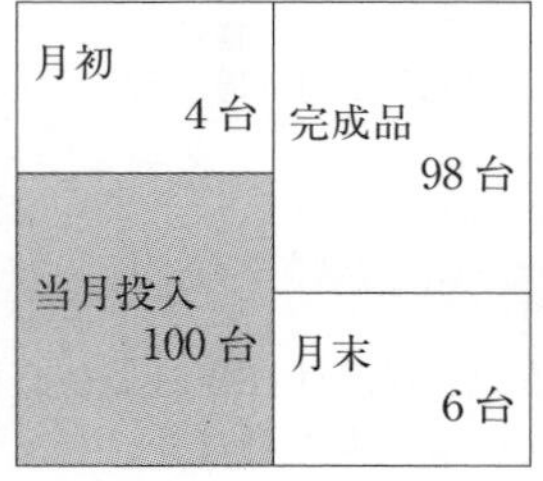

生産データ（換算量）

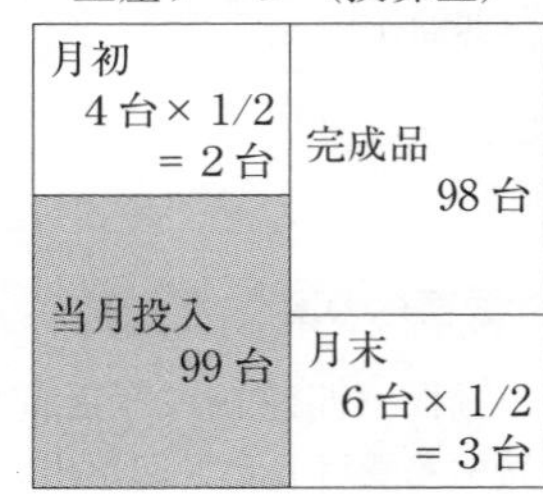

2. 勘定記入

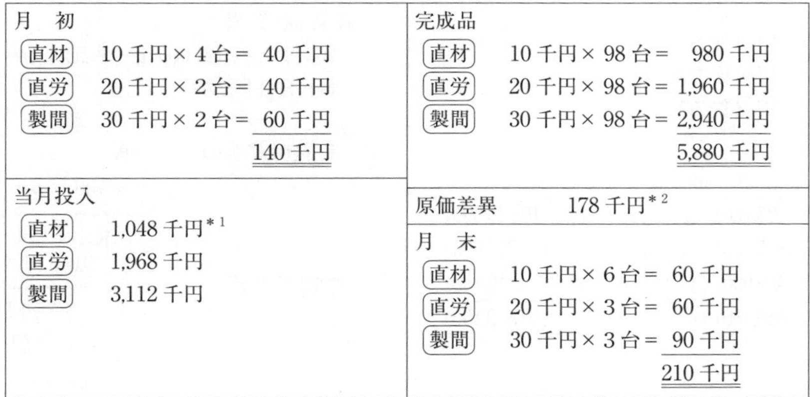

仕 掛 品
月 初
直材 10千円×4台＝ 40千円
直労 20千円×2台＝ 40千円
製間 30千円×2台＝ 60千円
140千円
当月投入
直材 1,048千円*1
直労 1,968千円
製間 3,112千円
完成品
直材 10千円×98台＝ 980千円
直労 20千円×98台＝ 1,960千円
製間 30千円×98台＝ 2,940千円
5,880千円
原価差異 178千円*2
月 末
直材 10千円×6台＝ 60千円
直労 20千円×3台＝ 60千円
製間 30千円×3台＝ 90千円
210千円

＊1　実際消費額（直接材料費）

月初分　@10千円×6トン	＝	60千円
当月分　@10.4千円×（101トン－6トン）	＝	988千円
		1,048千円

＊2　原価差異

直接材料費差異＝10千円×100台－1,048千円＝	△48千円	（不利差異）
……売上原価に加算		
直接労務費差異＝20千円×99台－1,968千円＝	12千円	（有利差異）
……売上原価から控除		
製造間接費差異＝30千円×99台－3,112千円＝	△142千円	（不利差異）
……売上原価に加算　合計	△178千円	（不利差異）

3. 損益計算書の記入

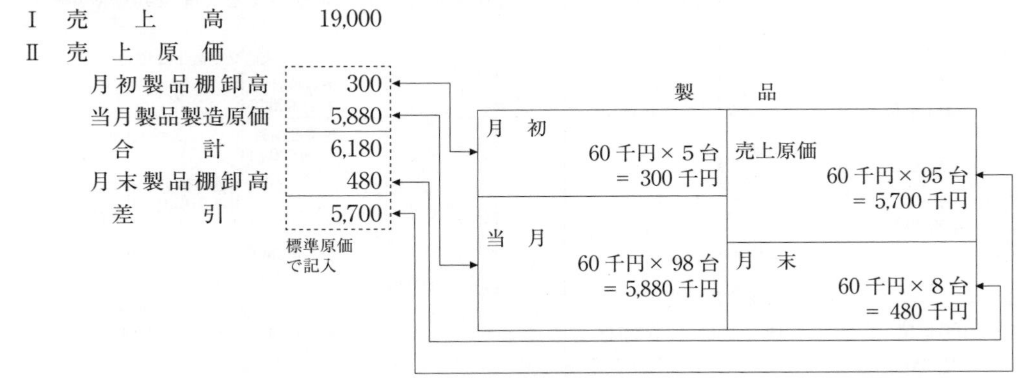

Ⅰ 売 上 高 19,000
Ⅱ 売 上 原 価
月初製品棚卸高 300
当月製品製造原価 5,880
合 計 6,180
月末製品棚卸高 480
差 引 5,700
標準原価で記入
製 品
月 初 60千円×5台 ＝300千円
当 月 60千円×98台 ＝5,880千円
売上原価 60千円×95台 ＝5,700千円
月 末 60千円×8台 ＝480千円

問題19-10

(1) 5,000 円／単位
(2) 292,000 円（貸方）
(3) 84,000 円（借方）
(4) 11,000 円（貸方）

仕　掛　品　（単位：円）

借方	金額	貸方	金額
直接材料費	(3,986,160)	完成高	(10,000,000)
直接労務費	(2,945,000)	月末有高	(350,000)
製造間接費	(3,429,000)	原価差異	(10,160)
	(10,360,160)		(10,360,160)

解答への道

標準原価計算の応用問題です。原価標準の算定，固定予算による製造間接費の差異分析をよく確認しましょう。

1．原価標準（単位あたり標準原価）の算定

直接材料費：200円/kg　× 10kg ／単位＝2,000円
直接労務費：700円／時間　×２時間／単位＝1,400円
製造間接費：800円／時間＊ ×２時間／単位＝1,600円
製品T単位あたり標準原価　5,000円

＊製造間接費標準配賦率
3,440,000円÷4,300時間＝800円／時間
製造間接費月次予算　月間基準操業度

2．差異分析

生産データ（数量）

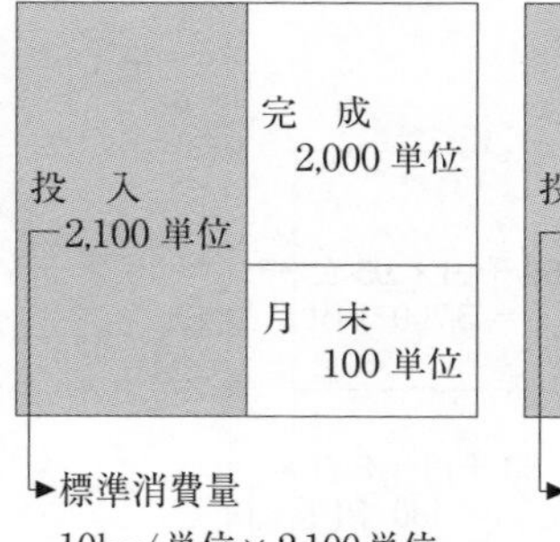

生産データ（換算量）

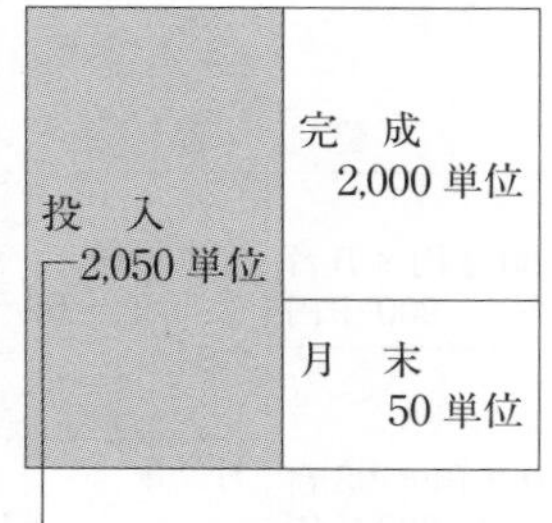

標準消費量
10kg/単位×2,100単位
＝21,000kg

標準直接作業時間
2時間／単位×2,050単位
＝4,100時間

(1) 直接材料費の差異分析

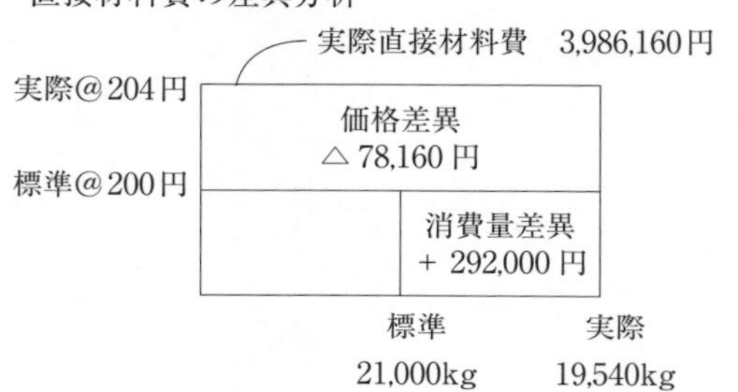

価格差異：
(200円/kg－204円/kg)×19,540kg＝△78,160円〔借方〕
消費量差異：
200円/kg×(21,000kg－19,540kg)＝292,000円〔貸方〕
直接材料費総差異　213,840円〔貸方〕

(2) 直接労務費の差異分析

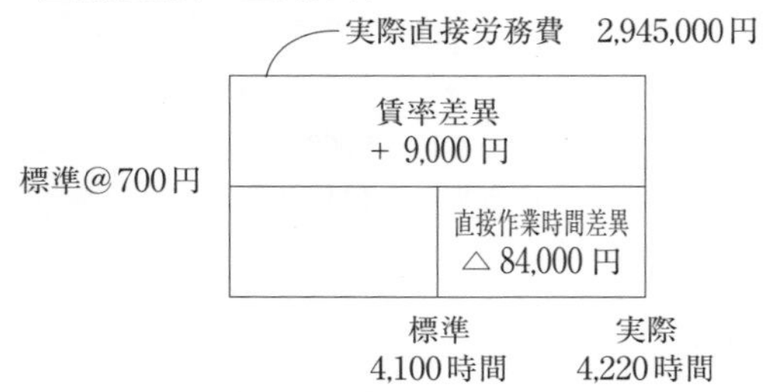

賃率差異：
700円／時間×4,220時間－2,945,000円＝ 9,000円〔貸方〕
（注）実際賃率が割り切れない場合は，賃率差異を面積の差し引きで計算します。
直接作業時間差異：
700円／時間×(4,100時間－4,220時間)＝△84,000円〔借方〕
直接労務費総差異　△75,000円〔借方〕

(3) 製造間接費の差異分析

本問は製造間接費月次予算額が変動費と固定費に分解できないため，公式法変動予算ではなく固定予算によって差異分析せざるをえません。

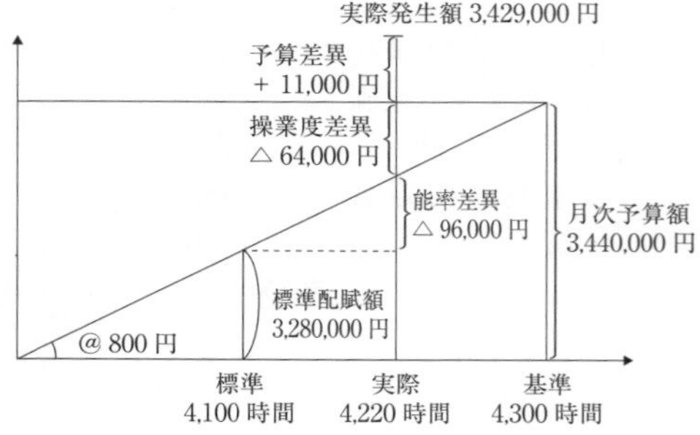

予算差異：
3,440,000円－3,429,000円　＝　11,000円〔貸方〕
操業度差異：
800円／時間×(4,220時間－4,300時間)　＝　△ 64,000円〔借方〕
能率差異：
800円／時間×(4,100時間－4,220時間)　＝　△ 96,000円〔借方〕
製造間接費総差異　△149,000円〔借方〕

3．仕掛品勘定の記入（パーシャル・プラン）

直接材料費：3,986,160円
直接労務費：2,945,000円
製造間接費：3,429,000円

完　成　高：5,000円／単位〈1単位あたりの標準原価〉
×2,000単位＝10,000,000円
月末有高：2,000円／単位×100単位
直接材料費
＋(1,400円／単位＋1,600円／単位)×50単位
直接労務費と製造間接費
＝350,000円
原価差異：仕掛品勘定貸借差額で10,160円〔借方〕

Theme 20 直接原価計算（Ⅰ）

問題20-1

月次損益計算書（直接原価計算方式）

（単位：円）

Ⅰ．売　上　高		(1,554,000)
Ⅱ．変動売上原価		
1. 月初製品棚卸高	(144,000)	
2. 当月製品製造原価	(1,110,000)	
合　計	(1,254,000)	
3. 月末製品棚卸高	(168,000)	(1,086,000)
変動製造マージン		(468,000)
Ⅲ．変動販売費		(156,000)
貢献利益		(312,000)
Ⅳ．固　定　費		
1. 固定製造間接費	(96,000)	
2. 固定販売費	(15,000)	
3. 固定一般管理費	(63,000)	(174,000)
営業利益		(138,000)

解答への道

直接原価計算における損益計算書の内容を確認しましょう。本問は，「当月製品製造原価（完成品原価）」を除いて，資料の内容をそのまま損益計算書に記入することができます。なお，本問における勘定連絡は以下のとおりです。

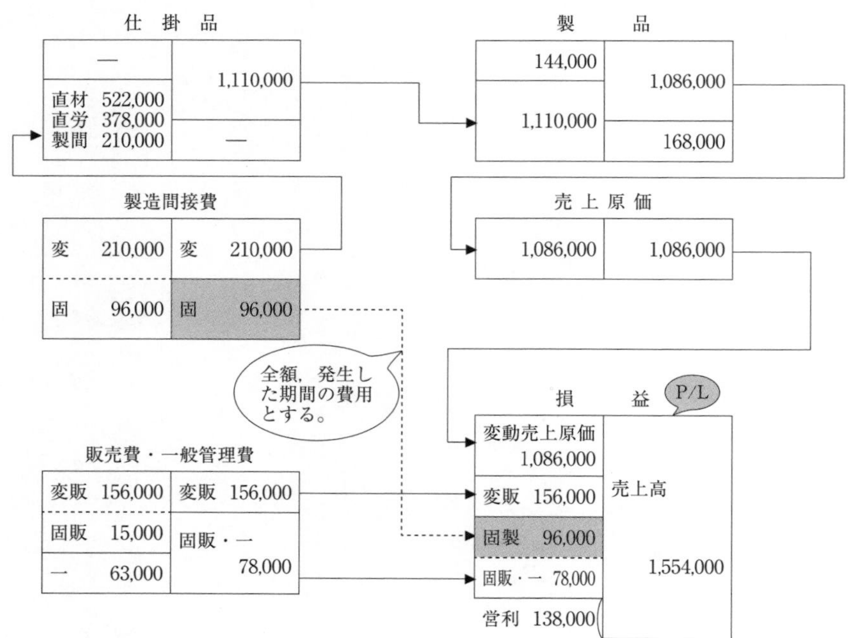

問題20-2

損益計算書（全部原価計算）（単位：円）

	第 1 期	第 2 期	第 3 期
売上高	(7,500,000)	(7,500,000)	(7,350,000)
売上原価	(4,200,000)	(4,000,000)	(4,370,000)
売上総利益	(3,300,000)	(3,500,000)	(2,980,000)
販売費・一般管理費	(1,700,000)	(1,700,000)	(1,690,000)
営業利益	(1,600,000)	(1,800,000)	(1,290,000)

損益計算書（直接原価計算）（単位：円）

	第 1 期	第 2 期	第 3 期
売上高	(7,500,000)	(7,500,000)	(7,350,000)
変動売上原価	(1,500,000)	(1,500,000)	(1,470,000)
変動製造マージン	(6,000,000)	(6,000,000)	(5,880,000)
変動販売費	(500,000)	(500,000)	(490,000)
貢献利益	(5,500,000)	(5,500,000)	(5,390,000)
固定費	(3,900,000)	(3,900,000)	(3,900,000)
営業利益	(1,600,000)	(1,600,000)	(1,490,000)

解答への道

全部原価計算と直接原価計算の違いを確認しましょう。特に「固定製造間接費」の処理に注意します。

全部原価計算：固定製造間接費→仕掛品→製品→損益

直接原価計算：固定製造間接費――――――――→損益

以下，勘定連絡で確認します。

〈全部・第１期〉

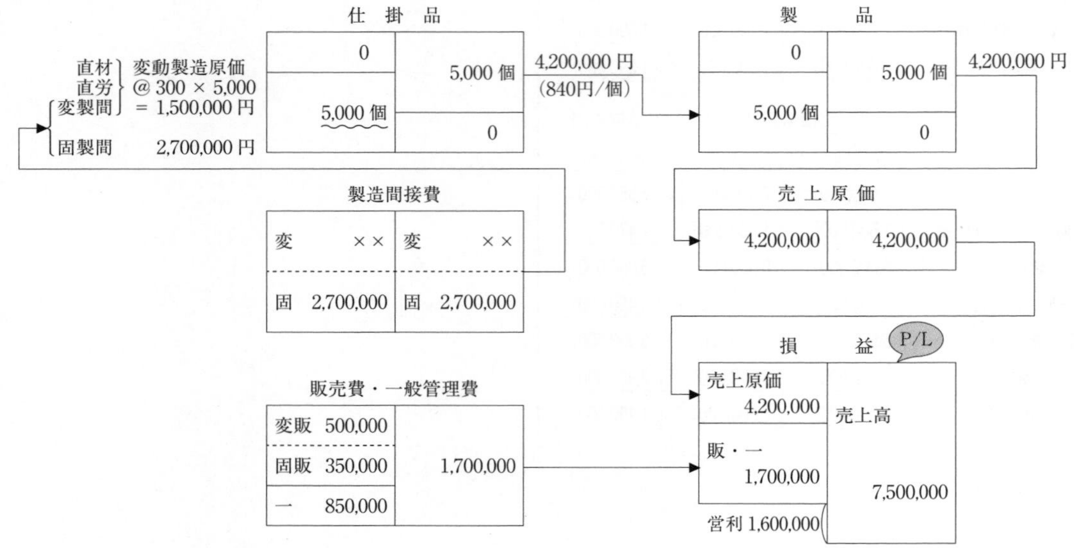

《直接・第１期》

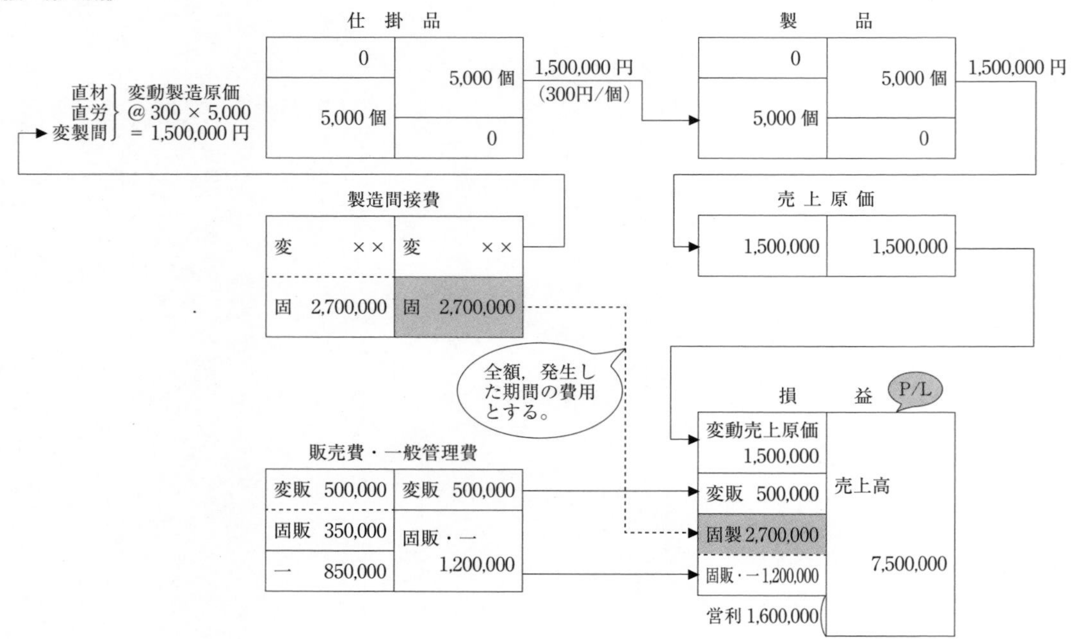

〈全部・第２期〉

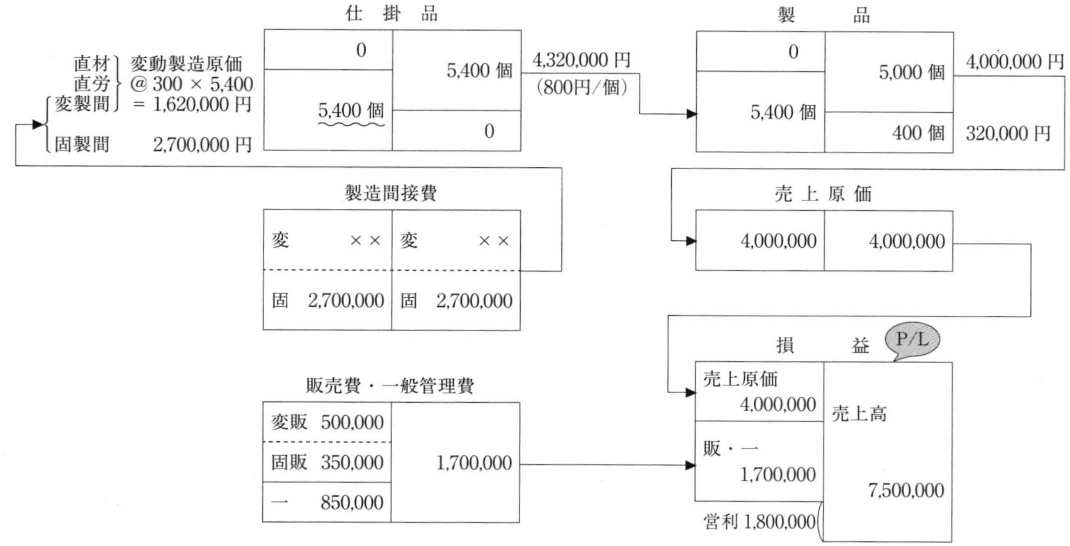

仕掛品
0
5,400 個
5,400 個
0
直材
直労
変製間
変動製造原価
@ 300 × 5,400
= 1,620,000 円
固製間 2,700,000 円
4,320,000 円
(800円/個)
製品
0
5,400 個
5,000 個
400 個
4,000,000 円
320,000 円
製造間接費
変 ××
変 ××
固 2,700,000
固 2,700,000
売上原価
4,000,000
4,000,000
損益
P/L
売上原価
4,000,000
販・一
1,700,000
営利 1,800,000
売上高
7,500,000
販売費・一般管理費
変販 500,000
固販 350,000
一 850,000
1,700,000

《直接・第２期》

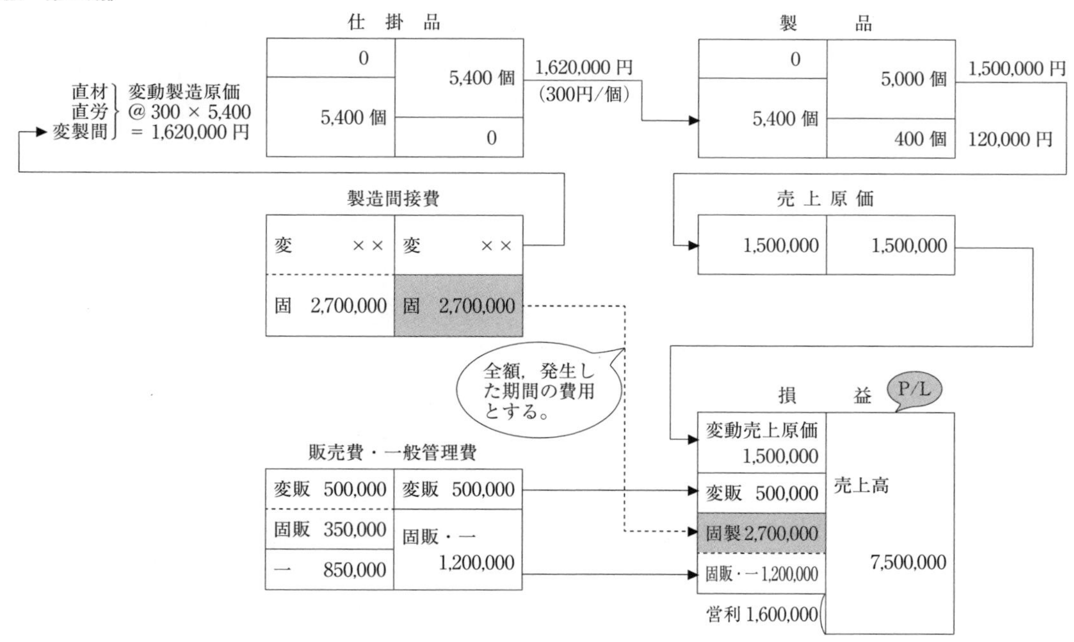

仕掛品
0
5,400 個
5,400 個
0
直材
直労
変製間
変動製造原価
@ 300 × 5,400
= 1,620,000 円
1,620,000 円
(300円/個)
製品
0
5,400 個
5,000 個
400 個
1,500,000 円
120,000 円
製造間接費
変 ××
変 ××
固 2,700,000
固 2,700,000
全額，発生した期間の費用とする。
売上原価
1,500,000
1,500,000
損益
P/L
変動売上原価
1,500,000
変販 500,000
固製 2,700,000
固販・一 1,200,000
営利 1,600,000
売上高
7,500,000
販売費・一般管理費
変販 500,000
変販 500,000
固販 350,000
一 850,000
固販・一
1,200,000

〈全部・第３期〉

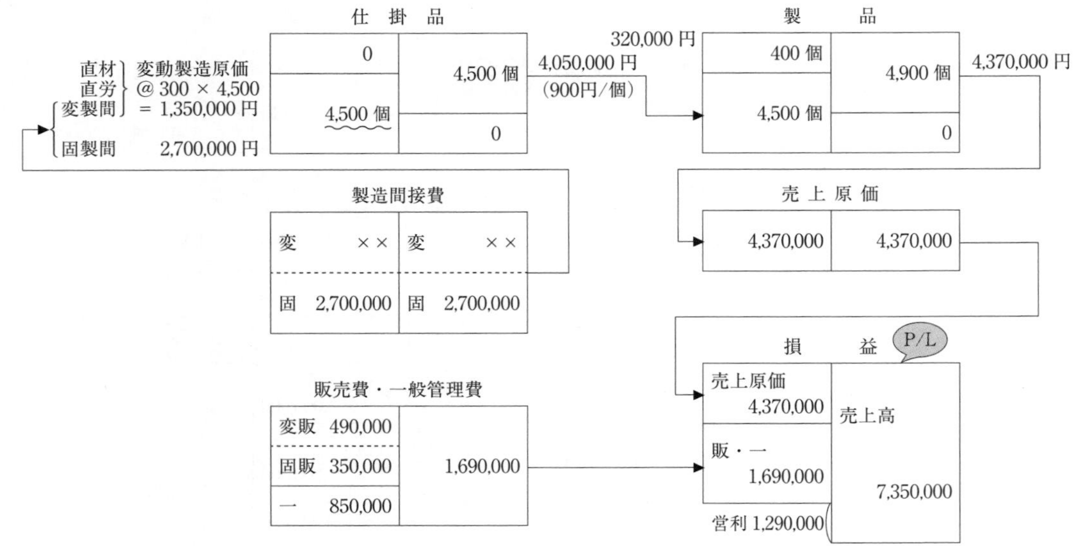

仕 掛 品
0
4,500 個
4,500 個
0
直材
直労
変製間
変動製造原価
@ 300 × 4,500
= 1,350,000 円
固製間 2,700,000 円
4,050,000 円
（900円/個）
320,000 円
製 品
400 個
4,500 個
4,900 個
0
4,370,000 円
製造間接費
変 ××
変 ××
固 2,700,000
固 2,700,000
売 上 原 価
4,370,000
4,370,000
損 益
P/L
売上原価
4,370,000
販・一
1,690,000
営利 1,290,000
売上高
7,350,000
販売費・一般管理費
変販 490,000
固販 350,000
一 850,000
1,690,000

《直接・第３期》

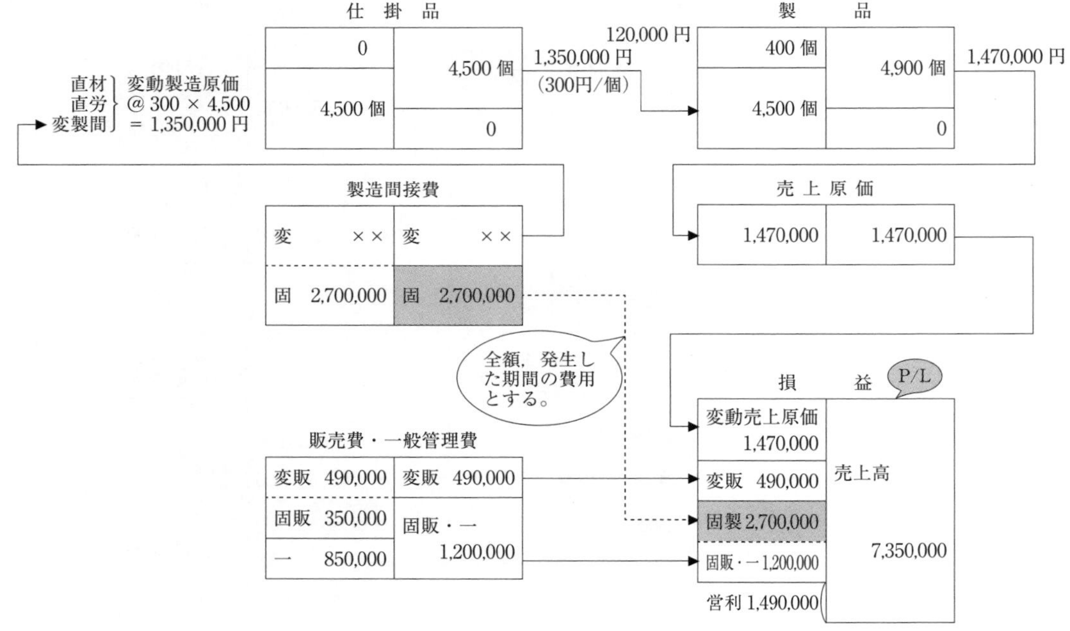

仕 掛 品
0
4,500 個
4,500 個
0
直材
直労
変製間
変動製造原価
@ 300 × 4,500
= 1,350,000 円
1,350,000 円
（300円/個）
120,000 円
製 品
400 個
4,500 個
4,900 個
0
1,470,000 円
製造間接費
変 ××
変 ××
固 2,700,000
固 2,700,000
売 上 原 価
1,470,000
1,470,000
全額，発生した期間の費用とする。
損 益
P/L
変動売上原価
1,470,000
変販 490,000
固製 2,700,000
固販・一 1,200,000
営利 1,490,000
売上高
7,350,000
販売費・一般管理費
変販 490,000
固販 350,000
一 850,000
変販 490,000
固販・一
1,200,000

問題20-3

(1) 全部原価計算による損益計算書

月次損益計算書　(単位：円)

Ⅰ 売　上　高		(6,000,000)
Ⅱ 売　上　原　価		
1．月初製品棚卸高	(624,000)	
2．当月製品製造原価	(2,604,000)	
合　計	(3,228,000)	
3．月末製品棚卸高	(1,085,000)	
差　引	(2,143,000)	
4．原価差異	((−) 56,000)	(2,087,000)
売上総利益		(3,913,000)
Ⅲ 販売費及び一般管理費		(1,980,000)
営業利益		(1,933,000)

(2) 直接原価計算による損益計算書

月次損益計算書　(単位：円)

Ⅰ 売　上　高		(6,000,000)
Ⅱ 変動売上原価		
1．月初製品棚卸高	(480,000)	
2．当月製品製造原価	(2,028,000)	
合　計	(2,508,000)	
3．月末製品棚卸高	(845,000)	
差　引	(1,663,000)	
4．原価差異	((+) 20,000)	(1,683,000)
変動製造マージン		(4,317,000)
Ⅲ 変動販売費		(330,000)
貢献利益		(3,987,000)
Ⅳ 固　定　費		
1．固定製造間接費	(500,000)	
2．固定販売費及び一般管理費	(1,650,000)	(2,150,000)
営業利益		(1,837,000)

解答への道

固定製造間接費の処理を確認しましょう。直接原価計算の場合，固定製造間接費は製造原価とならないため，そもそも「配賦」の対象になりません。そのため，つねにその実際発生額をもって損益勘定に振り替えます。

Ⅰ．全部原価計算による損益計算書

1．売上高

@6,000円×1,000個＝6,000,000円

2．売上原価

全部原価計算では，製造原価のすべてが製品原価を構成します。

(1) 製造間接費配賦率の計算

$$配賦率：\frac{3{,}750{,}000円+6{,}000{,}000円}{12{,}500個}＝@780円$$

(2) 売上原価の計算

① 製品原価の計算

＊1　月初製品：240,000円（直接材料費）＋150,000円（直接労務費）＋90,000円（変動製造間接費）＋144,000円（固定製造間接費）＝624,000円

＊2　当月完成品：1,044,000円＋624,000円＋@780円×1,200個＝2,604,000円

＊3　月末製品：$\frac{2{,}604{,}000円}{1{,}200個}$×500個＝1,085,000円

＊4　売上原価：624,000円＋2,604,000円－1,085,000円＝2,143,000円

② 原価差異

原価差異は，製造間接費配賦差異です。

@780円×1,200個（製造間接費配賦額）－(380,000円＋500,000円)（実際発生額）

＝56,000円〈貸方差異〉

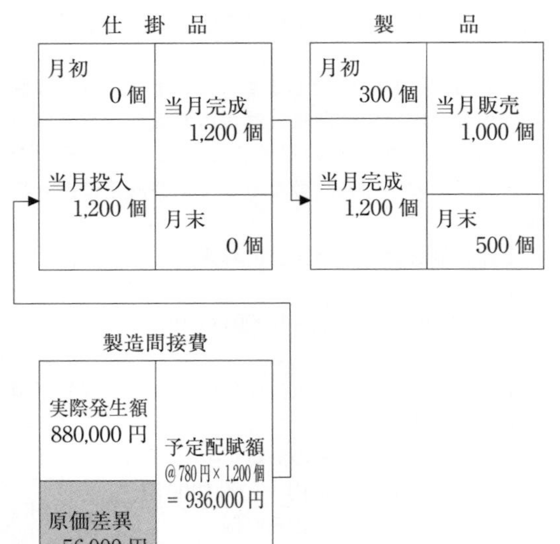

Ⅱ．直接原価計算による損益計算書

1. 売上高

　@6,000 円×1,000 個＝6,000,000 円

2. 変動売上原価

　直接原価計算では，製造原価のうち変動費のみが製品原価を構成します。

(1) 変動製造間接費配賦率の計算

$$配賦率：\frac{3,750,000円}{12,500個}＝@300円$$

(2) 変動売上原価の計算

① 製品原価の計算

＊1　月初製品：240,000 円（直接材料費）＋150,000 円（直接労務費）＋90,000 円（変動製造間接費）＝480,000 円

＊2　当月完成品：1,044,000 円＋624,000 円＋@300 円×1,200 個＝2,028,000 円

＊3　月末製品：$\frac{2,028,000円}{1,200個}$×500 個＝845,000 円

＊4　変動売上原価：480,000 円＋2,028,000 円－845,000 円＝1,663,000 円

② 原価差異

　原価差異は，変動製造間接費配賦差異のみです。

　@300 円×1,200 個（変動製造間接費配賦額）－380,000 円（実際発生額）＝△20,000 円〈借方差異〉

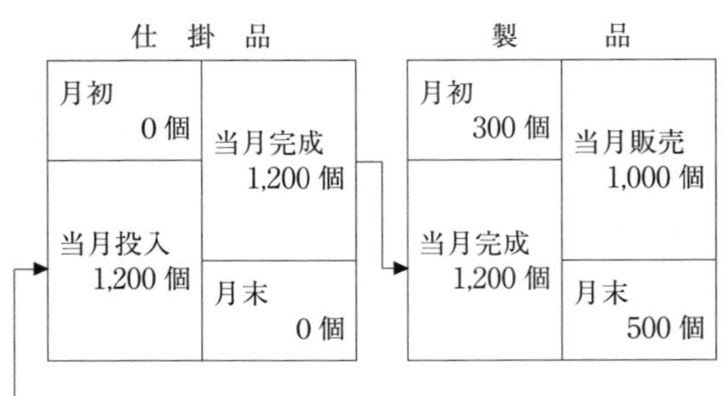

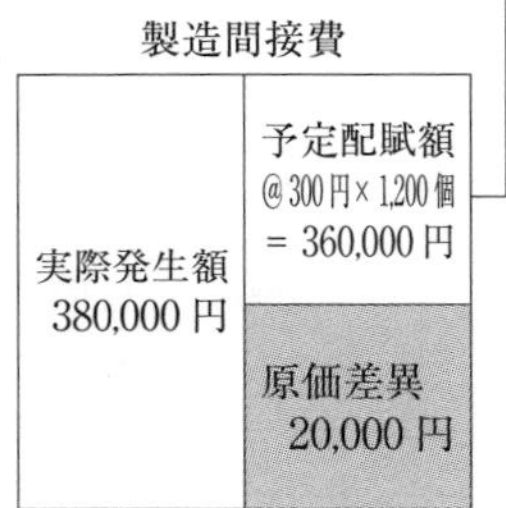

（注）直接原価計算では，製造間接費を実際配賦しているか予定配賦しているかにかかわらず，固定製造間接費は当月の実際発生額500,000円を全額，当月の費用として計上します（期間原価として処理します）。

Theme 21 直接原価計算（Ⅱ）

問題21-1

〔設問１〕売上高 4,920,000円　販売量 4,100個

〔設問２〕売上高 7,080,000円　販売量 5,900個

〔設問３〕売上高 9,840,000円　販売量 8,200個

〔設問４〕安全余裕率 18％

解答への道

ＣＶＰ分析の問題は，Ⅰ　所定の公式を用いて解答する方法のほか，Ⅱ 直接原価計算方式のＰ／Ｌを用いて解答する方法があります。

Ⅰ　公式を用いて解答する方法

〔設問１〕

① 変動費率 $\dfrac{@600円}{@1{,}200円}=0.5$

② 貢献利益率 $1-0.5=0.5$

③ 売上高 $\dfrac{2{,}460{,}000円}{0.5}=4{,}920{,}000円$

④ 販売量 ③÷@1,200円＝4,100個

〔設問２〕

① 売上高 $\dfrac{2{,}460{,}000円+1{,}080{,}000円}{0.5}=7{,}080{,}000円$

② 販売量 ①÷@1,200円＝5,900個

〔設問３〕

① 売上高 $\dfrac{2{,}460{,}000円}{0.5-0.25}=9{,}840{,}000円$

② 販売量 ①÷@1,200円＝8,200個

〔設問４〕 $\dfrac{6{,}000{,}000円-4{,}920{,}000円}{6{,}000{,}000円}\times 100=18$（％）

なお，〔設問１〕～〔設問３〕は次のような解法もあります。

Ⅱ　直接原価計算方式のＰ／Ｌを用いて解答する方法

売上高を「Ｓ」円として直接原価計算方式のＰ／Ｌを作成し，営業利益の公式を明らかにします。この場合，変動費は「変動費率（0.5）×売上高（Ｓ）」となります。

売上高	S
変動費	0.5S
貢献利益	0.5S
固定費	2,460,000
営業利益	0.5S − 2,460,000

上記，Ｐ／Ｌより，「営業利益＝0.5Ｓ－2,460,000円」という営業利益の公式が導けます。

〔設問１〕

営業利益＝0

0.5S －2,460,000円＝0　∴Ｓ＝4,920,000円

4,920,000円÷@1,200円＝4,100個

〔設問２〕

営業利益＝1,080,000円

0.5S －2,460,000円＝1,080,000円

0.5S＝3,540,000円　∴Ｓ＝7,080,000円

7,080,000円÷@1,200円＝5,900個

〔設問３〕

営業利益＝Ｓ×0.25

0.5S －2,460,000円＝0.25S

0.25S＝2,460,000円　∴Ｓ＝9,840,000円

9,840,000円÷@1,200円＝8,200個

問題21-2

〔設問１〕売上高 3,750,000円　販売量 7,500個

〔設問２〕売上高 5,000,000円　販売量 10,000個

〔設問３〕売上高 3,000,000円　販売量 5,000個

〔設問４〕売上高 4,200,000円　販売量 7,000個

解答への道

Ⅰ　公式を用いて解答する方法

〔設問１〕

① 変動費率 $\dfrac{@150円+@120円+@20円+@10円}{@500円}$

＝0.6

② 貢献利益率 $1-0.6=0.4$

③ 売上高 $\dfrac{(@50円-@20円)\times 10{,}000個+1{,}200{,}000円}{0.4}$

＝3,750,000円

④ 販売量 ③÷@500円＝7,500個

〔設問２〕

① 売上高 $\dfrac{(@50円-@20円)\times 10{,}000個+1{,}200{,}000円+500{,}000円}{0.4}$

＝5,000,000円

② 販売量 ①÷@500円＝10,000個

〔設問３〕

① 変動費率 $\frac{@150円+@120円+@20円+@10円}{@600}=0.5$

② 貢献利益率 1 − 0.5 = 0.5

③ 売上高 $\frac{(@50円-@20円)\times 10{,}000個+1{,}200{,}000円}{0.5}$

= 3,000,000円

④ 販売量 ③÷@600円 = 5,000個

〔設問４〕

① 売上高 $\frac{(@50円-@20円)\times 10{,}000個+1{,}200{,}000円+600{,}000円}{0.5}$

= 4,200,000円

② 販売量 ①÷@600円 = 7,000個

なお，次のような解法もあります。

Ⅱ 直接原価計算方式のＰ／Ｌを用いて解答する方法

・直接原価計算方式の損益計算書

（販売量をＸ個とする）

売 上 高		500X
変動製造原価		
材 料 費	150X	
労 務 費	120X	
製造間接費	20X	290X
変動製造マージン		210X
変動販売費		10X
貢 献 利 益		200X
固定費		
製造間接費	300,000	
販売費及び一般管理費	1,200,000	1,500,000
営 業 利 益		200X − 1,500,000

上記，Ｐ／Ｌより，「営業利益 = 200Ｘ − 1,500,000円」という営業利益の公式が導けます。

〔設問１〕

営業利益 = 0

200X − 1,500,000円 = 0　　∴Ｘ = 7,500個

@500円×7,500個 = 3,750,000円

〔設問２〕

営業利益 = 500,000円

200X − 1,500,000円 = 500,000円

200X = 2,000,000円　　∴ Ｘ = 10,000個

@500円×10,000個 = 5,000,000円

〔設問３〕

販売単価を600円としたときの営業利益

300X − 1,500,000円 = 0　　∴ Ｘ = 5,000個

@600円×5,000個 = 3,000,000円

〔設問４〕

300X − 1,500,000円 = 600,000円

∴Ｘ = 7,000個

@600円×7,000個 = 4,200,000円

問題21-3

①	700	②	1,050,000	③	900
④	2,500,000	⑤	500	⑥	245,000

解答への道

Ⅰ 公式を用いて解答する方法

⑴ Ａ社損益分岐点売上高および販売量

① 変動費率 $\frac{@900円}{@1{,}500円}=0.6$

② 貢献利益率 1 − 0.6 = 0.4

③ 売上高 $\frac{420{,}000円}{0.4}=1{,}050{,}000円$

④ 販売量 ③÷@1,500円 = 700個

⑵ Ａ社目標営業利益達成販売量

① $\frac{420{,}000円+120{,}000円}{0.4}=1{,}350{,}000円$

② ①÷@1,500円 = 900個

⑶ Ｂ社損益分岐点売上高および販売量

① 売上高 $\frac{875{,}000円}{0.35}=2{,}500{,}000円$

② 販売量 ①÷@5,000円 = 500個

⑷ Ｂ社予定営業利益

@5,000円×640個×0.35 − 875,000円 = 245,000円

なお，次のような解法もあります。

Ⅱ 直接原価計算方式のＰ／Ｌを用いて解答する方法

販売量を「Ｘ」個として，または売上高を「Ｓ」円として直接原価計算方式のＰ／Ｌを作成し，営業利益の公式を明らかにします。なお，どちらを用いても同じ解答を得ることができます。便宜上，Ａ社は販売量を「Ｘ」個とする方法，Ｂ社は売上高を「Ｓ」円とする方法で解説します。

１．Ａ社の直接原価計算による損益計算書

（販売量をＸ個とする）

売 上 高	1,500X
変 動 費	900X
貢献利益	600X
固 定 費	420,000
営業利益	600X − 420,000

上記，Ｐ／Ｌより，「営業利益 = 600Ｘ − 420,000円」という営業利益の公式が導けます。

① 損益分岐点販売量：600X − 420,000円 = 0

∴Ｘ = 700個

② 損益分岐点売上高：

@1,500円×700個 = 1,050,000円

③ 目標営業利益達成売上高：

600X − 420,000円 = 120,000円

600X = 540,000円　∴Ｘ = 900個

2. B社の直接原価計算による損益計算書（売上高をS円とする）

売上高	S
変動費	0.65S
貢献利益	0.35S
固定費	875,000
営業利益	0.35S －875,000

上記，P／Lより，「営業利益＝0.35 S －875,000円」という営業利益の公式が導けます。

④ 損益分岐点売上高：0.35S－875,000円＝0
∴ S＝2,500,000円

⑤ 損益分岐点販売量：
2,500,000円÷@5,000円＝500個

⑥ 予定営業利益：
@5,000円×640個×0.35－875,000円＝245,000円

問題21-4

変動費率 500円／個　月間固定費 2,400,000円

製造間接費の予想発生額 4,000,000円

解答への道

高低点法による原価の「固変分解」を確認しましょう。高低点法では，製造間接費実際発生額の高点と低点の差額を，製品生産量の高点と低点の差額で除して「変動費率」を算出します。

変動費率：$\frac{4,350,000円－3,300,000円}{3,900個－1,800個}$＝@500円

固定費：3,300,000円－@500円×1,800個＝2,400,000円
または，
4,350,000円－@500円×3,900個＝2,400,000円

製造間接費の予想発生額：
@500円×3,200個＋2,400,000円＝4,000,000円

問題21-5

〔設問1〕 最大の売上高 344,000 円
最小の売上高 224,000 円
〔設問2〕 単位あたりの変動費 12 円／単位
月間固定費 114,800 円
〔設問3〕 287,000 円
〔設問4〕 437,000 円

解答への道

高低点法による原価の「固変分解」と，それにもとづくCVP分析の計算を確認しましょう。

〔設問1〕最大の売上高と最小の売上高

正常操業圏の月間生産量11,200単位から17,200単位の範囲で，最大の生産・販売量と最小の生産・販売量を判断し，その生産・販売量にもとづいて売上高を計算します。

	生産・販売量	総原価	
1月	8,000単位	200,000円	
2月	11,200単位	249,200円	…最小の生産・販売量（低点）
3月	15,000単位	296,000円	
4月	17,000単位	320,000円	
5月	17,200単位	321,200円	…最大の生産・販売量（高点）
6月	16,800単位	316,000円	

最大の売上高（5月）：20円〈販売単価〉×17,200単位
＝344,000円

最小の売上高（2月）：20円〈販売単価〉×11,200単位
＝224,000円

〔設問2〕高低点法による原価分解

設問1で把握した最大の生産・販売量（高点）と最小の生産・販売量（低点）をもとに，高低点法により総原価を変動費と固定費とに分解します。

製品1単位あたりの変動費：$\frac{321,200円－249,200円}{17,200単位－11,200単位}$
＝12円／単位

月間固定費：321,200円（高点の総原価）－12円／単位×17,200単位（高点の変動費）
＝114,800円
または
249,200円（低点の総原価）－12円／単位×11,200単位（低点の変動費）
＝114,800円

〔設問3〕月間損益分岐点売上高

設問2の原価分解の結果を利用し，損益分岐点における月間売上高をSとおいて直接原価計算方式による損益計算書を作成し，損益分岐点（＝営業利益が0となる点）を算定します。

損益計算書　（単位：円）

Ⅰ．売上高	S
Ⅱ．変動費	0.6* S
貢献利益	0.4 S
Ⅲ．固定費	114,800
営業利益	0.4 S －114,800

＊ 変動費率：12円／単位（変動費）÷20円（販売単価）＝0.6

上記損益計算書をもとに営業利益を0とおいて，損益分岐点における月間売上高を求めます。

0.4 S －114,800円＝0
0.4 S ＝114,800円
∴ S＝287,000円

〔設問４〕月間目標総資本営業利益率１％を達成する月間目標売上高

設問３で作成した損益計算書をもとに，月間目標営業利益を総資本の１％（総資本6,000,000円×１％）とおいて月間目標売上高を算定します。

0.4 S − 114,800円 = 6,000,000円×１％
0.4 S − 114,800円 = 60,000円
0.4 S = 60,000円 + 114,800円
0.4 S = 174,800円
∴ S = 437,000円

問題21-6

〔設問１〕

月次損益計算書　（単位：円）

Ⅰ 売上高			(100,000,000)
Ⅱ 変動費			
	月初製品有高	(0)	
	当月製品変動製造原価	(58,800,000)	
	合計	(58,800,000)	
	月末製品有高	(16,800,000)	
	変動売上原価		(42,000,000)
	変動販売費		(8,000,000)
貢献利益			(50,000,000)
Ⅲ 固定費			
	固定製造原価		(14,000,000)
	固定販売費及び一般管理費		(11,000,000)
営業利益			(25,000,000)

〔設問２〕

①	10,000
②	50
③	25,000

解答への道

〔設問１〕 直接原価計算による損益計算書の作成

〈勘定連絡図〉

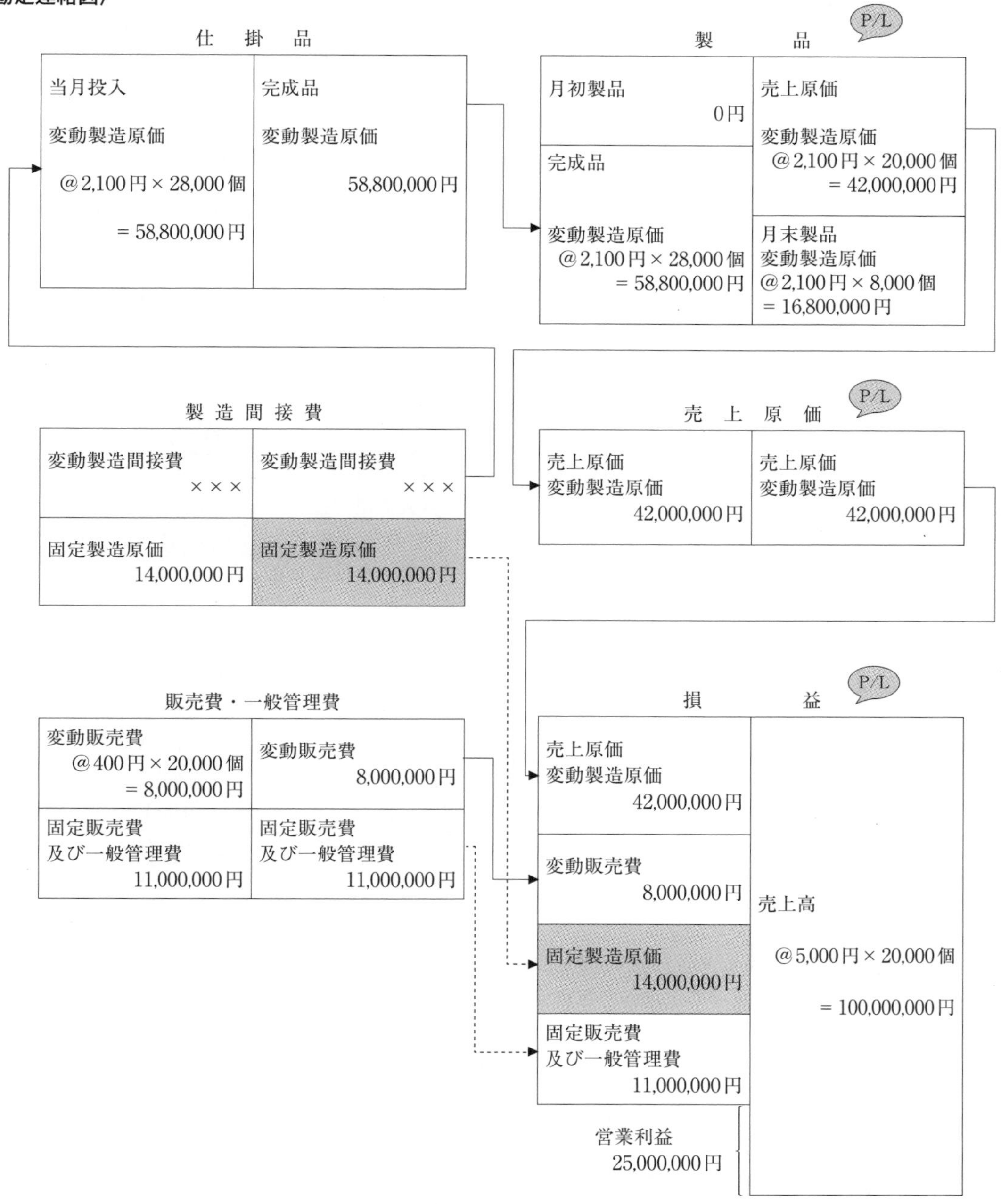

〔設問２〕CVP分析

(1) 損益分岐点における月間販売数量

損益分岐点における販売数量をX個として直接原価計算による損益計算書を作成し，損益分岐点（営業利益が０となる点）における販売数量を求めます。

損益計算書 （単位：円）

売上高	5,000 X
変動費	
変動売上原価	2,100 X
変動販売費	400 X
貢献利益	2,500 X
固定費	
固定製造原価	14,000,000
固定販売費及び一般管理費	11,000,000
営業利益	2,500 X − 25,000,000

上記，損益計算書の営業利益を０として販売数量を求めます。

2,500 X − 25,000,000 = 0

∴ X = 10,000個〈解答①〉

(2) 安全余裕率

本問は「安全余裕率」の問題です。安全余裕率は，予想売上高が損益分岐点からどのくらい離れているかを示す比率をいい，以下の式で計算します。

安全余裕率（%）＝

$$\frac{100{,}000{,}000\text{円〈予想売上高〉} - 50{,}000{,}000\text{円〈損益分岐点売上高*〉}}{100{,}000{,}000\text{円〈予想売上高〉}}$$

× 100 = 50（%）〈解答②〉

＊ @5,000円×10,000個〈損益分岐点販売数量〉
= 50,000,000円

(3) 月間目標売上高営業利益率30%を達成する月間販売数量

(1)で作成した損益計算書をもとにして，「売上高×営業利益率＝営業利益」であることから営業利益を「5,000 X × 30%」として販売数量を算定します。

2,500 X − 25,000,000 = 5,000 X × 30%

∴ X = 25,000個〈解答③〉

問題21-7

〔設問１〕

変動費率	400円/時間
固定製造間接費	62,000円

〔設問２〕

損益分岐点販売量	45個
目標利益達成販売量	86個
安全余裕率	10%

解答への道

〔設問１〕１時間あたりの変動製造間接費

(a)〔資料１〕から，正常操業圏は160時間（80%）から240時間（120%）であり，その範囲内における最低操業度と最高操業度を見つけます。このとき，８月の機械作業時間は150時間であることから正常なデータから除外されます。

最低……160時間，最高……220時間

220時間 − 160時間 = 60時間

最低操業度，最高操業度のそれぞれにおける製造間接費の差を算定します。

150,000円 − 126,000円 = 24,000円

24,000円 ÷ 60時間 = 変動費率400円/時間

(b) 126,000円 − 400円/時間 × 160時間 = 62,000円
製造間接費　1時間あたり変動費　月間固定製造間接費

〔設問２〕

直接材料費	1,000円
直接労務費	1,200円
変動製造間接費	400円
変動販売費	200円
∴製品単位あたり貢献利益	2,200円

販売価格 5,000円

よって，販売量をX個とすると

売上高	5,000 X
変動費	2,800 X
貢献利益	2,200 X
固定費	99,000*
営業利益	2,200 X − 99,000

＊ 固定製造間接費 62,000（設問１より）
＋固定販管費 37,000
99,000

(a) 損益分岐点販売量：2,200 X − 99,000 = 0
∴ X = 45個

(b) 目標営業利益達成販売量：
2,200 X − 99,000 = 90,200
2,200 X = 189,200
∴ X = 86個

(c) 安全余裕率：
(5,000円×50個 − 5,000円×45個)
÷(5,000円×50個)
×100 = 10%

問題21-8

〔設問１〕	1,000個
〔設問２〕	400,000円
〔設問３〕	1,800個
〔設問４〕	2,250個
〔設問５〕	18,000円

解答への道

ＣＶＰ分析の応用問題です。以下，販売量を「X」個として直接原価計算方式のP／Lを作成し，営業利益の公式を明らかにする方法で解説します。

〔設問１〕〔設問２〕 損益分岐点の販売数量と損益分岐点の売上高

損益分岐点における販売数量をXとおいて損益計算書を作成し，損益分岐点（＝営業利益が0となる点）を算定します。

損益計算書　（単位：円）

Ⅰ．売上高	400 X
Ⅱ．変動費	
変動売上原価	200 X
変動販売費	20 X
貢献利益	180 X
Ⅲ．固定費	
固定製造原価	128,000
固定販売費・一般管理費	52,000
営業利益	180 X − 180,000

上記，P／Lより，「営業利益＝180 X − 180,000円」という営業利益の公式が導けます。そこで，この公式をもとに，営業利益を0とおいて損益分岐点における販売数量を求めます。

180 X − 180,000円＝0
180 X＝180,000円
∴ X＝1,000個

次に，上記損益計算書における売上高400 Xに求めた販売数量1,000個を代入して，損益分岐点における売上高を算定します。

400 X＝400×1,000個＝400,000円

〔設問３〕 目標営業利益144,000円を達成する販売数量

設問１で作成した損益計算書をもとに，営業利益を144,000円とおいて販売数量を求めます。

180 X − 180,000円＝144,000円
180 X＝144,000円＋180,000円
180 X＝324,000円
∴ X＝1,800個

〔設問４〕 販売価格を15％値下げした場合の販売数量

設問１および設問２において作成した損益計算書と同様に，15％値下げした販売価格340円〈＝400円×（１−0.15）〉で直接原価計算方式による損益計算書を作成します。

損益計算書　（単位：円）

Ⅰ．売上高	340 X
Ⅱ．変動費	
変動売上原価	200 X
変動販売費	20 X
貢献利益	120 X
Ⅲ．固定費	
固定製造原価	128,000
固定販売費・一般管理費	52,000
営業利益	120 X − 180,000

営業利益を90,000円（問題資料より当期の営業利益）とおいて，当期と同額の営業利益を達成する販売数量を求めます。

120 X − 180,000円＝90,000円
120 X＝90,000円＋180,000円
120 X＝270,000円
∴ X＝2,250個

〔設問５〕 当期と同額の営業利益を達成するための固定費の削減額

販売価格が340円，販売数量が2,100個であることを前提に，当期と同額の営業利益を達成するための削減すべき固定費の金額を求めます。まず，固定費をFとおき損益計算書を作成します。

損益計算書　（単位：円）

Ⅰ．売上高	714,000←@340円×2,100個
Ⅱ．変動費	
変動売上原価	420,000←@200円×2,100個
変動販売費	42,000←@ 20円×2,100個
貢献利益	252,000
Ⅲ．固定費	F
営業利益	252,000 − F

上記損益計算書の営業利益を90,000円（当期の営業利益）とおいて，当期と同額の営業利益を達成する固定費を求めます。

252,000円 − F＝90,000円　　∴ F＝162,000円

したがって，削減すべき固定費の金額は，

180,000円 − 162,000円＝18,000円

Theme 22 本社工場会計

問題22-1

本社の仕訳

	借方科目	金　額	貸方科目	金　額
(1)	工場元帳	800,000	買掛金	800,000
(2)	仕訳なし			
(3)	工場元帳	470,000	未払賃金	470,000
(4)	仕訳なし			
(5)	製品	960,000	工場元帳	960,000

工場の仕訳

	借方科目	金　額	貸方科目	金　額
(1)	材料	800,000	本社元帳	800,000
(2)	仕掛品 製造間接費	400,000 200,000	材料	600,000
(3)	仕掛品 製造間接費	350,000 120,000	本社元帳	470,000
(4)	仕掛品	400,000	製造間接費	400,000
(5)	本社元帳	960,000	仕掛品	960,000

解答への道

工場会計が独立している場合，本支店会計と同様に，本社と工場との間の内部取引は，それぞれ「本社元帳」勘定，「工場元帳」勘定を用いて記帳します。なお，工場の帳簿には本社元帳勘定のほか，いわゆる勘定連絡図に関する勘定科目のみが設定されるため，工場に設定された勘定科目に注意して解答します。

本問の場合，「製品」勘定および「未払賃金」勘定が，本社に設定されていることに注意します。

問題22-2

	借方科目	金　額	貸方科目	金　額
(1)	材料	441,000	本社 材料副費	420,000 21,000
(2)	仕掛品 製造間接費	280,000 80,000	材料	360,000
(3)	仕掛品 製造間接費	481,000 111,000	賃金・給料	592,000
(4)	製造間接費	96,000	本社	96,000
(5)	賃金・給料	246,000	本社	246,000
(6)	本社	1,250,000	仕掛品	1,250,000

解答への道

本社と工場にまたがる取引，いわゆる内部取引の仕訳を考えるときは，まず，「工場会計が独立していない場合の仕訳」を考えます。

(1) 材料の購入

独立していないとき

(材　料) 441,000　(買掛金) 420,000
　　　　　　　　　(材料副費) 21,000

独立しているとき

本社の処理 (工　場) 420,000　(買掛金) 420,000
工場の処理 (材　料) 441,000　(本　社) 420,000
　　　　　　　　　　　　　　(材料副費) 21,000

(2) 材料の消費

独立していないとき

(仕掛品) 280,000　(材　料) 360,000
(製造間接費) 80,000

すべて工場側で記録を行うので，本社側での処理はなく，工場側の処理は工場会計が独立していないときと同じです。

(3) 賃金の消費

独立していないとき

(仕掛品) 481,000　(賃金・給料) 592,000
(製造間接費) 111,000

すべて工場側で記録を行うので，本社側での処理はなく，工場側の処理は工場会計が独立していないときと同じです。

(4) 減価償却

独立していないとき

(製造間接費) 96,000　(減価償却累計額) 96,000

独立しているとき

本社の処理 (工　場) 96,000　(減価償却累計額) 96,000
工場の処理 (製造間接費) 96,000　(本　社) 96,000

(5) 工場従業員給与の支給

独立していないとき

(賃金・給料) 246,000　(現金預金) 246,000

独立しているとき

本社の処理 (工　場) 246,000　(現金預金) 246,000
工場の処理 (賃金・給料) 246,000　(本　社) 246,000

(6) 製品の完成・納入

独立していないとき

(製　品) 1,250,000 (仕掛品) 1,250,000

独立しているとき

本社の処理 (製　品) 1,250,000 (工　場) 1,250,000
工場の処理 (本　社) 1,250,000 (仕掛品) 1,250,000

問題22-3

	借方科目	金　額	貸方科目	金　額
(1)	仕　掛　品	20,000	材　　料	20,000
(2)	仕　掛　品	40,000	本 社 元 帳	40,000
(3)	製造間接費	60,000	本 社 元 帳	60,000
(4)	製造間接費	103,600	本 社 元 帳	103,600
(5)	製　　品	210,000	仕　掛　品	210,000

解答への道

本問において,「製品」勘定が工場に設定されていることに注意します。

(1) 材料の加工を下請けなどの外注先に委託するため材料を出庫し，外注先に無償支給する場合には，外注先での加工も一連の製造過程の一部と考え，材料の消費とみなします（そのため通常の出庫票を使用します)。

なお，素材の消費額は直接材料費として仕掛品勘定で処理します。

(2) 外注加工賃は直接経費として仕掛品勘定で処理します。

(3) 機械・設備関係の減価償却費年間見積額のうち，当月分を間接経費として製造間接費勘定で処理します。

当月消費額：720,000円÷12か月＝60,000円

(4) 福利施設負担額のうち工場負担分を間接経費として，製造間接費勘定で処理します。

工場負担額：259,000円×$\frac{2}{5}$＝103,600円

(5) 製品が完成したため，仕掛品勘定から製品勘定へ振り替えます。

複合問題

第1問

(1)

（単位：円）

材料

借方	金額	貸方	金額
月初有高	(890,000)	消費高	(2,663,000)
仕入高	(2,938,000)	月末有高	(1,165,000)
	(3,828,000)		(3,828,000)

賃金

借方	金額	貸方	金額
支払高	(2,316,000)	月初未払高	(319,000)
月末未払高	(401,000)	消費高	(2,398,000)
	(2,717,000)		(2,717,000)

製造間接費

借方	金額	貸方	金額
間接材料費	(295,000)	予定配賦額	(1,581,000)
間接労務費	(423,000)		
間接経費	(841,000)		
配賦差異	(22,000)		
	(1,581,000)		(1,581,000)

製品

借方	金額	貸方	金額
月初有高	(541,000)	販売高	(5,195,000)
完成高	(5,543,000)	月末有高	(889,000)
	(6,084,000)		(6,084,000)

仕掛品

借方	金額	貸方	金額
月初有高	(738,000)	完成高	(5,543,000)
直接材料費	(2,368,000)	月末有高	(1,119,000)
直接労務費	(1,975,000)		
製造間接費	(1,581,000)		
	(6,662,000)		(6,662,000)

売上原価

借方	金額	貸方	金額
販売高	(5,195,000)	配賦差異	(22,000)
		損益	(5,173,000)
	(5,195,000)		(5,195,000)

損益

借方	金額	貸方	金額
売上原価	(5,173,000)	売上高	9,970,000
販売費及び一般管理費	1,204,000		
営業利益	(3,593,000)		
	(9,970,000)		(9,970,000)

(2)

当月総製造費用＝ 5,924,000 円

当月製品製造原価＝ 5,543,000 円

解答への道

〔勘定連絡図〕（単位：円）

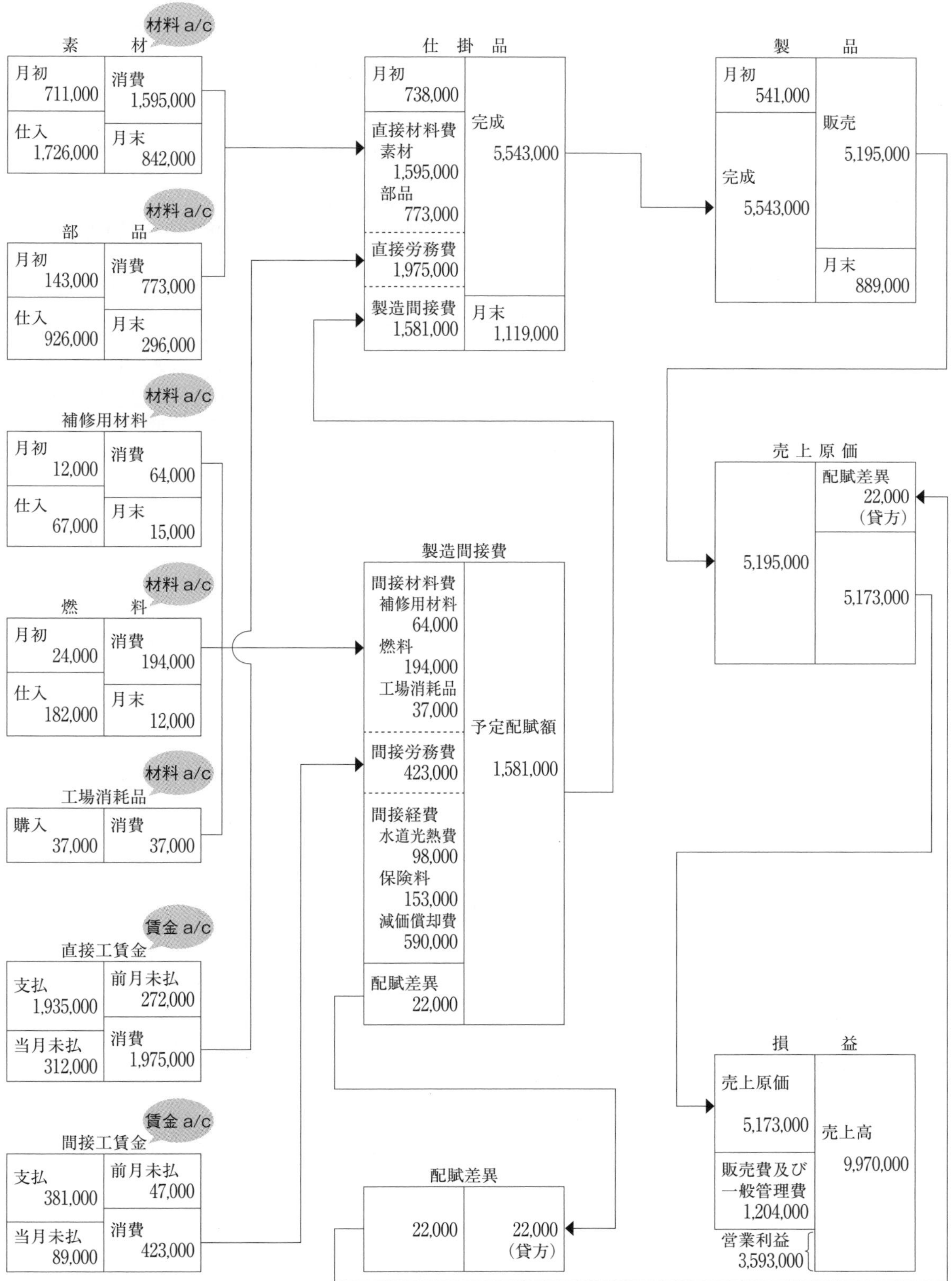

材料 a/c
素　　材
月初 711,000
消費 1,595,000
仕入 1,726,000
月末 842,000
材料 a/c
部　　品
月初 143,000
消費 773,000
仕入 926,000
月末 296,000
材料 a/c
補修用材料
月初 12,000
消費 64,000
仕入 67,000
月末 15,000
材料 a/c
燃　　料
月初 24,000
消費 194,000
仕入 182,000
月末 12,000
材料 a/c
工場消耗品
購入 37,000
消費 37,000
賃金 a/c
直接工賃金
支払 1,935,000
前月未払 272,000
当月未払 312,000
消費 1,975,000
賃金 a/c
間接工賃金
支払 381,000
前月未払 47,000
当月未払 89,000
消費 423,000
仕　掛　品
月初 738,000
直接材料費 素材 1,595,000 部品 773,000
直接労務費 1,975,000
製造間接費 1,581,000
完成 5,543,000
月末 1,119,000
製造間接費
間接材料費 補修用材料 64,000 燃料 194,000 工場消耗品 37,000
間接労務費 423,000
間接経費 水道光熱費 98,000 保険料 153,000 減価償却費 590,000
配賦差異 22,000
予定配賦額 1,581,000
配賦差異
22,000
22,000 (貸方)
製　　品
月初 541,000
完成 5,543,000
販売 5,195,000
月末 889,000
売 上 原 価
5,195,000
配賦差異 22,000 (貸方)
5,173,000
損　　益
売上原価 5,173,000
販売費及び一般管理費 1,204,000
営業利益 3,593,000
売上高 9,970,000

1．総勘定元帳の記入

(1) 材料勘定

月初有高：711,000円（素材）＋143,000円（部品）＋12,000円（補修材）＋24,000円（燃料）＝890,000円

仕入高：1,726,000円（素材）＋926,000円（部品）＋67,000円（補修材）＋182,000円（燃料）＋37,000円（消耗品）＝2,938,000円

月末有高：842,000円（素材）＋296,000円（部品）＋15,000円（補修材）＋12,000円（燃料）＝1,165,000円

消費高：1,595,000円（素材）＋773,000円（部品）＋64,000円（補修材）＋194,000円（燃料）＋37,000円（消耗品）＝2,663,000円

(2) 賃金勘定

月初未払：272,000円（直接工）＋47,000円（間接工）＝319,000円

支払高：1,935,000円（直接工）＋381,000円（間接工）＝2,316,000円

月末未払：312,000円（直接工）＋89,000円（間接工）＝401,000円

消費高：1,975,000円（直接工）＋423,000円（間接工）＝2,398,000円

(3) 製造間接費勘定

① 間接材料費

64,000円（補修材）＋194,000円（燃料）＋37,000円（消耗品）*＝295,000円

* 消耗品は購入額＝消費額とします。

② 間接労務費

423,000円（間接工）

③ 間接経費

98,000円（水道光熱）＋153,000円（保険料）＋590,000円（減価償却）＝841,000円

④ 製造間接費実際発生額

295,000円（間接材料費）＋423,000円（間接労務費）＋841,000円（間接経費）＝1,559,000円

⑤ 製造間接費予定配賦額

1,559,000円（実際発生額）＋22,000円（貸方差異）（配賦差異）＝1,581,000円

(4) 仕掛品勘定

① 直接材料費

1,595,000円（素材）＋773,000円（部品）＝2,368,000円

② 直接労務費

1,975,000円（直接工）

③ 製造間接費

1,581,000円（予定配賦額）

2．各金額の算定

当月総製造費用：2,368,000円（直接材料費）＋1,975,000円（直接労務費）＋1,581,000円（製造間接費）＝**5,924,000円**

当月製品製造原価：738,000円（月初仕掛品原価）＋5,924,000円（当月総製造費用）－1,119,000円（月末仕掛品原価）＝**5,543,000円**（完成品原価）

【参考問題】

本問の資料をもとに，財務諸表を作成してみましょう。

製 造 原 価 報 告 書

（単位：円）

Ⅰ 直接材料費		
1 月初棚卸高	（　　）	
2 当月仕入高	（　　）	
合計	（　　）	
3 月末棚卸高	（　　）	（　　）
Ⅱ 直接労務費		（　　）
Ⅲ 製造間接費		
1 間接材料費	（　　）	
2 間接労務費	（　　）	
3 水道光熱費	（　　）	
4 保険料	（　　）	
5 減価償却費	（　　）	
合計	（　　）	
製造間接費配賦差異	（　　）	（　　）
当月総製造費用		（　　）
月初仕掛品原価		（　　）
合計		（　　）
月末仕掛品原価		（　　）
（　　）		（　　）

損 益 計 算 書

（単位：円）

Ⅰ 売上高		9,970,000
Ⅱ 売上原価		
1 月初製品有高	（　　）	
2 （　　）	（　　）	
合計	（　　）	
3 月末製品有高	（　　）	
差引	（　　）	
4 原価差異	（　　）	（　　）
売上総利益		（　　）
Ⅲ 販売費及び一般管理費		1,204,000
営業利益		（　　）

（以下省略）

【解　答】

本問の資料をもとに，財務諸表を作成すると次のようになります。

製造原価報告書

（単位：円）

Ⅰ 直接材料費		
1 月初棚卸高	(854,000)	
2 当月仕入高	(2,652,000)	
合計	(3,506,000)	
3 月末棚卸高	(1,138,000)	(2,368,000)
Ⅱ 直接労務費		(1,975,000)
Ⅲ 製造間接費		
1 間接材料費	(295,000)	
2 間接労務費	(423,000)	
3 水道光熱費	(98,000)	
4 保険料	(153,000)	
5 減価償却費	(590,000)	
合計	(1,559,000)	
製造間接費配賦差異	(22,000)	(1,581,000)
当月総製造費用		(5,924,000)
月初仕掛品原価		(738,000)
合計		(6,662,000)
月末仕掛品原価		(1,119,000)
（当月製品製造原価）		(5,543,000)

損益計算書

（単位：円）

Ⅰ 売上高		9,970,000
Ⅱ 売上原価		
1 月初製品有高	(541,000)	
2 （当月製品製造原価）	(5,543,000)	
合計	(6,084,000)	
3 月末製品有高	(889,000)	
差引	(5,195,000)	
4 原価差異	(22,000)	(5,173,000)
売上総利益		(4,797,000)
Ⅲ 販売費及び一般管理費		1,204,000
営業利益		(3,593,000)

（以下省略）

第2問

総 合 原 価 計 算 表　（単位：円）

	A 材 料 費	B 材 料 費	C 材 料 費	加　工　費	合　　　計
月初仕掛品原価	55,500	0	0	11,700	67,200
当月製造費用	513,000	252,000	19,000	368,000	1,152,000
合　計	568,500	252,000	19,000	379,700	1,219,200
月末仕掛品原価	108,000	48,000	0	40,000	196,000
完成品総合原価	460,500	204,000	19,000	339,700	1,023,200

解答への道

(1)　**A材料費の計算**

A材料は工程の始点で投入されているため，単純に生産量の割合で原価を按分します。

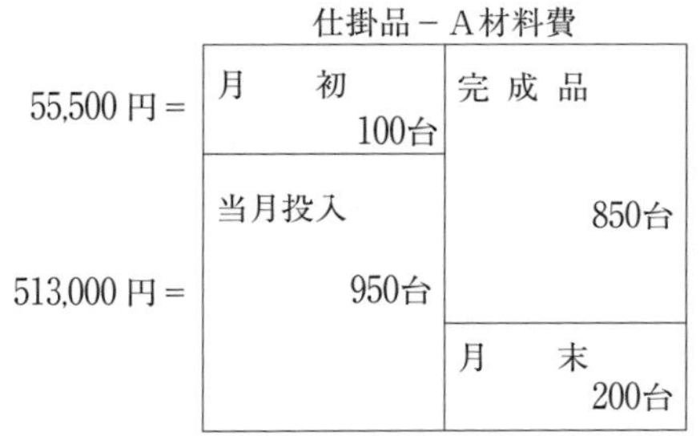

〈月末仕掛品原価〉

$$\frac{513{,}000\text{円}}{(850\text{台}-100\text{台})+200\text{台}}\times 200\text{台}=\mathbf{108{,}000}\text{円}$$

※　分母は当月投入950台でもよいです。

〈完成品原価〉

55,500円＋513,000円－108,000円＝**460,500円**

(2)　**B材料費の計算**

B材料は工程の進捗度0.4の地点で投入されているため，0.4の地点を通過していれば（B材料が投入されていれば）進捗度〈原価の負担割合〉は1，通過していなければ（B材料が投入されていなければ）進捗度は0になります。

〈月末仕掛品原価〉

$$\frac{252{,}000\text{円}}{850\text{台}+200\text{台}\times 1}\times 200\text{台}\times 1=\mathbf{48{,}000}\text{円}$$

※　分母は当月投入1,050台でもよいです。

〈完成品原価〉

252,000円－48,000円＝**204,000円**

(3)　**C材料費の計算**

C材料は工程の終点で投入されているため，当月製造費用**19,000円**がそのまま完成品原価となります。

(4)　**加工費の計算**

①　加工費予定配賦率の算定

予定配賦率：4,560,000円÷22,800時間
＝**200円／時間**

②　加工費予定配賦額の計算

予定配賦額：**200円／時間×1,840時間**
＝368,000円

③　月末仕掛品原価および完成品原価の計算

加工費は，完成品換算量の割合で原価を按分します。なお，加工費を予定配賦していますので当月製造費用は予定配賦額で計算することに注意してください。実際発生額372,600円は本問ではダミーの資料になります。

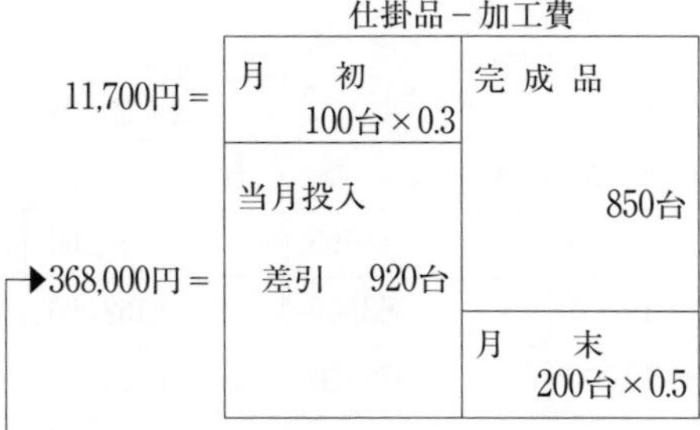

〈月末仕掛品原価〉

$$\frac{368{,}000円}{(850台-100台\times0.3)+200台\times0.5}\times200台\times0.5$$

＝40,000円

※　分母は当月投入920台でもよいです。

〈完成品原価〉

11,700円＋368,000円－40,000円＝339,700円

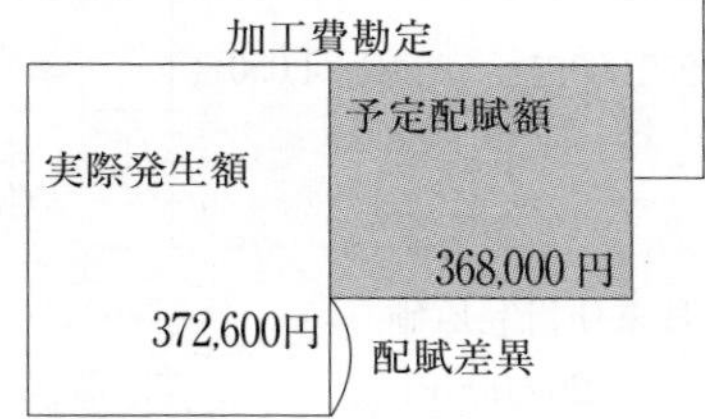

(5)　**合　計**

月末仕掛品原価＝108,000円（A材料費）＋48,000円（B材料費）＋0円（C材料費）＋40,000円（加工費）＝196,000円

完成品総合原価＝460,500円（A材料費）＋204,000円（B材料費）＋19,000円（C材料費）＋339,700円（加工費）＝1,023,200円

第3問

	仕		訳	
	借方科目	金 額	貸方科目	金 額
(1)	仕 掛 品	2,000,000	材 料	2,250,000
	製造間接費	250,000		
(2)	原 価 差 異	45,000	材 料	45,000
(3)	製造間接費	25,500	材 料	25,500
(4)	製造間接費	506,000	材 料	506,000
(5)	仕 掛 品	4,800,000	賃 金	5,400,000
	製造間接費	600,000		
(6)	原 価 差 異	100,000	賃 金	100,000
(7)	製造間接費	605,000	賃 金	605,000
(8)	仕 掛 品	3,200,000	製造間接費	3,200,000
(9)	原 価 差 異	440,000	製造間接費	440,000
(10)	製造間接費	140,000	原 価 差 異	140,000

解答への道

1. 材料費の計算

(1) 主要材料

① 予定消費額の計算

直接材料費：@2,500円×800kg（直接材料分）
＝2,000,000円

間接材料費：@2,500円×100kg（間接材料分）
＝ 250,000円

合計 2,250,000円

② 実際消費額の計算（平均法）

材 料（主要材料）

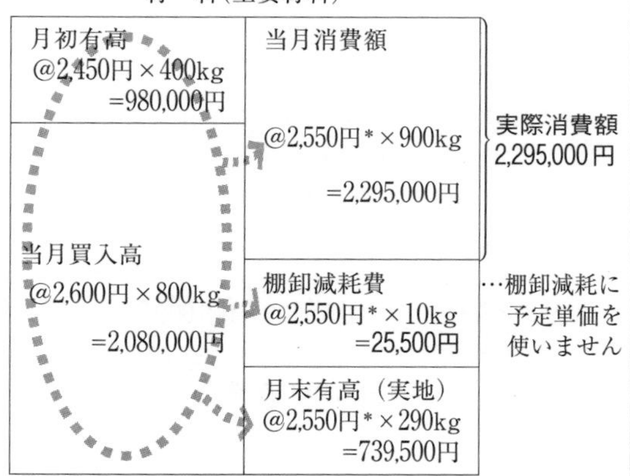

月初有高
@2,450円×400kg
=980,000円
当月買入高
@2,600円×800kg
=2,080,000円
当月消費額
@2,550円*×900kg
=2,295,000円
実際消費額
2,295,000円
棚卸減耗費
@2,550円*×10kg
=25,500円
…棚卸減耗に予定単価を使いません
月末有高（実地）
@2,550円*×290kg
=739,500円

＊ 平均単価：$\dfrac{980{,}000円+2{,}080{,}000円}{400kg+800kg}$
＝@2,550円

③ 材料消費価格差異の計算

2,250,000円（予定消費額）－2,295,000円（実際消費額）
＝△45,000円（借方差異）

材 料（主要材料）

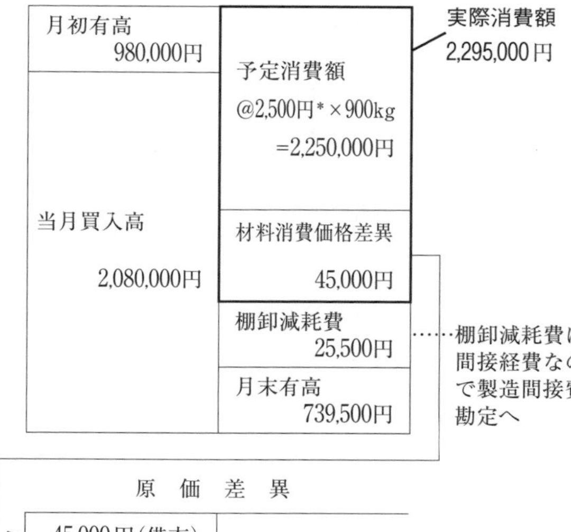

月初有高
980,000円
当月買入高
2,080,000円
予定消費額
@2,500円*×900kg
=2,250,000円
実際消費額
2,295,000円
材料消費価格差異
45,000円
棚卸減耗費
25,500円
…棚卸減耗費は間接経費なので製造間接費勘定へ
月末有高
739,500円

原 価 差 異

45,000円（借方）

(2) 補助材料

材 料（補助材料）

月初有高 335,000円	当月消費額（差 引） 506,000円
当月買入高 434,000円	月末有高 263,000円

→ 補助材料費は間接材料費なので消費額は製造間接費勘定へ

2. 労務費の計算

(1) 直接工

① 予定消費額の計算

直接労務費：@3,000円×1,600時間（直接作業時間分）
＝4,800,000円

間接労務費：@3,000円× 200時間（間接作業時間分）
＝ 600,000円

合計 5,400,000円

② 実際消費額の計算

当月支払高 5,480,000円	月初未払高 1,732,000円
月末未払高 1,752,000円	当月消費額 5,500,000円

実際消費額 5,500,000円

③ 賃率差異の計算

5,400,000円 − 5,500,000円
（予定消費額）（実際消費額）

＝△100,000円（借方差異）

(2) 間接工

賃　金（間接工）

当月支払高 625,000円	月初未払高 214,000円
月末未払高 194,000円	当月消費額（差　引）605,000円

間接労務費は製造間接費勘定へ

3．製造間接費の計算

① 予定配賦率の算定

$$\frac{\text{年間製造間接費予算 }36,000,000\text{ 円}}{\text{年間正常直接作業時間 }18,000\text{ 時間}} = @2,000\text{ 円}$$

② 予定配賦額の計算

製造間接費は直接作業時間を配賦基準に予定配賦しているため，実際操業度1,600時間は直接工の実際直接作業時間を使用して計算します。

@2,000円×1,600時間＝3,200,000円

③ 製造間接費配賦差異の計上および公式法変動予算にもとづく製造間接費の差異分析

本問では，製造間接費配賦差異を原因別に分析する必要があるため，公式法変動予算にもとづく差異分析を行います。

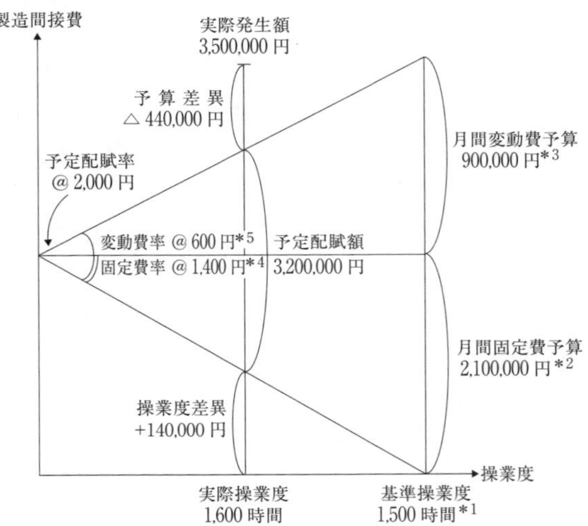

＊1 月間基準操業度：18,000時間（年間基準操業度）÷12か月＝1,500時間

＊2 月間固定費予算：25,200,000円（年間固定費予算）÷12か月＝2,100,000円

＊3 月間変動費予算：10,800,000円（年間変動費予算）÷12か月＝900,000円

＊4 固定費率：2,100,000円（月間固定費予算）÷1,500時間（月間基準操業度）＝@1,400円

＊5 変動費率：900,000円（月間変動費予算）÷1,500時間（月間基準操業度）＝@600円

予　算　差　異

（@600円（変動費率）×1,600時間（実際操業度）＋2,100,000円（固定費予算））−3,500,000円（実際発生額）

＝△440,000円（借方差異）

操　業　度　差　異

@1,400円（固定費率）×（1,600時間（実際操業度）−1,500時間（基準操業度））

＝＋140,000円（貸方差異）

（参　考）

固定予算にもとづく製造間接費の差異分析

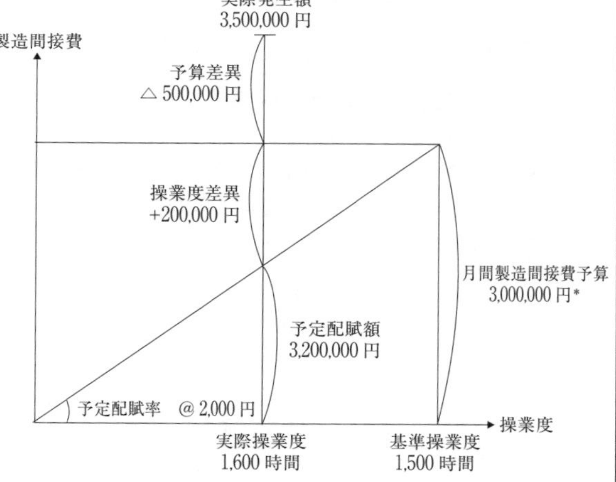

＊　月間製造間接費予算：36,000,000円÷12か月
年間製造間接費予算
＝3,000,000円

予　算　差　異

3,000,000円－3,500,000円＝△500,000円（借方差異）
製造間接費予算　実際発生額

操　業　度　差　異

@2,000円×（1,600時間－1,500時間）
予定配賦率　実際操業度　基準操業度
＝＋200,000円（貸方差異）

第4問

	仕		訳	
	借方科目	金　額	貸方科目	金　額
1	材　　　料	2,000,000	本　社　元　帳	2,000,000
2	仕　掛　品 製造間接費	1,500,000 78,000	材　　　料	1,578,000
3	仕　掛　品 製造間接費	1,188,000 22,000	賃　金・給　料	1,210,000
4	仕　掛　品	3,088,800	製造間接費	3,088,800
5	本　社　元　帳	5,230,800	仕　掛　品	5,230,800

解答への道

本社工場会計の問題では，工場側で使用できる勘定科目に留意して，勘定連絡図から仕訳を考えていきます。

なお，工場側に設定されていない勘定科目については，本社と工場間の取引と考え，本社に対する債権・債務を本社元帳勘定で処理します。

1．材料の購入

材料の購入原価は，購入代価に付随費用（材料副費）を加算して求めます。

購入代価：@197円×10,000kg＝　1,970,000円
付随費用：　30,000円
購入原価：　2,000,000円

この結果をもとに，材料購入時の仕訳を行います。

本　社　元　帳

	材　　料　2,000,000

材　　料

本社元帳　2,000,000	

（材　　料）2,000,000（本　社　元　帳）2,000,000

本社と工場が独立していない場合には，貸方科目を買掛金勘定や現金勘定などで処理しますが，本社と工場が独立している場合において，工場側にその勘定科目が設定されていないときは，本社と工場間の取引と考え，本社に対する債権・債務を本社元帳勘定で処理します。

2．材料の消費（材料費の計算）

材料費は実際払出価格を用いて計算し，直接材料費は仕掛品勘定へ，間接材料費は製造間接費勘定へ振り替えます。

1kgあたりの帳簿価額（実際払出価格）：
2,000,000円÷10,000kg＝@200円

(1)　直接材料費

No.101：@200円×2,625kg＝525,000円
No.102：@200円×3,750kg＝750,000円　｝1,500,000円
No.103：@200円×1,125kg＝225,000円

(2)　間接材料費

@200円×390kg＝78,000円

この結果をもとに，材料消費時の仕訳を行います。

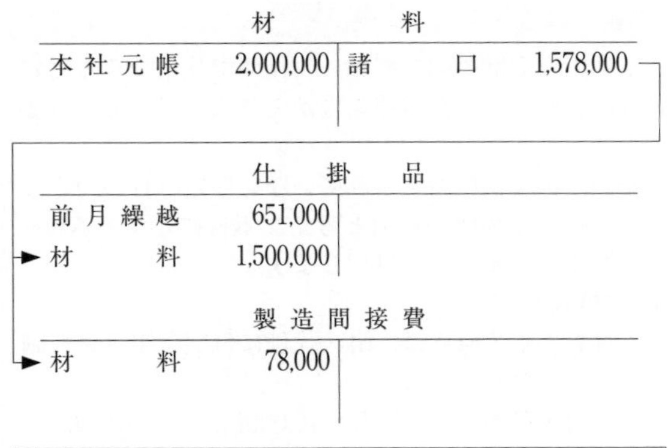

材　　料

借方		貸方	
本社元帳	2,000,000	諸　　口	1,578,000

仕　掛　品

借方		貸方	
前月繰越	651,000		
材　　料	1,500,000		

製造間接費

借方		貸方	
材　　料	78,000		

(仕　掛　品)	1,500,000	(材　　料)	1,578,000
(製造間接費)	78,000		

3．労務費の計算（直接工）

労務費は予定平均賃率@1,000円を用いて計算し，直接労務費は仕掛品勘定へ，間接労務費は製造間接費勘定へ振り替えます。

(1)　直接労務費

No.101：@1,000円×468時間＝468,000円
No.102：@1,000円×450時間＝450,000円　｝1,188,000円
No.103：@1,000円×270時間＝270,000円

(2)　間接労務費

@1,000円×(20時間＋2時間)＝22,000円

この結果をもとに，賃金・給料消費時の仕訳を行います。

賃金・給料

借方		貸方	
		諸　　口	1,210,000

仕　掛　品

借方		貸方	
前月繰越	651,000		
材　　料	1,500,000		
賃金・給料	1,188,000		

製造間接費

借方		貸方	
材　　料	78,000		
賃金・給料	22,000		

(仕　掛　品)	1,188,000	(賃金・給料)	1,210,000
(製造間接費)	22,000		

4．製造間接費の予定配賦

製造間接費は予定配賦率を用いて計算します。

(1)　予定配賦率の算定

予定配賦率：$\frac{37,440,000\text{円}}{14,400\text{時間}}$ ＝@2,600円

(2)　製造指図書別の予定配賦額

No.101：@2,600円×468時間＝1,216,800円
No.102：@2,600円×450時間＝1,170,000円　｝3,088,800円
No.103：@2,600円×270時間＝　702,000円

この結果をもとに，予定配賦の仕訳を行います。

製造間接費

借方		貸方	
材　　料	78,000	仕　掛　品	3,088,800
賃金・給料	22,000		

仕　掛　品

借方		貸方	
前月繰越	651,000		
材　　料	1,500,000		
賃金・給料	1,188,000		
製造間接費	3,088,800		

(仕　掛　品)	3,088,800	(製造間接費)	3,088,800

5. 完成品原価の振り替え

原価計算表（総括表）

	No.101	No. 102	No.103	合　　計
月初仕掛品	651,000円	——	——	651,000円
直接材料費	525,000円	750,000円	225,000円	1,500,000円
直接労務費	468,000円	450,000円	270,000円	1,188,000円
製造間接費	1,216,800円	1,170,000円	702,000円	3,088,800円
合　　計	2,860,800円	2,370,000円	1,197,000円	6,427,800円
備　　考	完　成	完　成	仕掛中	——

仕掛品勘定から本社元帳勘定への振替額5,230,800円

この結果をもとに，完成品原価の振替仕訳を行います。

仕　掛　品

前月繰越	651,000	本社元帳	5,230,800
材　　料	1,500,000	次月繰越	1,197,000
賃金・給料	1,188,000		
製造間接費	3,088,800		

本　社　元　帳

仕　掛　品	5,230,800	材　　料	2,000,000

（本　社　元　帳）	5,230,800	（仕　　掛　　品）	5,230,800

本社と工場が独立していない場合には，借方科目を製品勘定などで処理しますが，本社と工場が独立している場合において，工場側にその勘定科目が設定されていないときは，本社と工場間の取引と考え，本社に対する債権・債務を本社元帳勘定で処理します。

第5問

(1)

第１工程月末仕掛品原価＝ 145,000 円

第１工程完了品総合原価＝ 525,000 円

第２工程月末仕掛品原価＝ 205,000 円

第２工程完成品総合原価＝ 720,000 円

製品Ｘの完成品単位原価＝ 600 円/個

製品Ｙの完成品単位原価＝ 300 円/個

(2)

仕　掛　品　（単位：円）

月初有高	367,000	Ｘ　製　品	(480,000)
原　料　費	315,000	Ｙ　製　品	(240,000)
加　工　費	(388,000)	月末有高	(350,000)
	(1,070,000)		(1,070,000)

解答への道

１．第１工程の計算（平均法）

① 原料費

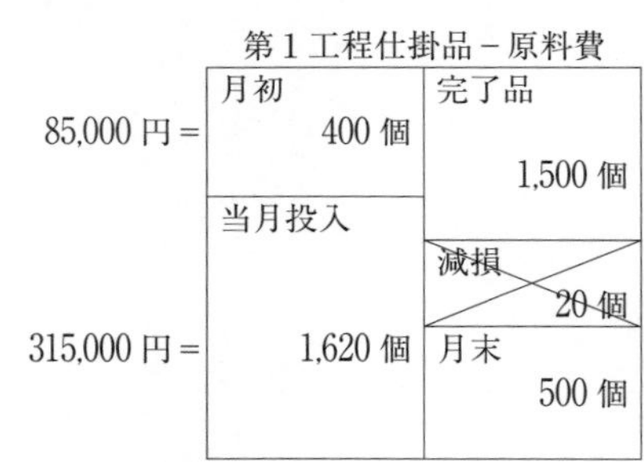

〈月末仕掛品原価〉

$$\frac{85{,}000円 + 315{,}000円}{1{,}500個 + 500個} \times 500個 = 100{,}000円$$

〈完了品総合原価〉

85,000円＋315,000円－100,000円＝300,000円

② 加工費

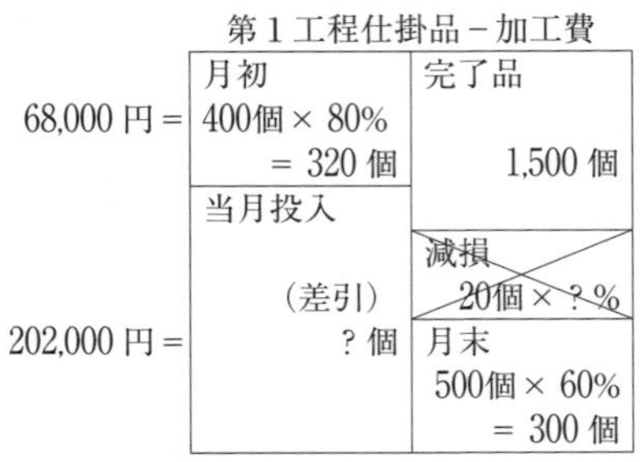

〈月末仕掛品原価〉

$$\frac{68{,}000円 + 202{,}000円}{1{,}500個 + 300個} \times 300個 = 45{,}000円$$

〈完了品総合原価〉

68,000円＋202,000円－45,000円＝225,000円

③ 合　計

第１工程月末仕掛品原価：

100,000円＋45,000円＝145,000円

第１工程完了品総合原価：

300,000円＋225,000円＝525,000円

２．第２工程の計算（先入先出法）

① 前工程費

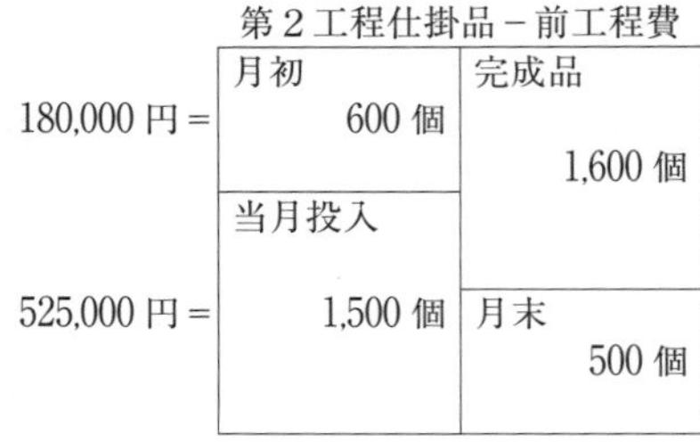

〈月末仕掛品原価〉

$$\frac{525{,}000円}{1{,}600個 - 600個 + 500個} \times 500個 = 175{,}000円$$

〈完成品総合原価〉

180,000円＋525,000円－175,000円＝530,000円

② 加工費

第２工程仕掛品－加工費

	月初	完成品
34,000 円＝	600個× 50% ＝ 300 個	1,600 個
186,000 円＝	当月投入 （差引） 1,550 個	月末 500個× 50% ＝ 250 個

〈月末仕掛品原価〉

$$\frac{186{,}000円}{1{,}600個-300個+250個}\times 250個=30{,}000円$$

〈完成品総合原価〉

34,000円＋186,000円－30,000円＝190,000円

③ 合 計

第２工程月末仕掛品原価：

175,000 円＋30,000 円＝205,000 円

第２工程完成品総合原価：

530,000 円＋190,000 円＝720,000 円

3．等級製品ごとの完成品総合原価および完成品単位原価の算定

等級製品	生産量		等価係数		積　数	完成品原価	単位原価
X 製品	800 個	×	1	＝	800	480,000 円	600円/個
Y 製品	800 個	×	0.5	＝	400	240,000 円	300円/個
					1,200	720,000 円	

① 各等級製品への完成品総合原価の按分

X 製品：$\frac{720{,}000円}{1{,}200}\times 800 = 480{,}000円$

Y 製品：　〃　$\times 400 = 240{,}000円$

② 各等級製品の完成品単位原価

単位原価の計算は完成品総合原価を生産量で割って計算します。積数で割らないように注意します。

X 製品：480,000 円÷800 個＝600 円/個

Y 製品：240,000 円÷800 個＝300 円/個

4．仕掛品勘定の記入

仕掛品勘定が工程別に設定されていないことから，勘定記入上は，工程別の計算結果を合算して解答することに注意します。

① 当月加工費

202,000 円（第１工程）＋186,000 円（第２工程）＝388,000 円

② 製品X（完成品原価）

480,000 円

③ 製品Y（完成品原価）

240,000 円

④ 月末仕掛品原価

145,000 円（第１工程）＋205,000 円（第２工程）＝350,000 円

第6問

①	②	③	④	ⓐ
14,100	25,623,000	25,830,000	207,000	借方
⑤	ⓑ	⑥	ⓒ	⑦
363,000	貸方	120,000	借方	274,000
ⓓ	⑧	ⓔ	⑨	ⓕ
借方	10,000	貸方	265,000	貸方
⑩	ⓖ	⑪	ⓗ	⑫
17,000	貸方	468,000	借方	操業度

解答への道

1．標準原価カードの作成

	(標準価格)	(標準消費量)	
直接材料費	600円/kg	10kg	6,000円
	(標準賃率)	(標準直接作業時間)	
直接労務費	1,000円/時間	3時間	3,000円
	(標準配賦率)	(標準直接作業時間)	
製造間接費	1,700円/時間*1	3時間*2	5,100円
製品A1個あたりの標準製造原価			14,100円

＊1　122,400,000円÷72,000時間＝1,700円/時間
　　製造間接費年間予算　　年間正常直接作業時間

＊2　製造間接費は直接作業時間を基準に標準配賦しているため，配賦基準には，直接工の「直接作業時間」(直接労務費の計算と同じもの)を用いて計算します。

2．生産データの整理

仕掛品－直接材料費

月初 300個	完成品 1,900個
当月投入 (差引) 1,800個	月末 200個

仕掛品－加工費（直接労務費・製造間接費）

月初 300個×1/2＝150個	完成品 1,900個
当月投入 (差引) 1,830個	月末 200個×2/5＝80個

仕掛品－直接材料費はすべて始点投入されているため数量で計算し，仕掛品－加工費（直接労務費・製造間接費）は数量に加工進捗度を乗じた完成品換算数量で計算します。

3．当月投入に対する標準原価と実際原価

標準原価計算では，「当月の生産実績（当月投入)」に対する標準原価と実際原価を比較することで，原価差異を把握します。

(1)　**標準原価の計算**

直接材料費：
6,000円/個×1,800個
＝10,800,000円
直接労務費：
3,000円/個×1,830個
＝　5,490,000円
製造間接費：
5,100円/個×1,830個
＝　9,333,000円
} 25,623,000円

(2)　**実際原価の計算**

直接材料費：10,557,000円
直接労務費：　5,754,000円
製造間接費：　9,519,000円
} 25,830,000円

(3)　**標準原価差異の把握**

25,623,000円－25,830,000円＝(−)207,000円〔借方〕
標準原価　　実際原価

4．原価差異の分析

(1)　**直接材料費の計算**

投入数量1,800個×10kg＝18,000kg
　　　　　　1個あたりの標準消費量　標準消費量

実際単価（注）　→実際消費額：10,557,000円

価格差異	
標準直接材料費 10,800,000円	消費量差異

標準単価 600円/kg
標準消費量 18,000kg　実際消費量 18,200kg

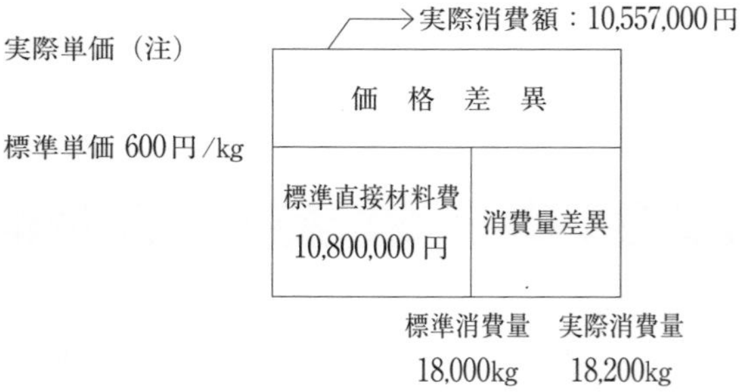

直接材料費差異：
10,800,000円－10,557,000円
＝(＋)243,000円〔貸方〕

価格差異：
(600円/kg×18,200kg)－10,557,000円
＝(＋)363,000円〔貸方〕

（注）実際単価が割り切れない場合は，分析図の面積の差し引きで計算します。

消費量差異：
600円/kg×(18,000kg－18,200kg)
＝(−)120,000円〔借方〕

なお，価格差異は直接材料費差異の総額から，消費量差異を差し引いて計算することもできます。

(＋)243,000円〔貸方〕－(－)120,000円〔借方〕
＝(＋)363,000円〔貸方〕

(2) 直接労務費の計算

加工量1,830個× 3時間 ＝ 5,490時間
1個あたりの標準直接作業時間　標準直接作業時間

→実際消費額：5,754,000円

実際賃率1,050円／時

標準賃率1,000円／時

賃 率 差 異	
標準直接労務費 5,490,000 円	時間差異

標準直接作業時間 5,490時間　実際直接作業時間 5,480時間

直接労務費差異：5,490,000円－5,754,000円
＝(－)264,000円〔借方〕

賃 率 差 異：(1,000円／時－1,050円／時)
×5,480時間＝(－)274,000円〔借方〕

時 間 差 異：1,000円／時×(5,490時間
－5,480時間)＝(＋)10,000円〔貸方〕

(3) 製造間接費の計算（公式法変動予算）

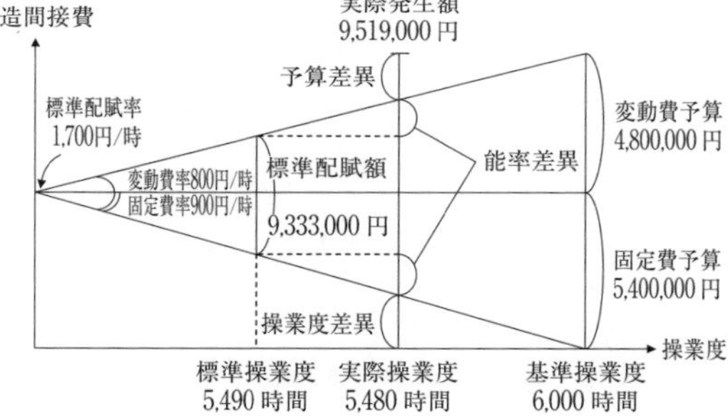

基準操業度：72,000時間÷12か月
（72,000時間：年間正常直接作業時間）
＝6,000時間

月次製造間接費予算：122,400,000円÷12か月
（122,400,000円：年間予算）
＝10,200,000円

月次変動費予算：57,600,000円÷12か月
＝4,800,000円

月次固定費予算：64,800,000円÷12か月
＝5,400,000円

標準配賦率：10,200,000円÷6,000時間
（10,200,000円：月次予算，6,000時間：月間基準操業度）
＝1,700円／時

変 動 費 率：4,800,000円÷6,000時間
（4,800,000円：月次予算，6,000時間：月間基準操業度）
＝800円／時

固 定 費 率：5,400,000円÷6,000時間
（5,400,000円：月次予算，6,000時間：月間基準操業度）
＝900円／時

製造間接費差異

9,333,000円－9,519,000円
＝(－)186,000円〔借方〕

予 算 差 異

(800円／時×5,480時間＋5,400,000円)
（800円／時：変動費率，5,480時間：実際操業度，5,400,000円：固定費予算）
－9,519,000円＝(＋)265,000円〔貸方〕
（9,519,000円：実際発生額）

能 率 差 異

1,700円／時×(5,490時間－5,480時間)
（1,700円／時：標準配賦率，5,490時間：標準操業度，5,480時間：実際操業度）
＝(＋)17,000円〔貸方〕

操 業 度 差 異

900円／時×(5,480時間－6,000時間)
（900円／時：固定費率，5,480時間：実際操業度，6,000時間：基準操業度）
＝(－)468,000円〔借方〕

なお，標準操業度，実際操業度は，「直接労務費の計算」の標準直接作業時間，実際直接作業時間を使用します。

第7問

問1

製造間接費 (単位：円)

実際発生額	(1,530,000)	予定配賦額	(1,512,000)
予算差異	(90,000)	操業度差異	(108,000)
	(1,620,000)		(1,620,000)

問2

変動費率：1,800 円／時間

月間固定費：1,080,000 円

問3

予算差異：54,000 円（ ~~借方~~, 貸方 ）

操業度差異：72,000 円（ 借方, ~~貸方~~ ）

(注)借方, 貸方のうち不要なものを二重線で消すこと。

解答への道

問1　製造間接費勘定の記入

(1) 予定配賦率の算定

$$\frac{\text{月間製造間接費予算}1{,}620{,}000\text{円}}{\text{月間正常直接作業時間}300\text{時間}}$$

＝5,400円/時間

(2) 予定配賦額の計算

5,400円／時間（予定配賦率）×280時間（実際直接作業時間）＝1,512,000円

(3) 実際発生額の集計

1,530,000円

(4) 製造間接費配賦差異の把握

1,512,000円（予定配賦額）－1,530,000円（実際発生額）

＝△18,000円（借方差異）

(5) 固定予算による製造間接費配賦差異の分析

ここでは, 製造間接費予算が変動費と固定費に分かれていないため,「固定予算」によって予算差異と操業度差異に分析します。

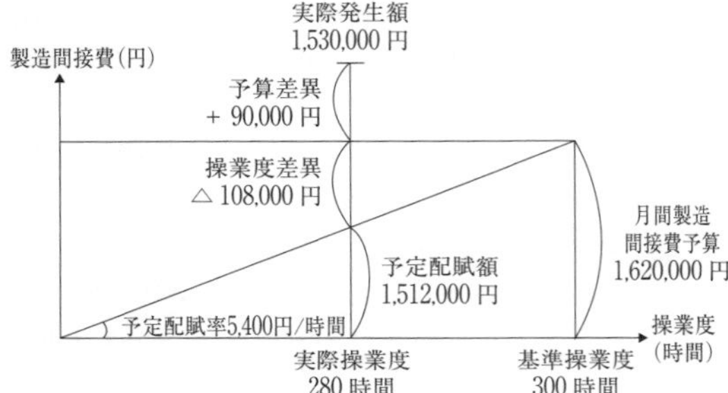

予算差異：

1,620,000円（製造間接費予算）－1,530,000円（実際発生額）

＝＋90,000円（貸方差異）

操業度差異：

@5,400円（予定配賦率）×(280時間（実際操業度）－300時間（基準操業度）)

＝△108,000円（借方差異）

問2　高低点法による原価の固変分解

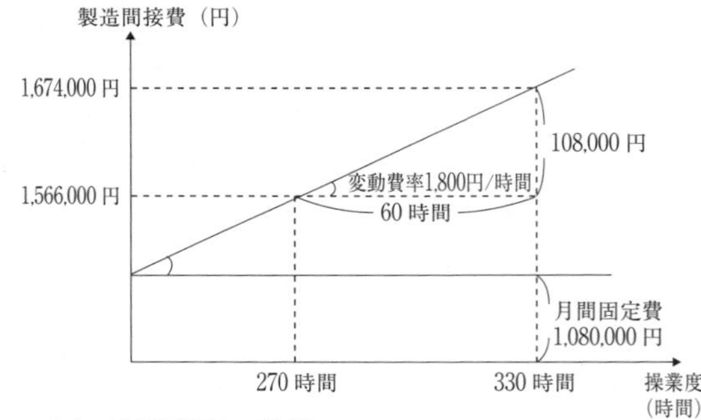

(1) 変動費率の計算

$$\frac{1{,}674{,}000\text{円}-1{,}566{,}000\text{円}}{330\text{時間}-270\text{時間}}=1{,}800\text{円／時間}$$

(2) 月間固定費の計算

最高値：1,674,000円－1,800円/時間×330時間
＝1,080,000円

最低値：1,566,000円－1,800円/時間×270時間
＝1,080,000円

問３　公式法変動予算による差異分析

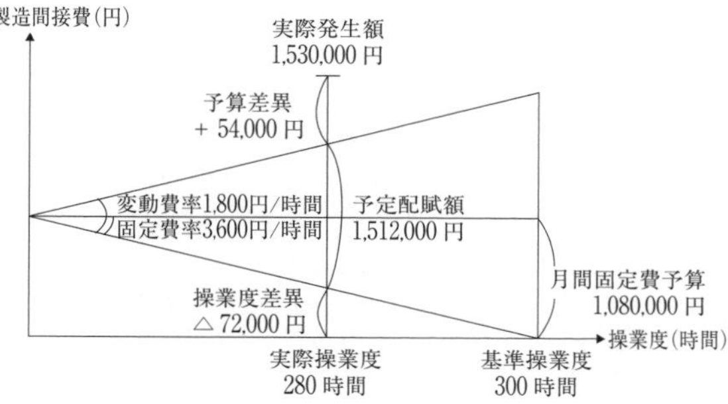

予算差異：

(@1,800円×280時間＋1,080,000円〈月間固定費予算〉)（予算許容額）

－1,530,000円（実際発生額）＝＋54,000円（貸方差異）

操業度差異：

@3,600円（固定費率）×(280時間（実際操業度）－300時間（基準操業度）)

＝△72,000円（借方差異）

第８問

問１

月次損益計算書　(単位：円)

Ⅰ 売上高		(5,400,000)
Ⅱ 売上原価		(2,394,000)
売上総利益		(3,006,000)
Ⅲ 販売費・一般管理費		(1,322,000)
営業利益		(1,684,000)

問２

月次損益計算書　(単位：円)

Ⅰ 売上高		(5,400,000)
Ⅱ 変動費		
変動売上原価	(1,578,000)	
変動販売費	(222,000)	(1,800,000)
貢献利益		(3,600,000)
Ⅲ 固定費		
固定製造原価	(900,000)	
固定販売費・一般管理費	(1,100,000)	(2,000,000)
営業利益		(1,600,000)

問３

全部原価計算と直接原価計算の営業利益の違いは，期末棚卸資産に含まれる（ **固定製造間接費** ）の分である。

問４

| 84,000 | 円

解答への道

１．製造間接費の予定配賦率

製造間接費を製品生産量を基準に予定配賦しているため，次のように予定配賦率を計算します。

(1) 変動費の予定配賦率

$$\frac{\text{年間製造間接費変動費予算　8,568,000円}}{\text{年間予定生産量　25,200個}}$$

＝@340円

(2) 固定費の予定配賦率

$$\frac{\text{年間製造間接費固定費予算　10,584,000円}}{\text{年間予定生産量　25,200個}}$$

＝@420円

2．全部原価計算の勘定連絡図【問１】

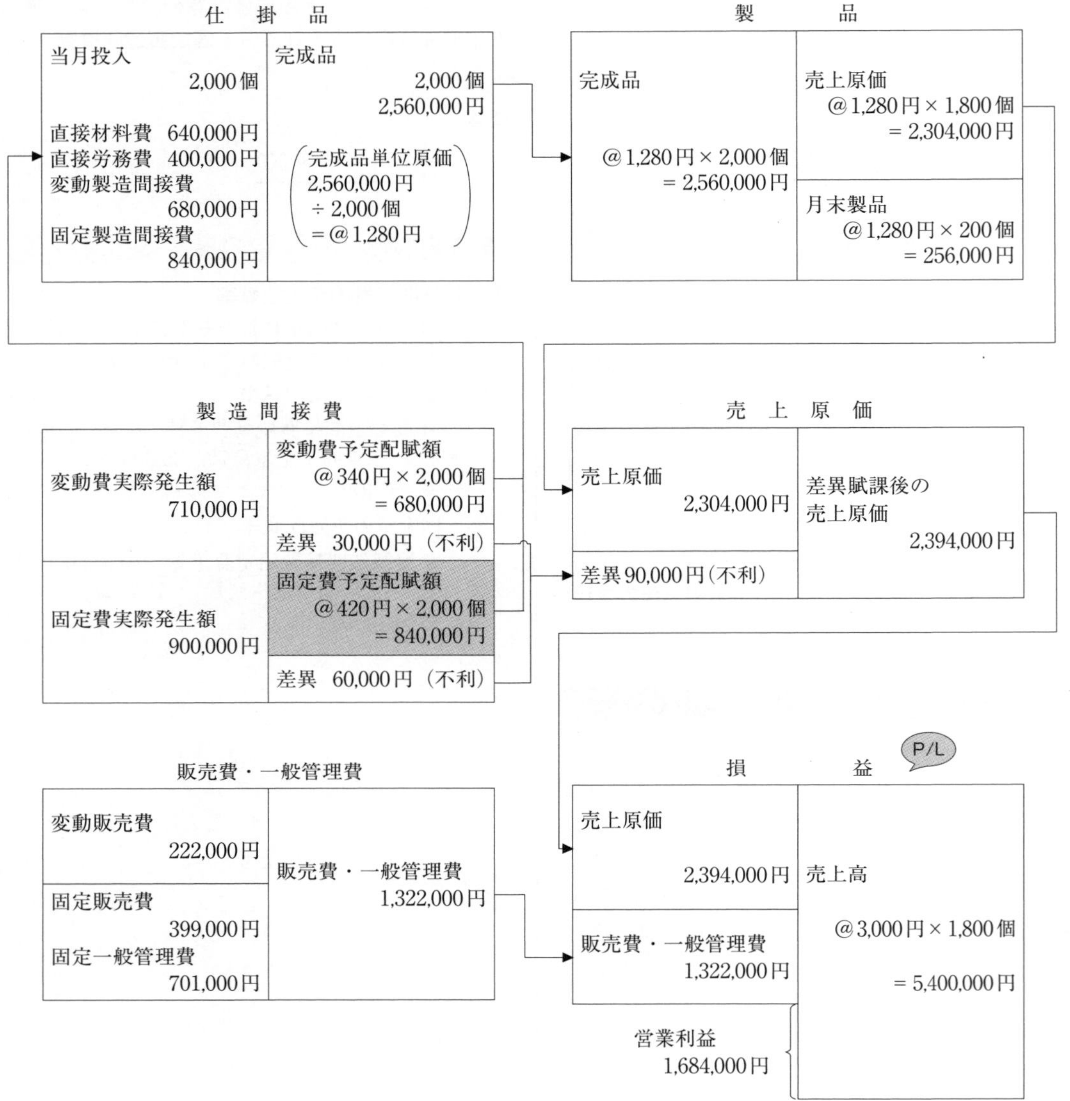

仕　掛　品
当月投入
2,000個
直接材料費　640,000円
直接労務費　400,000円
変動製造間接費
680,000円
固定製造間接費
840,000円
完成品
2,000個
2,560,000円
完成品単位原価
2,560,000円
÷2,000個
＝@1,280円
製　　品
完成品
@1,280円×2,000個
＝2,560,000円
売上原価
@1,280円×1,800個
＝2,304,000円
月末製品
@1,280円×200個
＝256,000円
製造間接費
変動費実際発生額
710,000円
変動費予定配賦額
@340円×2,000個
＝680,000円
差異　30,000円（不利）
固定費実際発生額
900,000円
固定費予定配賦額
@420円×2,000個
＝840,000円
差異　60,000円（不利）
売　上　原　価
売上原価
2,304,000円
差異90,000円（不利）
差異賦課後の
売上原価
2,394,000円
販売費・一般管理費
変動販売費
222,000円
固定販売費
399,000円
固定一般管理費
701,000円
販売費・一般管理費
1,322,000円
損　　益
P/L
売上原価
2,394,000円
販売費・一般管理費
1,322,000円
営業利益
1,684,000円
売上高
@3,000円×1,800個
＝5,400,000円

3．直接原価計算の勘定連絡図【問2】

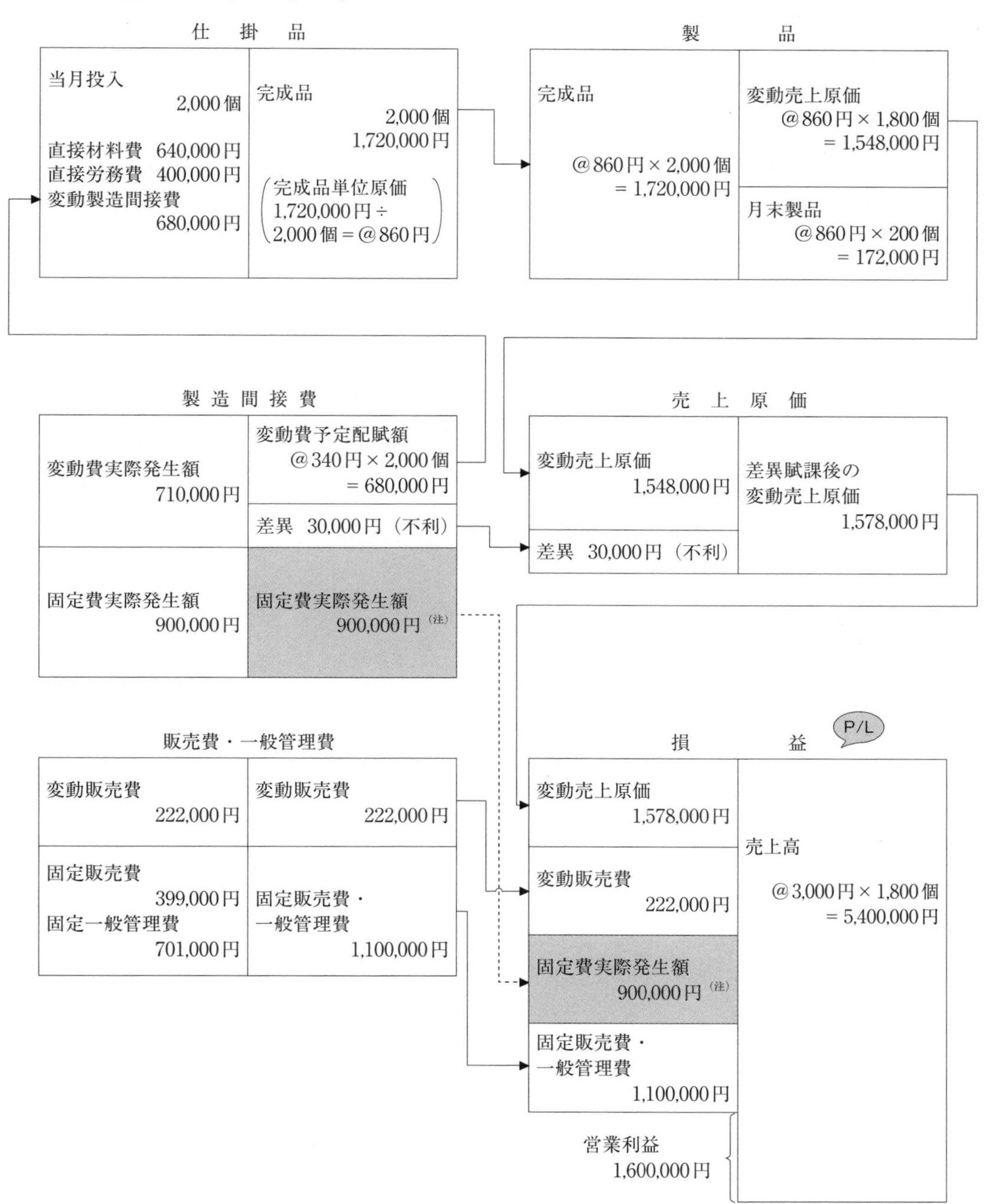

（注）直接原価計算では，製造間接費を実際配賦するか予定配賦するかにかかわらず，固定製造間接費は製品原価とはせずに，期間原価とするため，当月の固定費実際発生額900,000円がそのまま当期の費用となることに注意します。

4．期末棚卸資産（製品）に含まれる固定製造間接費

【問３および問４】

全部原価計算と直接原価計算の営業利益の違いは，棚卸資産に含まれる固定製造間接費（固定製造原価）にあります。ここでは，製造間接費を予定配賦していますので，固定費の予定配賦率に期末棚卸資産（製品）の在庫量を掛けて計算します。

@420円×200個＝84,000円
固定費予定配賦率